Die Befreiung des Inneren Kindes

Unsere ursprüngliche kreative Persönlichkeit

Herausgegeben von
Jeremiah Abrams

W0095989

Deutscher Taschenbuch Verlag

Einzig berechtigte Übersetzung aus dem Amerikanischen von
Michael Schmidt u. a. (siehe Quellenverzeichnis)

Für Phillip, Rachael und Barbara – meinen
Sohn, meine Tochter
und deren großartige Mutter

Ungekürzte Ausgabe
Mai 1996
Deutscher Taschenbuch Verlag GmbH & Co. KG, München
© 1990 Jeremiah Abrams
Titel der amerikanischen Originalausgabe:
Reclaiming the Inner Child
Jeremy P. Tarcher, Inc., 1990
© der deutschsprachigen Ausgabe:
1993 Scherz Verlag, Bern, München, Wien
Unter dem Titel: Die Befreiung des Inneren Kindes.
Die Wiederentdeckung unserer ursprünglichen kreativen
Persönlichkeit und ihre zentrale Bedeutung für unser
Erwachsenenleben
ISBN 3-502-13005-1
Umschlaggestaltung: Boris Sokolow
Gesamtherstellung: C. H. Beck'sche Buchdruckerei, Nördlingen
Printed in Germany · ISBN 3-423-35107-1

Das Buch

Wir sind alle einmal Kinder gewesen – aufrichtig, spontan und ursprünglich. Dieses «Innere Kind», unsere ureigenste kreative Persönlichkeit, bleibt im Laufe der Erziehung häufig auf der Strecke: eingeschüchtert, entmutigt, zurechtgestutzt, der gesellschaftlichen Norm angepaßt; schließlich verdrängt, vergessen, verleugnet. Wo Phantasie war, muß Realitätssinn werden. Dabei ist gerade dieser vitale Teil unseres Selbst der Schlüssel zur Erlangung voller Ausdrucksmöglichkeit und Lebensfreude als Erwachsener. Namhafte Psychoanalytiker, darunter C. G. Jung, Marie-Louise von Franz, Alexander Lowen oder Bruno Bettelheim, gehen in diesem Buch dem Begriff des Inneren Kindes auf den Grund und sprechen dabei ganz praktische Belange an: Wie können wir Kontakt zum Kind in uns aufnehmen? Wie können wir seine Sensibilität wiederentdecken und in unser Erwachsenenleben integrieren? Wie können wir die Verletzungen unseres Inneren Kindes aufdecken und heilen? Wie können wir seine Kraft anzapfen, um neue kreative Energien daraus zu schöpfen? Dieses Buch führt eindrucksvoll die Bedeutung des Inneren Kindes vor Augen – für die Psychotherapie, aber auch für das ganz individuelle Leben jedes Erwachsenen.

Der Herausgeber

Jeremiah Abrams ist Psychoanalytiker und arbeitet seit vielen Jahren als Psychotherapeut und Traumanalytiker am «Mount Vision Institute» in Salsalito, Kalifornien.

Inhalt

Einleitung
Das Kind in uns 11

Erster Teil

Was das Innere Kind uns verheißt

Einführung 25

1 *Carl Gustav Jung*
  Zur Psychologie des Kindarchetypus 27
2 *Gaston Bachelard*
  Träumen wir uns zur Kindheit hin! 36
3 *June Singer*
  Das Motiv des göttlichen Kindes 50
4 *Ralph Metzner*
  Die Wiedergeburt und das ewige Kind 57

Zweiter Teil

Das verlassene Kind

Einführung 63

5 *Gilda Frantz*
  Das grausame Geheimnis der Geburt: Ach, ich bin meine
  eigene verlorene Mutter für mein eigenes trauriges Kind 67
6 *James Hillman*
  Wenn das Kind verlassen wird 85
7 *Rose-Emily Rothenberg*
  Das Waisenkindarchetypus 100
8 *Marion Woodman*
  Das Seelenkind 117
9 *M. Scott Peck*
  Liebe und die Angst, verlassen zu werden 123

Dritter Teil

Ewige Jugend und Narzißmus: Das Dilemma des Kindes

Einführung 131

10 *Joel Covitz*
Narzißmus – die Störung unserer Zeit 135

11 *Marie-Louise von Franz*
Puer aeternus 144

12 *Jeffrey Satinover*
Das Kindheitsselbst und die psychischen Ursprünge des Puer 153

Vierter Teil

Das verletzte Kind

Einführung 171

13 *Charles L. Whitfield*
Wie können wir das Kind in uns heilen? 175

14 *Alexander Lowen*
«Warum bist du so böse auf mich?» 183

15 *Robert M. Stein*
Über Inzest und Kindesmißbrauch 189

Fünfter Teil

Wie wir das Kind in uns zurückgewinnen

Einführung 197

16 *Joyce C. Mills / Richard J. Crowley*
Wie wir Kontakt zum Kind in uns aufnehmen können 199

17 *Nathaniel Branden*
Die Einbeziehung des jüngeren Selbst 210

18 *Joseph Campbell*
Den Drachen töten 219

19 *Robert M. Stein*
Wie wir das Innere Kind in der Ehe und in der Psychotherapie
erlösen können 222

Sechster Teil

Inneres Kind – Äußeres Kind: Die Zukunft der Erziehung

Einführung 241

20 *Bruno Bettelheim*
   Als Erwachsener die Kindheit erforschen 244

21 *Erik H. Erikson*
   Die historische Bedeutung der Kindheit des Menschen 254

22 *Theodor Reik*
   Kindermund 257

23 *Samuel Osherson*
   Der verletzte Vater in uns 266

Epilog: «Mögest du immer jung bleiben!» 274

Dank 276

Anmerkungen und Literaturhinweise 277

Die Autoren 284

Quellennachweis 287

Am Ende dachte ich,
daß unter all den Sehnsüchtigen,
die das menschliche Herz bedrängen,
für mich am größten
das immerwährende Verlangen ist,
das, was noch so ganz jung ist
in uns allen,
mit dem zu versöhnen,
was schon ach so alt ist.

LAURENS VAN DER POST

Einleitung

Das Kind in uns

*Nur das Kind nimmt das ursprüngliche Geheimnis in
der Natur wahr, und zu dem Kind in uns kehren wir
zurück. Dieses Kind ist so einfach und kühn, daß es
im Geheimnis zu leben vermag.*

CHUANG-TZU

Die meisten von uns fühlen sich in Einklang mit dem Kind in sich.
Intuitiv wissen wir, was es ist und was es für uns bedeutet. Und
vielleicht spüren wir insgeheim, daß ein Teil von uns ganz geblieben ist, unberührt von den Kümmernissen des Lebens, fähig zu
großer Freude und zum Staunen über all die kleinen und scheinbar
unbedeutenden Dinge.

Diese Vorstellung von Kindlichkeit ist subtil, komplex und
wahr. Sie besagt, daß *wir alle in uns ein ewiges Kind tragen,* ein
junges Wesen voller Unschuld und Staunen. *Und in diesem symbolischen Kind sind auch wir so aufgehoben,* wie wir einmal waren, es
hat die uns prägenden Erlebnisse, unsere Freuden und Leiden
aufbewahrt.

Als symbolische und dichterische Wirklichkeit taucht das Innere
Kind in unseren Phantasien auf, in unseren Träumen, in unserer
Kunst und in allen Mythen der Welt steht es für Erneuerung,
Göttlichkeit, Lebensfreude, Erstaunen, Hoffnung, Zukunft, Ent-
deckerfreude, Mut, Spontaneität und Unsterblichkeit. Das Innere
Kind ist ein einheitstiftendes Symbol und bringt die getrennten,
unvereinbar scheinenden Teile der individuellen Persönlichkeit
zusammen. Marie-Louise von Franz, die bedeutende Analytikerin
und Schülerin C. G. Jungs, hat einmal gesagt: «Wenn ich mich auf
meine naive Reaktion verlasse, dann bin ich ganz; ich gehe völlig

in der Situation auf und völlig im Leben . . . Aus diesem Grund lassen Kindertherapeuten Kinder spielen, und in zwei Minuten haben sie ihr ganzes Problem enthüllt, denn auf diese Weise sind sie ganz sie selbst.»

Das Innere Kind ist sowohl eine konkrete Entwicklungsstufe als auch eine symbolische Möglichkeit. Es ist die Seele der Person, die in uns durch die Lebenserfahrung entstanden ist – und es ist das ursprüngliche Inbild des Selbst, des wahren Zentrums unseres individuellen Wesens. Laut C. G. Jung repräsentiert das Kind den «Teil der menschlichen Persönlichkeit, der sich zur Ganzheit entwickeln möchte»[1].

«Das Kind ist der Vater des Menschen», hat Wordsworth gesagt. Das Kind ist der Vater der ganzen Person.

Die meisten von uns haben auch als Erwachsene weiterhin Kontakt mit dem Kind: durch kindische Angewohnheiten und Wünsche und kindliches Verhalten sowie durch den Umgang mit wirklichen Kindern. Jung hat gesagt, daß regressive Tendenzen die positive Funktion haben, unsere Verbundenheit mit dem Kind aufrechtzuerhalten und das Innere Kind zu aktivieren. Seiner Ansicht nach handelt es sich bei Regressionen »um einen echten Versuch des Menschen, etwas für ihn Notwendiges zu finden . . ., nämlich das Gefühl kindlicher Unschuld, Geborgenheit und Sicherheit, gegenseitige Liebe, Vertrauen und Glauben – kurz, etwas, das viele Namen hat»[2].

Wir sind alle einmal Kinder gewesen

Das Kind in uns ist aufrichtig, absolut spontan und ursprünglich. Seine Handlungen lassen auf eine gewisse Natürlichkeit in uns schließen – die Fähigkeit, das Richtige zu tun und eine Situation zu meistern. Culver Barker, ein britischer Psychologe, hat festgestellt, wie wichtig es ist, das Kind in uns bewußt wahrzunehmen, eine Beziehung zu ihm zu entwickeln und neue Kraft von ihm zu beziehen:

«Wenn ich von dem Kind in uns spreche, dann meine ich einen Aspekt in uns Erwachsenen, der noch einige der Eigenschaften des göttlichen Kindes widerspiegelt . . . Wenn wir uns dessen zu wenig bewußt sind, aus welchem Grund auch immer, und darum auf diese Stärke nicht zurückgreifen, lähmt das alle unsere konstruktiven wie destruktiven Möglichkeiten und damit die ganze kreative Dynamik der menschlichen Persönlichkeit, ihre Motivationskraft.»[3]

Erst wenn sie der Stimme des Kindes in sich Gehör verschaffe, sagt die berühmte Schweizer Psychoanalytikerin Alice Miller, fühle sie sich natürlich und kreativ.

Diese Stimme des Kindes spielt eine wesentliche Rolle im Prozeß der Selbstwerdung. Die Individuation, dieser lebenslange Prozeß der Persönlichkeitsentwicklung, ist an die einzigartige Identität des Kindheitsselbst gebunden und kreist um sie. In diesem Punkt schließt Alice Miller sich Marie-Louise von Franz an, wenn sie erklärt: »Das Kind in uns ist der natürliche Teil, und der natürliche Teil in einem ist der, der leidet... Viele Erwachsene trennen diesen Teil ab und verfehlen daher die Individuation, denn nur wenn man ihn und das Leiden, das er einem auferlegt, akzeptiert, kann der Prozeß der Individuation vorankommen.»

Die Stimme des Inneren Kindes wird jeder sofort erkennen, sind wir doch alle einmal Kinder gewesen. Und dieses Kind, das wir gewesen sind, bewahrt in jedem Falle unsere persönliche Geschichte auf und bleibt ein allgegenwärtiges Symbol unserer Hoffnungen und schöpferischen Möglichkeiten.

Das Kind spielt eine Schlüsselrolle in unserer vollkommenen Selbstdarstellung als Individuen – ganz gleich wie wir mit ihm Kontakt aufnehmen. Dieses Kindwesen, das Selbst, das wir wahrhaftig sind und immer schon waren, lebt in uns im Hier und Jetzt. So ist etwa das Selbstverständnis außergewöhnlich begabter Menschen auffallenderweise eng mit der einzigartigen und persönlichen Erfahrung ihres Kindheitsselbst verbunden.

Albert Einstein ist ein bekanntes Beispiel für diese nie endende Verbindung zwischen dem Genie und der Natürlichkeit des Inneren Kindes. Wie es heißt, hat Einstein erst mit fünf Jahren zu sprechen begonnen! «Selbst im Alter von neun Jahren konnte er noch nicht fließend sprechen», schreibt sein Biograph Ronald W. Clark.[4] Die Reinheit seines Kindselbst war noch nicht von Worten getrübt, sondern in einem nonverbalen Staunen bewahrt. Einstein war sich dieses Inneren Kindes durchaus bewußt, und er stand dazu im Guten wie im Schlechten. In seinem autobiographischen

Buch *Aus meinen späten Jahren* hat er sich darüber Gedanken gemacht: «Es gilt, den kindlichen Spieltrieb und den kindlichen Erkenntnistrieb zu entwickeln und auf für die Gesellschaft wichtige Gebiete hinüberzuleiten – es ist jene Erziehung, die sich in der Hauptsache auf den Trieb nach erfolgreicher Tätigkeit und nach Erkenntnis gründet.»[5]

Natürlichkeit, innere Freiheit und die immerwährende Gabe des Staunens, die Einstein sich bis ins hohe Alter zu bewahren verstand, waren charakteristisch für ihn.

Bei vielen begabten Menschen läßt im Zuge des Erwachsenwerdens die lebensvolle Kraft des Kindes jedoch nach. In gewisser Weise unterdrückt der Prozeß der Sozialisation die natürlichen Anlagen der meisten Kinder. Das ist das narzißtische Dilemma.

Das kann sich beispielsweise so abspielen: Das Kind wird zur Anpassung gezwungen, entwickelt sich zu einem kleinen Erwachsenen und identifiziert sich mit einem falschen Selbst. Die großartigen Anlagen des wahren Kindselbst sind dann so tief verborgen, daß es dem heranreifenden Erwachsenenselbst nicht gelingt, sich an das Innere Kind zu erinnern und es zurückzugewinnen. Das Kind in uns ist dann verlassen und verloren. Schließlich ersetzt die Vernunft oder die Verbitterung die natürliche Spontaneität und Klarheit dieses strahlenden Selbst.

«Wo ist das Leben, das wir im Leben verloren haben?»

Für andere hingegen ist das Innere Kind überhaupt nicht inspirierend, denn für sie ist es kaum Realität. Ihre Kindheitserlebnisse und -erfahrungen sind von Leid und Zeit getilgt, von der Vernunft verdeckt, vom Ehrgeiz ausgetrieben oder vom Druck, erwachsen zu werden und sich anzupassen, verzerrt worden.

Nur wenige von uns haben eine Kindheit gehabt, die frei war von Ängsten und geprägt vom verständnisvollen Umgang mit Erwachsenen, eine unbelastete Kindheit, in der man sich ganz dem phantasievollen Spiel und köstlichen Zerstreuungen hingeben konnte – ein emotionales Umfeld also, in dem man sich unbesorgt verletzlich fühlen durfte. Für viele Menschen nämlich ist das Innere Kind ein traumatisiertes und verwundetes Wesen, ein leidendes Geschöpf, mit dem wir uns lieber nicht identifizieren möchten und das aufgrund bestimmter Erfahrungen, an die wir uns als Erwachsene lieber nicht erinnern möchten, verkümmert ist.

Das Kind, das wir erlebt haben, sagt die Kindertherapeutin Edith Sullwold, «ist das Kind, das wir nur allzugern heilen möchten, damit wir für unsere erwachsenen Handlungen jene Energie beanspruchen können, die noch immer in den Abwehr- und Schutzreaktionsmustern schlummert, die wir einst aufgrund früher leidvoller Erlebnisse entwickelt haben».

Wir haben gespielt und gelitten, sind größer geworden und haben gelernt. Doch der jugendliche, seelenvolle Teil existiert auch weiterhin, für manche allerdings nur als ein gelegentliches Augenzwinkern oder ein bestimmter Tonfall. Für viele Menschen ist das Innere Kind eine unbewußte Erfahrung, ein Wesen, dessen Bedürfnisse noch nicht erkannt oder befriedigt worden sind. Diese Erfahrung und das damit verbundene Verlangen verursachen ein peinliches Gefühl der Demütigung und der Scham, das man sich nur ungern eingestehen oder andern mitteilen möchte. Darum kann das Innere Kind die Beziehungen zwischen Erwachsenen höchst negativ beeinflussen.

Immer wieder begegnen wir ihm in der Ehe und anderen engen menschlichen Beziehungen, in denen wir die verletzenden Erfahrungen unserer Vergangenheit am tiefsten empfinden. «Diese Wunden, die der Seele in der Kindheit zugefügt worden sind», sagt der jungianische Analytiker Robert M. Stein, «machen es für den Betroffenen überaus schwierig, wenn nicht gar unmöglich, eine intime, sich kreativ entwickelnde Beziehung einzugehen. In diesem Sinne stellt das verletzte Kind auch jenen Aspekt der Seele dar, der die Vereinigung mit einem anderen braucht und fordert.»

Dieses verletzte Problemkind zu heilen ist möglich, ja notwendig, wenn wir zur inneren Ganzheit gelangen wollen. Diese Heilung erfordert eine innere Verwandlung, eine positive innere Einstellung, die das Kind in uns mitfühlend hegt und pflegt. In ihrem Buch *Das Drama des begabten Kindes* beschreibt Alice Miller die Veränderung, die während dieses Heilungsprozesses stattfindet: «Kann ein Mensch . . . erleben, daß er nie als das Kind, das er war, sondern für seine Leistungen, Erfolge und Qualitäten ‹geliebt› worden ist, daß er seine Kindheit für diese ‹Liebe› geopfert hat, so wird ihn das zu großen inneren Erschütterungen führen, aber er wird eines Tages den Wunsch verspüren, mit dieser Werbung aufzuhören. Er wird in sich das Bedürfnis entdecken, sein wahres Selbst zu leben und sich nicht länger Liebe verdienen zu müssen, eine Liebe, die ihn im Grunde doch mit leeren Händen zurückläßt, weil sie dem falschen Selbst gilt, das er aufzugeben begonnen hat.»[6]

Das Licht der Welt kann dadurch leuchten

Das Innere Kind ist der Träger unserer eigenen Geschichten, das Vehikel unserer Erinnerungen an das tatsächliche wie an das idealisierte Kind aus der Vergangenheit. Es ist *wahrhaft lebendig,* indem es in uns ist. Es ist die Seele, unser Erfahrungsträger in den Zyklen des Lebens. Es ist das Leidende. Und es ist der Garant der Erneuerung durch Wiedergeburt – es taucht immer dann in unserem Leben auf, wenn wir uns loslassen und offen sind für Veränderungen.

In dem Gedicht «Selige Sehnsucht» hat Goethe das Lob dieses bemerkenswerten menschlichen Wesenszugs gesungen:

> Sagt es niemand, nur den Weisen,
> Weil die Menge gleich verhöhnet,
> Das Lebendge will ich preisen
> Das nach Flammentod sich sehnet.
> . . .
> Und so lang du das nicht hast,
> Dieses: Stirb und werde!
> Bist du nur ein trüber Gast
> Auf der dunklen Erde.[7]

Sich diesem Prozeß der Erneuerung auszusetzen heißt, die kreativen Möglichkeiten des symbolischen Inneren Kindes zu erproben. Dieses «Sterben» – also das Loslassen in einer Zeit des Übergangs – gewährt die Möglichkeit, neu geboren zu werden. «Gebet, so wird euch gegeben», wie es in der Bibel heißt. Wenn etwas vergeht, erscheint das Kind als innere Möglichkeit. Erfüllt von einer ursprünglichen Lebendigkeit dringt es in unsere Sphäre ein.

«Dem Prozeß des psychischen Sterbens, während man noch lebt, folgt eine psychische Wiedergeburt oder Erneuerung», schreibt Ralph Metzner. Ein neues Wesen ist geboren – eine neue Art zu sein –, dem die Vorstellung des symbolischen strahlenden Kindes entspricht. «Das neugeborene Kind ist noch mit dem Tao verbunden, der Quelle seines Lebens und seines Aufgangs, und darum sollten wir ihm nacheifern», fährt Metzner fort. «Oder wie es Chuang-tzu gesagt hat: ‹Kannst du wie ein neugeborenes Kind sein? Es schreit den ganzen Tag, und doch wird es nie heiser – weil es nämlich noch in Harmonie mit der Natur lebt.›»

Tief in unserem innersten Wesen existiert dieses ewige Kind, wahrhaft lebendig, und wartet nur darauf, in unseren Handlungen und Haltungen wiederaufzuerstehen. Und das Licht der Welt kann durch es leuchten.

«Es dauert lange, bis man jung wird»

Das Motiv des Inneren Kindes ist zeitlos und modern zugleich, auch wenn es als Begriff erst in den letzten dreißig Jahren in die Alltagskultur eingegangen ist.

Dabei hat es im Laufe der Jahrtausende die unterschiedlichsten Formen angenommen. Zuerst taucht es in vorgeschichtlicher Zeit in den frühen Naturreligionen auf. Nach diesen Kindgöttern kamen die mythischen göttlichen Kinder. So wird im Mythos von Romulus und Remus die Entstehung der ruhmreichen römischen Zivilisation überliefert. Und der Messias der Hebräer ist der Vorläufer des für uns wichtigsten inneren Symbols des Selbst: des Christuskindes. Im Mittelalter, einer Blütezeit der verbotenen religiösen Geheimkulte, stellten sich die Alchimisten vor, ihr großes Werk sei das Ergebnis einer Synthese der Gegensätze: die Schöpfung eines inneren Seelenkindes, des alchimistischen Kindes. Im Osten steht bis heute der Glaube an das Kind Krishna für das Wissen um die Gegenwart des Göttlichen im Familien- und Alltagsleben.

Im Westen ist aus religiösem Denken eine durchaus weltliche Beschäftigung mit dem Thema Kind entstanden. Es nimmt breiten Raum ein in den Sozialwissenschaften unserer Zeit, und vor allem die Neuansätze in der pädagogischen Theorie und Praxis der sechziger Jahre haben die Kinderpsychologie und die Entwicklungstheorie erheblich beeinflußt. Ausgehend von den analytischen Erkenntnissen der Tiefenpsychologie – Freud, Adler, Jung, Reich, Reik und andere – wurde mehr und mehr deutlich, daß jeder von uns einer Vielzahl von inneren Einflüssen ausgesetzt ist, wobei die Kindheit unsere psychische Entwicklung am unmittelbarsten und nachhaltigsten prägt.

In diesem intellektuellen Kontext konnte sich die Vorstellung vom Inneren Kind entwickeln. Der Begriff taucht in der wissenschaftlichen und populärwissenschaftlichen psychologischen Literatur der sechziger Jahre immer häufiger auf, wurde aber schon viel früher von C. G. Jung geprägt (*Zur Psychologie des Kindarchetypus,* Erstveröffentlichung 1941), der das Innere Kind als ein Symbol der Ganzheit in der Psyche beschrieb, als eine Brücke zwischen den persönlichen und den kollektiven psychischen Gegebenheiten. Das außerordentlich erfolgreiche Buch des kalifornischen Psychiaters Eric Berne zum Beispiel, *Transactional Analysis* (1961), behandelt das Rollenspiel zwischen dem Inneren Kind, den Inneren Eltern und dem Inneren Erwachsenen – ein vielseitiges Modell, das in psychotherapeutischen Sitzungen hervorragend funktionierte und dem Inneren Kind einen konstruktiven Part bei der Heilung der ganzen Person zuwies.

Es gibt eine ganze Reihe von Gründen, warum die Vorstellung vom Kind in uns heutzutage so viele fasziniert. Die im folgenden aufgeführten sechs Faktoren können zwar nicht völlig erklären, wieso man sich heute immer stärker für das Innere Kind interessiert, aber sie machen unmißverständlich klar, was für ein wichtiges Thema es ist.

Das zunehmende Interesse an der Psychologie
Die Psychologie hat uns die Bedeutung der Kindheit für die Entwicklung eines jeden Menschen nahegebracht. Sigmund Freud, dieser geniale Geburtshelfer der modernen psychologischen Forschung, soll einmal gesagt haben, der wahre Wert der Psychoanalyse liege darin, daß wir einst bessere Eltern sein werden. Seitdem

hat die Psychologie dem Kind so wie den Forschungen über das Kind fast durchweg einen prominenten Platz eingeräumt.

Jung, dessen Erkenntnisse das psychologische Denken unseres Jahrhunderts nachhaltig befruchtet haben, hat die Erwartungen nicht unterschätzt, die der moderne Mensch in die Psychologie setzt, als er ironisch fragte:

«Warum interessiert man sich gerade heute für Psychologie? Die Antwort ist: Jedermann hätte sie nötig. Die gegenwärtige Menschheit scheint an einem Punkte angelangt zu sein, wo man mit den bisherigen Auffassungen nicht mehr auskommt und wo man anfängt einzusehen, daß unser Gegenüber eigentlich ein Fremdes ist, dessen Sprache wir nicht mehr verstehen. Wir leben in einer Zeit, wo uns die Erkenntnis dämmert, daß das Volk, das auf der anderen Seite des Berges lebt, nicht schlechthin aus rothaarigen Teufeln besteht, die für alles Unheil auf dieser Seite des Berges verantwortlich sind.»[8]

Eine parallele Entwicklung bei der Psychotherapie
Die «Gesprächstherapie», die Freud und seine Anhänger initiiert haben, hat sich weiterentwickelt und differenziert; sie bestätigt das Innenleben des Erwachsenen und erkennt zugleich die Existenz des heilungsbedürftigen Kindes in uns an.

In den zurückliegenden drei Jahrzehnten hat sich das Phänomen des Inneren Kindes wohl deshalb so großer Aufmerksamkeit erfreut, weil das Interesse an Jungs Tiefenpsychologie im allgemeinen und an der Behandlung narzißtischer Störungen im besonderen gewachsen ist. Beide Disziplinen setzen die Vorstellung vom Inneren Kind mit der verletzlichen Seele, dem integrationsbedürftigen verwundeten Kind und dem gekränkten Selbst gleich. Der Psychologe James Hillman spricht im Sinne Jungs, wenn er erklärt: »Was die Tiefenpsychologie als Regression zu bezeichnen pflegt, ist nichts anderes als eine Rückkehr zum Kind.«

Angesichts der zunehmenden Verbreitung der Psychotherapie haben die Therapeuten mit dem vernachlässigten Kind in sich selbst Kontakt aufgenommen und es für notwendig erachtet, erst das eigene Innere Kind zu heilen, um andern wirklich helfen zu können. Charles L. Whitfield zufolge haben viele Therapeuten diese Arbeit auf ihre Patienten ausgedehnt und die Wiedergewinnung des Inneren Kindes zu einem zentralen Moment der therapeutischen Beziehung gemacht.

Das ACA-Programm für erwachsene Kinder von Alkoholikern
Dieses vor allem in Amerika viel Anklang findende Programm – ein Ableger der in zwölf Stufen arbeitenden Selbsthilfe-Entzugsbewegung der Anonymen Alkoholiker – beruht vor allem auf dem Begriff des Kindes in uns. Man schätzt, daß sich in den USA jeden Tag eine neue ACA-Gruppe bildet. Der Erfolg dieses Konzepts scheint auf der Identifikation mit dem zuvor nicht akzeptierten Leiden jener zu beruhen, die in Alkoholikerfamilien aufgewachsen sind – insbesondere auf dem Erkennen der verheerenden Auswirkungen auf das Kindselbst dieser Menschen. Das ACA-Modell, das zur Überwindung des Alkoholismus auf eine familientherapeutische und systemanalytische Methode zurückgreift, macht deutlich, daß Familien, die aus allen möglichen, keineswegs nur auf Alkohol- oder Drogenabhängigkeit zurückzuführenden Gründen gestört sind, der Inneren Kindheit ihrer Angehörigen unabsehbaren Schaden zufügen. Dieses Programm trägt erheblich dazu bei, daß der leidende Teil in uns, das Innere Kind, nicht länger verleugnet wird.

Die zunehmende Beachtung von Kindesmißbrauch
Die Tatsache, daß immer mehr Fälle von Kindesmißbrauch bekannt und strafrechtlich verfolgt werden, lenkt unseren Blick auch auf den fortgesetzten Mißbrauch des Inneren Kindes durch erwachsene Peiniger. Der jungianische Analytiker Joel Covitz hat dieses generationsübergreifende Phänomen den «Familienfluch» genannt. Wenn wir uns die Biographie der erwachsenen Übeltäter einmal genauer ansehen, schreibt Covitz, «dann stoßen wir fast immer auf diesen Ablauf: In ihrer Kindheit wurden die gesunden narzißtischen Bedürfnisse der betreffenden Person nicht befriedigt..., und wenn das Kind erwachsen ist, werden die verheerenden Auswirkungen dieser Störungen auf die eigenen Kinder übertragen. Diese Muster des Mißbrauchs werden erst dann durchbrochen, wenn den Eltern ihr Verhalten und seine Folgen für ihre Kinder voll zu Bewußtsein kommen.»

Was führt zu diesen erschreckend vielen Fällen von Kindesmißbrauch? Ein kompliziertes Problem, das eine eingehendere Betrachtung der kollektiven Einstellung gegenüber dem Inneren Kind erfordert. «Wirklicher Kindesmißbrauch spiegelt stets das Fehlen einer Verbindung zu und eines Respekts vor dem inwendigen oder psychischen Kind wider», meint Robert M. Stein, einer der führenden Köpfe auf diesem Gebiet. Die heute einer breiten Öffentlichkeit zunehmend bewußt werdende Tatsache, daß Kindesmißbrauch keineswegs selten vorkommt, sowie die Erkenntnis, daß die meisten Übeltäter in ihren jungen Jahren selbst mißbraucht worden sind, macht die Beschäftigung mit dem Inneren Kind zu einer unerläßlichen Pflicht.

Die zunehmende Belastung der Eltern heute

Noch nie war Kindererziehung so problematisch wie heute, und darum verdienen Eltern und Lehrer alle nur erdenkliche Unterstützung und Aufmerksamkeit. Die Einstellung gegenüber Kindern und ihrer Entwicklung war stets dem gesellschaftlichen Wandel unterworfen. Und so macht vor allem auch die stetig wachsende Zahl Alleinerziehender es erforderlich, gegen Ende dieses Jahrhunderts die Rolle des Elternseins grundlegend neu zu überdenken. Mehr denn je wollen Eltern alle Hilfe, die sie bekommen können, und scheinen dennoch von der Gesellschaft mehr als je zuvor im Stich gelassen zu werden – genauso wie unsere Kinder.

Auf jeden Fall läßt sich die Qualität des Elternseins erheblich verbessern, wenn Eltern ihr eigenes vernachlässigtes Kindselbst entdecken und daraus neue Kraft für den Umgang mit ihren «biologischen» Kindern gewinnen. Wie man mit dem Inneren Kind umgeht, wirkt sich entscheidend auf den Umgang mit den «Äußeren» Kindern aus.

Das neue Bedürfnis nach Spiritualität und Sinngebung

Die geistige Verunsicherung unserer Zeit verlangt nach neuer Sinngebung und frischer Hoffnung in uns allen.

> Alles zerfällt; die Mitte hält nicht mehr,
> Läßt auf die Welt los bloße Anarchie,
> Die blutgetrübte Flut, drin überall
> Der Unschuld Zeremonie ertrinkt...»
>
> W. B. Yeats

Wir leiden, um mit Jung zu sprechen, unter einer nie dagewesenen Symbolarmut. In unserer Zeit herrscht ein großes Bedürfnis nach Spiritualität und Sinngebung, ein Verlangen nach der Wiederkehr eines göttlichen Inneren Kindes, dessen Erscheinen den Beginn eines neuen Milleniums der Hoffnung verkünden würde. Auf der persönlichen Ebene empfinden wir die unabdingbare Notwendigkeit, mit dem Inneren Kind in Kontakt zu treten und seiner Bestimmung gemäß zu leben, um spirituelle Erlösung zu finden. «Unsere Kindheit legt Zeugnis ab von der Kindheit des Menschen, von jenem Wesen, das von der Herrlichkeit des Lebens berührt ist», hat Gaston Bachelard gesagt.

Oder wie es die jungianische Psychologin June Singer formuliert: «Das göttliche Kind in uns gibt unseren unreifen Bemühungen einen Sinn – es zeigt uns die unbewußte Seite der Grenzen auf, die wir erfahren, und das ist die Vision einer aufblühenden Möglichkeit.»

Psychologisch betrachtet könnte die Erscheinung des göttlichen Kindes als eine Manifestation des Selbst verstanden werden, die eine Umstrukturierung der Persönlichkeit zur Folge hat, damit diese einem erweiterten Sinnverständnis und einem gesteigerten Ausdruck von Vitalität entspricht.

«Wenn man die Literatur über Mystik und geistige Führerschaft sowie die Lebensgeschichten all derer betrachtet, die offenkundig reif geworden sind», schreibt John Loudon in seinem Essay «Becoming a Child», «dann stößt man auf einen gemeinsamen Nenner: eine Integrität, die die Fülle menschlicher Möglichkeiten umfaßt und die zugleich unkompliziert, weise, fröhlich, ja sogar verspielt ist.» Kurz – eine Rückkehr zum Kind darstellt. Dieses Motiv spiegelt sich in den großen Mythen der Weltreligionen wider, in denen die Geburt eines besonderen Kindes bedeutet, daß die alten Götter abtreten müssen und etwas grundlegend Neues beginnt.

Das Auftauchen des Archetypus vom göttlichen Kind – des kollektiven Inneren Kindes – kündet eine Verwandlung in der individuellen oder kollektiven Psyche an, die Möglichkeit einer Erneuerung und Erweiterung.

«Singe mir, Muse, das Kind!»

Mit diesen Worten könnten auch wir nun das Kind in uns um Inspiration bitten. Um dieses Ziel zu erreichen, ist das vorliegende Buch entstanden, das zum erstenmal wichtige Arbeiten zum Begriff des Inneren Kindes versammelt. Seine Intention ist einfach und direkt: Es will ein Forschungsgebiet vorstellen, das so faszinierend wie zeitgemäß ist, und dem Leser das beste, lesbarste und anregendste Material zugänglich machen, das es zum Thema gibt.

Dieses Material wurde nach sechs Gesichtspunkten geordnet, die sich im Zuge seiner Sammlung herauskristallisiert haben. Die Einführungen zu den Teilen sollen das Buch gliedern, das jeweilige Hauptthema skizzieren und die Essays in den allgemeinen Kontext stellen. Die kürzeren einleitenden Bemerkungen vor jedem Essay liefern speziellere Informationen zum Umfeld des einzelnen Textes.

Der erste Teil untersucht die mythischen Dimensionen des Themas – die uns allen innewohnenden Vorstellungsbilder von Kindheit und Kindlichkeit. Hier begegnen wir dem Archetypus des Kindes und dem göttlichen Kind, dem poetischen und geheimnisvollen Kindgott, der von Verheißungen und Möglichkeiten erfüllt ist, vom Träumen und Staunen, von Wiedergeburt und Erneuerung, dem Höchsten und Besten, das in uns schlummert.

Der zweite Teil handelt von der Verlassenheit – dem metaphorischen und buchstäblichen, dem absichtlichen und unabsichtlichen Verlassen und Verlassenwerden –, vom alleingelassenen, unterdrückten, ungeliebten oder verlorenen Kind, dem Opfer des Schicksals und der Umstände.

Der dritte Teil befaßt sich mit dem paradigmatischen Problem der narzißtischen Störungen, dem Minenfeld, das die meisten Kinder überqueren müssen, dem psychischen Dilemma unserer Zeit. Hier erfahren wir einiges über die Auswirkungen innerer Konflikte auf die Bildung des Selbst, des Selbstkonzepts und des Charakters. Wir begegnen dem *puer aeternus,* dem ewigen Jüngling, der weitere Verluste vermeiden möchte und sich darum nicht aufs Leben einläßt, nur ein provisorisches Leben führt. So lebhaft und bezaubernd dieses gestörte Innere Kind auch wirken kann – es ist einfach nicht bereit, das Leben ernst zu nehmen.

Im vierten Teil geht es um das verletzte Kind, das Kind als

Opfer, das mißbraucht, verlassen, vernachlässigt wurde – das Produkt eines gestörten Familienlebens oder gesellschaftlicher Gleichgültigkeit. Doch wo es Verletzung gibt, da gibt es auch Heilung, und so zeigt dieser Abschnitt auch Möglichkeiten der Heilung des verletzten Inneren Kindes auf.

Der fünfte Teil verläßt das Tal der Tränen und Schmerzen und wendet sich praktischen Fragen zu: Wie man das Kindselbst zurückgewinnen, die Gaben des Inneren Kindes erkennen und sich seine Vitalität zu eigen machen kann.

Der sechste Teil schließlich untersucht die Möglichkeiten eines neuen Ansatzes in der Kindererziehung, der sich durch den bewußten Umgang mit dem Kind in uns eröffnet.

Erster Teil

Was das Innere Kind uns verheißt

Einführung

> *Im Erwachsenen steckt nämlich ein Kind, ein ewiges
> Kind, ein immer noch Werdendes, nie Fertiges, das
> beständiger Pflege, Aufmerksamkeit und Erziehung
> bedürfte. Das ist der Teil der menschlichen
> Persönlichkeit, der sich zur Ganzheit entwickeln
> möchte.*
>
> C. G. JUNG[1]

Wir beginnen zunächst mit dem Archetypus des Kindes, mit dem,
was wir die «große» Vorstellung vom inwendigen Kind nennen
könnten, denn dabei handelt es sich um das Kind, das jeder von
uns in sich trägt – als Teil von sich selbst wie als kodierte Form der
kollektiven menschlichen Erfahrung des Kindseins. Am Anfang
war das neu erschaffene Wesen, das Kind, wie im Garten Eden,
voller Unschuld, Staunen, Glück – alle Möglichkeiten menschlichen Lebens und der Zukunft standen ihm offen. Die Verheißung des Kindes ist in uns. Sie ist in unseren Ursprüngen und in
unseren Hoffnungen – sie beginnt mit der Geburt.

In diesem Teil erörtern alle Autoren die inneren Möglichkeiten,
die das Kind sowohl für sein individuelles wie für sein kollektives
Leben als Mensch mitbringt.

Carl Gustav Jungs Abhandlung ist die maßgebende Arbeit über
die mythischen Dimensionen des Inneren Kindes. Das Kind ist ein
Symbol, sagt Jung, in dem sich «das umfassende Wesen der seelischen Ganzheit» ausdrückt. «Es ist zwar beinahe hoffnungslos,

einen einzelnen Archetypus aus dem lebendigen Sinngewebe der Seele herauszureißen, aber trotz ihrer Verwobenheit bilden sie doch intuitiv erfaßbare Einheiten.»[2] (Die Lektüre von Jungs Ausführungen sollte man daher auch eher intuitiv als analytisch betreiben.)

Gaston Bachelard stimmt gleichsam einen Hymnus an – auf das Innere Kind, auf die Erinnerung, auf alle Kindheiten in uns, die noch als Möglichkeiten in Gestalt des Kindes in uns bewahrt sind. Diese Prosadichtung beschwört etwas wahrhaft Beglückendes, indem sie uns daran erinnert, daß «es nie zu spät ist, eine glückliche Kindheit zu haben», wie es der Schriftsteller Tom Robbins einmal ausgedrückt hat.

June K. Singer faßt das göttliche Kind als eine Erweiterung unseres kollektiven Bewußtseins auf – als symbolische Darstellung «der Ideale einer Kultur, die diese in Wirklichkeit nicht erreichen kann». Ihre provozierenden Gedanken über das Kindmotiv führen die archetypische Perspektive Jungs konsequent weiter. Sie geht auch auf den *Puer aeternus*-Archetyp ein, das ewige Kind, von dem vor allem im dritten Teil des Buches die Rede sein wird.

Dieser Abschnitt endet mit dem großartigen Mysterium der Wiedergeburt und der Vorstellung, durch einen metaphorischen Prozeß der Wiedergeburt nach dem Tod erneut ein Kind zu werden. Ralph Metzners dichter Essay verdeutlicht, daß Erneuerung die Geburt einer spirituellen Einstellung ist, die oftmals die Form der Entdeckung des Inneren Kindes annimmt. «Aus der Unruhe und der Dunkelheit des Sterbens», sagt Metzner, «entspringt die sprühende Lebensfreude des neugeborenen Selbst. Dieses neue Selbst ist mit dem ewigen Quell allen Lebens verbunden, aus dem wir alle stammen – der innewohnenden göttlichen Wesenheit. Man nennt es daher treffend ‹das ewige Kind›.»

Carl Gustav Jung

Zur Psychologie des Kindarchetypus

Der folgende Auszug aus der ersten wissenschaftlichen Studie über das Innere Kind (erschienen 1941) enthält die grundlegenden Gedanken zu diesem Thema, und mehrere Beiträge des vorliegenden Buches beziehen sich darauf. Jung hat seine Theorie des «kollektiven Unbewußten» und der dort aufbewahrten «Archetypen» stufenweise entwickelt. Als er etwa 1912 damit begann, hat er auch selbst aufgrund persönlicher Erlebnisse das Kind in sich entdeckt (Näheres dazu finden Sie im Beitrag von Marie-Louise von Franz, S. 144).

Jung betont, «daß die Archetypen nicht inhaltlich, sondern bloß formal bestimmt sind, und letzteres nur in sehr bedingter Weise. Inhaltlich bestimmt ist ein Urbild nachweisbar nur, wenn es bewußt und daher mit dem Material bewußter Erfahrung ausgefüllt ist. Seine Form dagegen ist ... etwa dem Achsensystem eines Kristalls zu vergleichen, welches die Kristallbildung in der Mutterlauge gewissermaßen präformiert, ohne selber eine stoffliche Existenz zu besitzen ... Der Archetypus ist ein an sich leeres, formales Element, das nichts anderes ist als eine ‹facultas praeformandi›, eine a priori gegebene Möglichkeit der Vorstellungsform. Vererbt werden nicht die Vorstellungen, sondern die Formen, welche in dieser Hinsicht genau den ebenfalls formal bestimmten Instinkten entsprechen. Ebensowenig wie das Vorhandensein von Archetypen an sich, kann auch das der Instinkte nachgewiesen werden, solange sich diese nicht in concreto bestätigen« (GW, Bd. 9/1, Abs. 155).

Und weiter: «Archetypen waren und sind seelische Lebensmächte, welche ernst genommen sein wollen und auf die seltsamste Art auch dafür sorgen, daß sie zur Geltung kommen. Sie waren immer die Schutz- und Heilbringer, und ihre Verletzung hat die aus der Psychologie der Primitiven wohlbekannten ‹perils of the soul› zur Folge. Sie sind nämlich auch die unfehlbaren Erreger neurotischer und sogar psychotischer Störungen, indem sie sich genauso verhalten wie vernachlässigte oder mißhandelte Körperorgane oder organische Funktionssysteme (GW Bd 9/1, Abs. 266).

Im *Critical Dictionary of Jungian Analysis* (herausgegeben von Samuels u. a., 1986) heißt es:

«Alle psychischen Vorstellungen haben bis zu einem gewissen Grad etwas von Archetypen an sich. Darum haben Träume und viele andere psychische Phänomene etwas Numinoses. Archetypische Verhaltensweisen treten am stärksten in Krisenzeiten auf, wenn das Ich am verletzlichsten ist. Auch Symbole haben etwas Archetypisches, und das erklärt zum Teil, warum sie so faszinierend und nützlich sind und immer wieder verwendet werden. Götter sind Metaphern für archetypische Verhaltensweisen und Mythen archetypische Darstellungen. In menschlichen Formen können die Archetypen weder voll aufgehen noch ausgelebt werden. Die Psychoanalyse wird sich zunehmend der archetypischen Dimensionen bewußt, die das Leben eines Menschen besitzt ... Jungs Theorie der Archetypen steht in der Tradition der platonischen Ideenlehre, nach der die Ideen in den Seelen der Götter gegenwärtig sind und als Modelle für alle menschlichen Realitäten dienen.»

Der Archetypus als Vergangenheitszustand

Was nun die Psychologie unseres Motives anbetrifft, so muß ich bemerken, daß jede Aussage über das rein Phänomenale eines Archetypus hinaus notwendigerweise unter die oben ausgeführte Kritik fällt. Man darf sich keinen Augenblick der Illusion hingeben, ein Archetypus könne schließlich erklärt und damit erledigt werden. Auch der beste Erklärungsversuch ist nichts anderes als eine mehr oder weniger geglückte Übersetzung in eine andere Bildsprache. (Sprache ist ja nichts anderes als Bild!) Man *träumt* bestenfalls den Mythus weiter und gibt ihm moderne Gestalt. Und was ihm immer eine Erklärung oder Deutung antut, das hat man der eigenen Seele getan, und daraus entstehen entsprechende Folgen für das eigene Wohlbefinden. Der Archetypus nämlich – was man nie vergessen sollte – ist ein seelisches Organ, das sich bei jedem findet. Eine schlechte Erklärung bedeutet eine entsprechend schlechte Einstellung zu diesem Organ, wodurch dieses beschädigt wird. Der schließlich Leidtragende ist aber der schlechte Erklärer. Die «Erklärung» sollte daher immer so ausfallen, daß der funktionale Sinn des Archetypus erhalten bleibt, das heißt, daß eine genügende und sinnentsprechende Verbindung des Bewußtseins mit dem Archetypus gewährleistet ist. Dieser nämlich ist ein psychisches Strukturelement und daher ein vital nötiger Bestandteil des seelischen Haushaltes. Er repräsentiert oder personifiziert gewisse instinktive Gegebenheiten der primitiven, dunklen Psyche, der eigentlichen, aber unsichtbaren Wurzeln des Bewußtseins. Von welch elementarer Bedeutsamkeit der Zusammenhang mit diesen Wurzeln ist, zeigt uns die Präokkupation des primitiven Geistes mit der Beziehung auf gewisse «magische» Faktoren, welche eben nichts anderes sind, als was wir als Archetypen bezeichnen. Diese Urform der *religio* bildet auch jetzt noch die wirksame Essenz allen religiösen Lebens und wird sie immer bleiben, was auch irgendeine zukünftige Form dieses Lebens sein mag.

Für den Archetypus gibt es keinen «vernünftigen» Ersatz, so wenig als für das Kleinhirn oder die Nieren. Man kann Körperorgane anatomisch, histologisch und entwicklungsgeschichtlich erforschen. Dem entspräche die Beschreibung der archetypischen Phänomenologie und eine historisch-vergleichende Darstellung derselben. Der Sinn eines Körperorgans ergibt sich aber einzig und allein aus der teleologischen Fragestellung. Daraus entsteht die Frage: Welches ist der biologische Zweck des Archetypus? Wie die Physiologie die Frage für den Körper beantwortet, so ist es das Anliegen der Psychologie, die gleiche Frage für den Archetypus zu beantworten.

Mit Feststellungen wie, das Kindmotiv sei ein Überbleibsel der Erinnerung an die eigene Kindheit, und ähnlichen Erklärungen, ist der Frage bloß ausgewichen. Wenn wir dagegen – mit leichter Änderung dieses Satzes – sagen, das Kindmotiv sei das Bild für gewisse Dinge der eigenen Kindheit, die wir vergessen haben, so kommen wir der Wahrheit schon näher. Da es sich nun aber beim

Archetypus stets um ein der ganzen Menschheit und nicht bloß dem einzelnen gehöriges Bild handelt, so formulieren wir vielleicht besser: *Das Kindmotiv repräsentiert den vorbewußten Kindheitsaspekt der Kollektivseele*[1].

Es ist kein Fehler, sich diese Aussage zunächst als historisch vorzustellen, in Analogie zu bestimmten psychologischen Erfahrungen, welche dartun, daß gewisse Abschnitte des individuellen Lebens sich verselbständigen und personifizieren können in dem Maße, daß es zu einer Selbstschau kommen kann: zum Beispiel man sieht sich selbst als Kind. Derartige visionäre Erfahrungen – ob sie nun im Träumen oder im Wachen stattfinden – sind erfahrungsgemäß an die Bedingung geknüpft, daß vorgängig eine Dissoziation zwischen dem Gegenwarts- und dem Vergangenheitszustand stattgefunden hat. Solche Dissoziationen ereignen sich auf Grund von Inkompatibilitäten, zum Beispiel der Gegenwartszustand ist mit dem Kindheitszustand in Widerspruch geraten. Man hat sich vielleicht gewaltsam von seinem ursprünglichen Charakter getrennt zugunsten einer willkürlichen, der Ambition entsprechenden Persona[2]. Man ist damit unkindlich und künstlich geworden und hat so seine Wurzeln verloren. Das ist die günstige Gelegenheit für eine ebenso vehemente Konfrontation mit der ursprünglichen Wahrheit.

In Ansehung der Tatsache, daß bis jetzt die Menschheit nicht aufgehört hat, Aussagen über das göttliche Kind zu machen, dürfen wir vielleicht die individuelle Analogie auch auf das Leben der Menschheit ausdehnen und kämen damit zum Schluß, daß auch die Menschheit vielleicht immer wieder in Widerspruch gerät mit ihrer Kindheitsbedingung, das heißt mit dem ursprünglichen, unbewußten und instinktiven Zustand und daß die Gefahr eines solchen Widerspruches, der die Vision des «Kindes» ermöglicht, vorhanden ist. Die religiöse Übung, das heißt die Wiedererzählung und rituelle Wiederholung des mythischen Geschehens, haben daher den Zweck, das Kindheitsbild und was alles damit zusammenhängt, dem Bewußtsein immer wieder vor Augen zu führen, und zwar zum Zwecke, daß der Zusammenhang mit der ursprünglichen Bedingung nicht abreiße.

Die Funktion des Archetypus

Das Kindmotiv stellt nicht nur etwas Gewesenes und längst Vergangenes dar, sondern auch etwas Gegenwärtiges, das heißt, es ist nicht nur Überbleibsel, sondern ein gegenwärtig funktionierendes System, welches bestimmt ist, in sinnvoller Weise die unvermeidlichen Einseitigkeiten und Extravaganzen des Bewußtseins zu kompensieren respektive zu korrigieren. Das Wesen des Bewußtseins ist Konzentration auf relativ wenige Inhalte, die möglichst zu völliger Klarheitshöhe gesteigert werden. Das Bewußtsein hat als notwendige Folge und Voraussetzung die Ausschließung anderer momentan ebenso bewußtseinsfähiger Inhalte. Diese Ausschließung verursacht unvermeidlicherweise eine gewisse Einseitigkeit des Bewußtseinsinhaltes. Da nun dem differenzierten Bewußtsein des zivilisierten Menschen mit der Dynamik des Willens ein wirksames Instrument zur praktischen Ausführung seiner Inhalte in die Hand gegeben ist, so besteht mit zunehmender Ausbildung des Willens eine um so größere Gefahr der Verirrung ins Einseitige und der Abschweifung ins Gesetz- und Wurzellose. Dieses ist zwar einerseits die Möglichkeit menschlicher Freiheit, aber andererseits auch die Quelle endloser Instinktwidrigkeiten. Der primitive Mensch zeichnet sich daher – aus Instinktnähe, wie das Tier – durch Neophobie und Traditionsgebundenheit aus. Nach unserem Geschmack ist er in peinlicher Weise rückständig, während wir den Fortschritt preisen. Unsere Fortschrittlichkeit aber ermöglicht auf der einen Seite zwar eine Menge der schönsten Wunscherfüllungen, auf der anderen Seite aber häuft sich eine ebenso gigantische, prometheische Schuld, welche von Zeit zu Zeit Abzahlungen in der Form von schicksalsmäßigen Katastrophen erfordert. Wie lange hat die Menschheit vom Fliegen geträumt, und jetzt sind wir schon bei den Luftbombardements angelangt! Man belächelt heute die christliche Jenseitshoffnung und verfällt selber oft in Chiliasmen, welche hundertmal unvernünftiger sind als die Idee eines freudevollen Jenseits vom Tode! Das differenzierte Bewußtsein ist immer von Entwurzelung bedroht, weshalb es der Kompensation durch den noch vorhandenen Kindheitszustand bedarf.

Die Symptomatik der Kompensation wird vom Fortschrittsstandpunkt aus allerdings mit wenig schmeichelhaften Ausdrükken formuliert. Da es sich, oberflächlich besehen, um einen retardierenden Effekt handelt, so spricht man von Inertie, Rückständigkeit, Skeptizismus, Nörgelei, Konservativismus, Ängstlichkeit, Kleinlichkeit usw. Insofern aber die Menschheit in hohem Maße die Fähigkeit hat, sich ihrer eigenen Grundlagen zu entledigen, so kann sie sich auch von gefährlichen Einseitigkeiten bis zur Katastrophe kritiklos fortreißen lassen. Das retardierende Ideal ist immer primitiver, natürlicher (im guten wie im bösen Sinne) und «moralischer», insofern es treu zum überlieferten Gesetz hält. Das fortschrittliche Ideal ist immer abstrakter, unnatürlicher und insofern «unmoralischer», als es Untreue gegenüber der Tradition erfordert. Der vom Willen erzwungene Fortschritt ist immer *Krampf*. Die Rückständigkeit ist zwar der Natürlichkeit nahe, jedoch stets von peinlichem Erwachen bedroht. Die ältere Auffassung war sich bewußt, daß ein Fortschritt nur «Deo concedente» möglich ist, womit sie sich über den Besitz von Gegensatzbewußtsein ausweist und die uralten «rites d'entrée et de sortie» auf höherer Stufe wiederholt. Je mehr aber das Bewußtsein sich differenziert, desto größer wird die Gefahr seiner Abtrennung vom Wurzelzustand. Die völlige Trennung tritt dann ein, wenn das «Deo concedente» vergessen ist. Es ist nun ein psychologischer Grundsatz, daß ein vom Bewußtsein abgespaltener Seelenteil nur scheinbar inaktiviert wird, in Wirklichkeit aber zu einer Besessenheit der Persönlichkeit führt, wodurch deren Zielsetzung im Sinne des abgespaltenen Seelenteiles verfälscht wird. Wenn also der kindhafte Zustand der Kollektivseele bis zur gänzlichen Ausschließung verdrängt wird, so bemächtigt sich der unbewußte Inhalt der bewußten Zielsetzung, wodurch deren Verwirklichung gehemmt, verfälscht oder geradezu zerstört wird. Ein lebensfähiger Fortschritt aber kommt nur zustande durch die Kooperation beider.

Der Zukunftscharakter des Archetypus

Ein wesentlicher Aspekt des Kindmotivs ist sein Zukunftscharakter. Das Kind ist potentielle Zukunft. Daher bedeutet das Auftreten des Kindmotives in der Psychologie des Individuums in der Regel eine Vorwegnahme künftiger Entwicklungen, auch wenn es sich um eine auf den ersten Blick retrospektive Gestaltung zu handeln scheint. Das Leben ist ja ein Ablauf, ein Fließen in die Zukunft, und nicht eine rückflutende Stauung. Es ist daher nicht erstaunlich, daß die mythischen Heilbringer so oft Kindgötter sind. Das entspricht genau den Erfahrungen der Psychologie des einzelnen, welche zeigen, daß das «Kind» eine zukünftige Wandlung der Persönlichkeit vorbereitet. Es antizipiert im Individuationsprozeß jene Gestalt, die aus der Synthese der bewußten und der unbewußten Persönlichkeitselemente hervorgeht. Es ist daher ein die Gegensätze vereinigendes Symbol[3], ein Mediator, ein *Heilbringer,* das heißt Ganzmacher. Um dieser Bedeutung willen ist das Kindmotiv auch der oben erwähnten mannigfachen Formwandlungen fähig: Es wird ausgedrückt zum Beispiel durch das Runde, den Kreis oder die Kugel, oder durch die Quaternität als eine andere Form der Ganzheit[4]. Ich habe diese bewußtheitstranszendente Ganzheit als das Selbst[5] bezeichnet. Das Ziel des Individuationsprozesses ist die Synthese des Selbst. Von einem anderen Standpunkt aus betrachtet, empfiehlt sich statt des Terminus «Synthese» vielleicht eher «Entelechie». Es gibt einen empirischen Grund, warum dieser Ausdruck eventuell passender wäre: Die Symbole der Ganzheit treten nämlich häufig am Anfang des Individuationsprozesses ein, ja sie sind sogar schon in den frühinfantilen Erstlingsträumen zu beobachten. Diese Beobachtung spricht für ein apriorisches Vorhandensein der Ganzheitspotentialität[6], weshalb sich der Begriff der Entelechie empfiehlt. Insofern aber der Individuationsprozeß empirisch wie eine Synthese verläuft, sieht es aus, als ob ein schon Vorhandenes paradoxerweise noch zusammengesetzt würde. Um dieses Aspektes willen ist auch der Ausdruck «Synthese» anwendbar.

Das Kind als Anfangs- und Endwesen

Faust wird nach dem Tode als Knabe in den «Chor der seligen Knaben» aufgenommen. Ich weiß nicht, ob Goethe sich bei dieser seltsamen Vorstellung auf die antiken sepulkralen Eroten bezogen hat. Es wäre nicht undenkbar. Die Gestalt des Cucullatus weist auf den Verhüllten, das heißt den Unsichtbaren, den Genius des Abgeschiedenen, hin, der nunmehr im kindlichen Reigen eines neuen Lebens wieder erscheint, umgeben von den Meergestalten der Delphine und Seegötter. Das Meer ist das beliebte Symbol des Unbewußten, der Mutter alles Lebendigen. Wie das «Kind» unter Umständen (wie zum Beispiel im Falle des Hermes und der Daktylen) nächste Beziehung zum Phallus als dem Symbole des Erzeugers hat, so erscheint es auch wieder im sepulkralen Phallus als dem Symbol einer erneuten Zeugung.

Das «Kind» ist daher auch «renatus in novam infantiam». Es ist also nicht nur ein Anfangs-, sondern auch ein Endwesen. Das Anfangswesen war vor dem Menschen, und das Endwesen ist nach dem Menschen. Psychologisch bedeutet diese Aussage, daß das «Kind» das vorbewußte und das nachbewußte Wesen des Menschen symbolisiert. Sein vorbewußtes Wesen ist der unbewußte Zustand der frühesten Kindheit, das nachbewußte Wesen ist eine Antizipation per analogiam über den Tod hinaus. In dieser Vorstellung drückt sich das umfassende Wesen der seelischen Ganzheit aus. Die Ganzheit besteht ja niemals im Umfang des Bewußten, sondern schließt die unbestimmte und unbestimmbare Ausdehnung des Unbewußten mit ein. Die Ganzheit ist daher empirisch von unabsehbarer Erstreckung, älter und jünger als das Bewußtsein und dieses in Zeit und Raum umschließend. Bei dieser Feststellung handelt es sich nicht um Spekulation, sondern um unmittelbare seelische Erfahrung. Der Bewußtseinsprozeß ist nicht nur beständig begleitet, sondern auch öfters geleitet, gefördert und unterbrochen von unbewußten Vorgängen. Seelisches Leben war im Kinde, noch bevor es Bewußtsein hatte. Selbst der Erwachsene noch sagt und tut Dinge, von denen er vielleicht erst später weiß – wenn überhaupt je –, was sie bedeuten. Und doch hat er sie so gesagt und getan, wie wenn er sie gewußt hätte. Unsere Träume sagen beständig Dinge über unsere bewußte Auffassung hinaus (weshalb man sie in der Neurosentherapie so gut gebrauchen kann). Wir haben Ahnungen und Wahrnehmungen aus unbekannten Quellen. Ängste, Launen, Absichten, Hoffnungen befallen uns aus unersichtlicher Kausalität. Diese konkreten Erfahrungen bilden die Grundlage jenes Gefühles, daß man sich selber ungenügend bekannt sei, und der peinlichen Vermutung, daß man an sich selber Überraschungen erleben könnte.

Der primitive Mensch ist sich selber zwar kein Rätsel. Die Frage nach dem Menschen ist jeweils die letzte, die sich der Mensch aufbewahrt hat. Aber der Primitive hat so viel Seelisches außerhalb des Bewußtseins, daß ihm die Erfahrung eines außerhalb seiner selbst befindlichen Psychischen in noch viel höherem Maße geläufig ist als uns. Das rings von psychischen Mächten beschützte, getragene oder bedrohte und betrogene Bewußtsein ist Urerfahrung der Menschheit. Diese Erfahrung hat sich projiziert im Archetypus des Kindes, welches die Ganzheit des Menschen ausdrückt. Es ist das Verlassene und Ausgelieferte und zugleich das Göttlich-Mächtige, der unansehnliche, zweifelhafte Anfang und das triumphierende Ende. Das «ewige Kind» im Menschen ist eine unbeschreibliche Erfahrung, eine Unangepaßtheit, ein Nachteil und eine göttliche Prärogative, ein Imponderabile, das den letzten Wert und Unwert darstellt.

Gaston Bachelard

Träumen wir uns zur Kindheit hin!

*Das Höchste, Reinste und Beste des Kindes wird von Gaston Bache-
lard in diesem Auszug aus seinem Buch* Le poétique de la rêverie
*besungen. Der Autor, ein bedeutender französischer Denker der
Gegenwart, erkundet nicht nur die Erfahrungswelt der Kindheit,
das Kind im Erwachsenen und den Kindarchetypus, sondern auch
die nichterfahrene Kindheit, die Verheißung des Inneren Kindes,
das ungelebte Kind: «Eine potentielle Kindheit ist in uns. Wenn wir
sie in unseren Träumen suchen, erleben wir sie eher in ihren Möglichkeitsformen als in ihrer Wirklichkeit.»*

*Bachelard schreibt nicht – er schwärmt. Er argumentiert nicht –
er schaut. Lesen Sie diesen Essay, und entdecken Sie die poetische
Grundlage der Wirklichkeit des Kindes: «In uns, noch in uns,
immer in uns ist die Kindheit ein Zustand der Seele.»*

I

Wenn wir uns ganz allein unseren Träumen hingeben und uns aus
der Gegenwart in die ferne Zeit unseres frühen Lebens zurückver-
setzen, tauchen mehrere Kindergesichter vor uns auf. Zu Beginn
unseres Lebens, in seinen primitiven Anfängen waren wir eine
Vielheit. Erst aufgrund der Berichte anderer erkennen wir uns
schließlich als Einheit. Wenn wir dem roten Faden unserer Geschichte, wie sie uns von anderen erzählt wurde, Jahr um Jahr
folgen, gleichen wir am Ende uns selbst. Wir bündeln alle unsere
Seinsweisen in der Einheit unseres Namens.

Aber der Traum erzählt nicht. Oder zumindest gibt es Träume, die so tief sind, Träume, die uns so tief in uns hinabsteigen lassen, daß sie uns von unserer Geschichte befreien. Sie erlösen uns von unserem Namen. Diese einsamen Stunden heute bringen uns zurück zu den ursprünglichen Einsamkeiten. Jene ursprünglichen Einsamkeiten, diese Kindheitseinsamkeiten, hinterlassen unauslöschliche Narben in manchen Seelen. Ihr ganzes Leben lang sind sie empfänglich für die Poesie des Traums, die den Preis der Einsamkeit kennt. Durch andere Menschen weiß die Kindheit vom Unglück. In der Einsamkeit kann sie sich von ihren Schmerzen erholen. Wenn die Menschenwelt das Kind in Frieden läßt, fühlt es sich wie ein Kind des Kosmos. Und sobald es in seinen Einsamkeiten Herr seiner Träume ist, kennt das Kind das Glück des Träumens, das später das Glück von Dichtern sein wird. Ist es nicht unabweislich, daß es einen Zusammenhang gibt zwischen unserer Einsamkeit als Träumende und den Einsamkeiten der Kindheit? Und es ist auch kein Zufall, daß wir in einem friedvollen Traum oft dem Abhang folgen, der uns zu unseren Kindheitseinsamkeiten zurückführt.

Überlassen wir es darum der Psychoanalyse, freudlos verbrachte Kindheiten wiedergutzumachen, die infantilen Leiden einer *harten Kindheit* zu beheben, die die Seele so vieler Erwachsener belastet. Der Poeticoanalyse aber ist es vorbehalten, in uns die erlösenden Einsamkeiten wieder ins Recht zu setzen. Die dichterische Analyse sollte uns wieder mit allen Privilegien der Imagination ausstatten. Die Erinnerung ist ein Ort voller psychischer Ruinen, eine Etagere voller Erinnerungen. Unsere ganze Kindheit wartet darauf, daß wir sie uns wieder vorstellen. Und indem wir das tun, haben wir die Möglichkeit, sie im wahren Leben des einsamen Kindes unserer Träume zurückzugewinnen.

Dann gelingt es uns auch, in der menschlichen Seele einen immerwährenden Kindheitskern zu entdecken, eine statische, aber ewig lebende Kindheit, außerhalb der Geschichte, vor den andern verborgen, die sich als Geschichte tarnt, wenn man von ihr erzählt, aber wahrhaft nur in ihren Augenblicken der Erleuchtung aufscheint, was soviel heißt wie in den Augenblicken ihrer poetischen Existenz. Wenn es in seiner Einsamkeit träumte, erlebte das Kind ein Dasein ohne Fesseln. Sein Traum war nicht bloß ein Fluchttraum. Es war ein Flugtraum.

Es gibt Kindheitsträume, die uns mit der Leuchtkraft eines Feuers überfluten. Der Dichter findet seine Kindheit wieder, indem er in flammenden Worten von ihr erzählt:

> Feuriger Ton. Ich werde erzählen, wie meine Kindheit war.
> Wir stöberten den roten Mond auf im Dickicht der Wälder.[1]

Eine ekstatische Kindheit ist die Keimzelle eines Gedichts. Man würde über einen Vater lachen, der aus Liebe zu seinem Kind auszöge, «den Mond herunterzuholen». Aber der Dichter schreckt vor dieser kosmischen Geste nicht zurück. In seiner glühenden Erinnerung weiß er, daß das eine Kindheitsgeste ist. Das Kind weiß ganz genau, daß der Mond, dieser große gelbe Vogel, sein Nest irgendwo im Wald hat.

Und darum sind Kindheitsbilder, Bilder, die sich ein Kind machen kann, Bilder, von denen ein Dichter erzählt, daß ein Kind sie gemacht hat, für uns Manifestationen der immerwährenden Kindheit. Es sind die Bilder der Einsamkeit. Sie berichten vom Weiterleben der Kindheitsträume in den Träumen der Dichter.

II

Offenbar also erweist sich die Kindheit, mit Hilfe der Bilder des Dichters, als geistig schön. Liegt es nicht nahe, von seelischer Schönheit zu sprechen, wenn wir mit einem reizvollen Erlebnis aus unserem inneren Leben konfrontiert werden? Diese Schönheit ruht in uns, auf dem Grund der Erinnerung. Es ist die Schönheit eines Fluges, der uns wiederbelebt, der die Dynamik einer Schönheit des Lebens in uns auslöst. In unserer Kindheit verlieh uns der Traum Freiheit. Es ist schon erstaunlich, daß die Ebene, auf der uns am ehesten die Freiheit zu Bewußtsein kommt, keine andere ist als die des Traums. Nach dieser Freiheit zu greifen, wenn sie in einen Kindertraum hineinspielt, ist nur dann paradox, wenn man vergißt, daß wir noch immer von Freiheit so träumen, wie wir von ihr als Kinder geträumt haben. Haben wir denn eine andere psy-

chische Freiheit als die Freiheit zu träumen? Psychologisch gesprochen sind wir freie Wesen nur im Traum.

Eine potentielle Kindheit ist in uns. Wenn wir sie in unseren
Träumen suchen, erleben wir sie eher in ihren Möglichkeitsformen
als in ihrer Wirklichkeit.

Wir träumen von allem, was sie gewesen sein könnte; wir träumen an der Grenze zwischen Geschichte und Mythos. Um zu den
Erinnerungen an unsere Einsamkeiten zu gelangen, idealisieren
wir die Welten, in denen wir einsame Kinder waren. Daher stellt es
in der praktischen Psychologie ein Problem dar, die ganz reale
Idealisierung von Kindheitserinnerungen in Betracht zu ziehen
und zugleich unser persönliches Interesse an allen Kindheitserinnerungen. Und aus diesem Grund findet eine Verständigung zwischen einem Dichter der Kindheit und seinem Leser mittels jener
Kindheit statt, die in uns weiterbesteht. Darüber hinaus bleibt
diese Kindheit empfänglich für jede Öffnung gegenüber dem Leben und ermöglicht es uns, Kinder zu verstehen und zu lieben, als
wären wir ihresgleichen im richtigen Leben.

Wenn ein Dichter wie Charles Plisnier zu uns spricht, werden
wir von neuem Leben erfüllt:

> Ach, angenommen, ich stimme dem zu,
> da bist du also, meine Kindheit,
> so lebendig, so gegenwärtig,
> Firmament aus blauem Glas,
> Baum voll Laub und Schnee,
> Fluß, der dahinströmt, wohin gehe ich?

Wenn ich diese Verse lese, sehe ich den blauen Himmel über
meinem Fluß in den Sommern des anderen Landes.

Der Traum ist im Leben des Menschen stets gegenwärtig, von
der Kindheit bis ins hohe Alter, ohne selbst zu altern. Und daher
spürt man mit zunehmenden Jahren eine Art Verdoppelung des
Traums, wenn man versucht, die Träume der Kindheit wiederzu-
beleben.

Diese Verstärkung des Traums, diese Vertiefung des Traums,
die wir empfinden, wenn wir von unserer Kindheit träumen, erklärt, daß wir in allen Träumen, selbst in denen, die uns zur

Kontemplation einer großen Schönheit dieser Welt führen, bald wieder zu alten Träumen zurückfinden, die unversehens so alt sind, daß wir nicht mehr daran denken, sie zu datieren. Ein Abglanz der Ewigkeit senkt sich auf die Welt herab. Wir stehen vor einem großen See, dessen Name den Geographen vertraut ist, hoch oben in den Bergen, und plötzlich kehren wir in eine ferne Vergangenheit zurück. Wir träumen, während wir uns erinnern. Wir erinnern uns, während wir träumen. Unsere Erinnerungen bringen uns an einen schlichten Fluß zurück, in dem sich der Himmel über Hügeln spiegelt. Aber der Hügel wird größer und die Flußschleife breiter. Das Kleine wird groß. Die Welt des Kindheitstraums ist groß, größer als die Welt, die uns in unseren heutigen Träumen erscheint. Zwischen dem poetischen Traum, der von irgendeinem großartigen Schauspiel dieser Welt ausgelöst wurde, und dem Kindheitstraum findet ein Austausch von Größe statt. Und darum befindet sich die Kindheit am Ursprung der großartigsten Landschaften. Unsere Kindheitseinsamkeiten haben uns die ursprünglichen Unermeßlichkeiten geschenkt.

Wenn wir von der Kindheit träumen, kehren wir in die Höhle der Träume zurück, zu den Träumen, die uns die Welt eröffnet haben. Der Traum ist es, der uns zum ersten Bewohner der Welt der Einsamkeit macht. Und wir sind in der Welt besser zu Hause, weil wir so in ihr wohnen, wie das einsame Kind in den Bildern wohnt. Im Traum des Kindes hat das Bild Vorrang vor allem anderen. Erfahrungen kommen erst später. Sie sind der Gegenwind in jedem Flugtraum. Das Kind sieht alles groß und schön. Wenn wir uns in unsere Kindheit zurückträumen, kehren wir zur Schönheit der ersten Bilder zurück.

Kann die Welt auch heute noch so schön sein? Wir haben so sehr an der ursprünglichen Schönheit gehangen, und wenn uns unser Traum unsere liebsten Erinnerungen zurückbringt, dann kommt uns die gegenwärtige Welt farblos vor. So kann ein Dichter wie Paul Chaulot sagen:

> ... Die Welt taumelt,
> wenn ich von meiner Vergangenheit bekomme,
> was ich brauche, um in den Tiefen meines Selbst zu
> leben.

Ach, wie fest würden wir in uns ruhen, wenn wir in unserer ursprünglichen Welt leben, noch einmal leben könnten, ohne Sehnsucht und in voller Glut!

Kurz – ist diese Öffnung zur Welt, von der die Philosophen Gebrauch machen, nicht eine Wiedereröffnung zur geschauten Welt der ursprünglichen schöpferischen Betrachtungen? Anders gesagt: Ist diese intuitive Wahrnehmung der Welt, diese *Weltanschauung* nichts weiter als eine Kindheit, die ihren Namen nicht zu nennen wagt? Die Größe der Welt hat ihre Wurzeln tief in einer Kindheit. Für den Menschen beginnt die Welt mit einer Revolution der Seele, die sehr oft in eine Kindheit zurückreicht. So heißt es zum Beispiel in Villiers de L'Isle-Adams Buch *Isis* über die Heldin, eine dominierende Frau: «Ihre Seele spiegelte einen freien Willen wider, und auf geheimen Wegen hatte sie jene innere Gestalt gewonnen, in der das Selbst an sich eine Bestätigung findet. Die namenlose Stunde, die ewige Stunde, in der Kinder aufhören, Himmel und Erde verständnislos anzusehen, schlug ihr, als sie neun war. Von diesem Augenblick an bekam alles, was zuvor in den Augen dieses kleinen Mädchens nur ein wirrer Traum gewesen war, einen klaren Schimmer: Man hätte sagen können, daß sie ihrer Bedeutung gewahr wurde, während sie in unseren Schatten erwachte.»[2]

Also findet in «einer namenlosen Stunde» die Welt an sich eine Bestätigung, und die träumende Seele ist ein Bewußtsein der Einsamkeit. Am Ende wird Villiers de L'Isle-Adams Heldin sagen können: «Meinem Gedächtnis, das unversehens in den Tiefen des Traums beschädigt worden war, wurden unfaßbare Erinnerungen zuteil.» Somit also ist die Seele wie die Welt offen für das Unvordenkliche.

Darum kann eine Kindheit wie ein vergessenes Feuer immer wieder in uns aufflackern. Das Feuer vergangener Jahre und die Kälte dieser Tage treffen in einem großartigen Gedicht von Vicente Huidobro aufeinander:

> In meiner Kindheit ist eine Kindheit geboren, die wie Alkohol brennt.
> Ich würde mich in den Pfaden der Nacht niederlassen,
> Ich würde dem Diskurs der Sterne lauschen

Und dem des Baums.
Nun schneit Gleichgültigkeit in den Abend meiner
Seele.

Diese Bilder, die aus den Tiefen der Kindheit aufsteigen, sind in
Wirklichkeit keine Erinnerungen. Um ihre ganze Lebendigkeit
beurteilen zu können, müßte ein Philosoph ihre volle Dialektik
entfalten können, die allzu rasch in den beiden Wörtern «Einbildungskraft» und «Erinnerung» zusammengefaßt ist. Wir werden
daher im folgenden kurzen Abschnitt die Grenzen zwischen Erinnerungen und Bildern verdeutlichen.

III

Die Vergangenheit ist nicht unveränderbar – weder erscheint sie
in der Erinnerung stets mit den gleichen Zügen noch im gleichen
Licht. Sobald die Vergangenheit im Netzwerk menschlicher Werte
gefangen ist, den inneren Werten einer Person, die nicht vergißt,
erscheint sie mit doppelter Kraft: im Verstand, der sich erinnert,
und in der Seele, die die getreue Wiedergabe genießt. Seele und
Verstand haben nicht die gleiche Erinnerung. Sully Prudhomme,
der diese Teilung erfahren hat, schrieb:

> Ach, Erinnerung, die Seele weigert sich,
> Verängstigt, dich zu empfangen.

Nur wenn Seele und Verstand in einem Traum durch den Traum
vereint sind, erweist sich die Einheit von Einbildungskraft und
Erinnerung als nützlich für uns. In einem solchen Fall können wir
sagen, daß wir unsere Vergangenheit noch einmal erleben. Unser
vergangenes Sein stellt sich vor, wie es noch einmal lebt.

Um die Poetik einer im Traum wiederbelebten Kindheit schaffen
zu können, muß man Erinnerungen eine bildhafte Atmosphäre ver-
leihen. Damit die Reflexionen über die Erinnerung an den Traum
klarer werden, wollen wir zunächst den Unterschied zwischen
psychologischen Fakten und Werten ein wenig verdeutlichen.

In ihrer psychischen Ursprünglichkeit sind Einbildungskraft und Erinnerung unauflöslich miteinander verwoben. Ordnet man sie der Wahrnehmung zu, werden sie fehlinterpretiert. Die erinnerte Vergangenheit ist nicht bloß eine Vergangenheit der Wahrnehmung. Wenn man sich erinnert, ist die Vergangenheit bereits in einem Traum als Bildwert festgelegt. Von Anfang an malt sich die Imagination die Bilder aus, die sie wiedersehen möchte. Wenn man daher die Archive der Erinnerung nach Fakten durchstöbert, muß man Werte jenseits der Fakten wiederentdecken. Vertrautheit entsteht nicht durch Wiederholung. Es ist ein hoffnungsloses Unterfangen, mit den Techniken der experimentellen Psychologie die Einbildungskraft auf ihre kreativen Qualitäten hin zu untersuchen. Will man die *Werte der Vergangenheit* wiedererleben, muß man träumen, muß man die großartige Erweiterung der Psyche, die man Traum nennt, in aller Ruhe und Gelassenheit akzeptieren. Dann werden Erinnerungen und Einbildungskraft miteinander wetteifern, uns die Bilder zurückzugeben, die zu unserem Leben gehören...

Ein derartiges phänomenologisches Projekt, bei dem man die Poesie der Kindheitsträume in ihrer individuellen Aktualität gewinnen möchte, unterscheidet sich natürlich erheblich von den überaus nützlichen objektiven Untersuchungen des Kindes durch die Psychologen. Selbst wenn man Kinder frei sprechen läßt, sie nur dabei beobachtet, wie sie die absolute Freiheit ihres Spiels genießen und ihnen mit der sanften Geduld eines Kinderpsychoanalytikers zuhört, gelangt man noch längst nicht zur simplen Klarheit einer phänomenologischen Untersuchung. Diese Leute sind dafür viel zu gut ausgebildet und infolgedessen allzu schnell bereit, zu vergleichen und zu analysieren. Eine Mutter, die in ihrem Kind etwas *Unvergleichliches* sieht, würde es besser wissen. Nur weiß das eine Mutter leider nicht sehr lange... Sobald ein Kind ins «vernünftige Alter» kommt, sobald es also sein absolutes Recht verliert, in der Welt seiner Imaginationen zu leben, macht es sich seine Mutter – wie alle Erzieher – zur Pflicht, ihm beizubringen, *objektiv* zu sein – auf die schlichte Weise, wie Erwachsene sich für «objektiv» halten. Das Kind wird gleichsam auf Gesellschaftsfähigkeit getrimmt. Es wird auf sein Leben als Mensch gemäß dem Ideal der Geradlinigkeit eingestimmt. Es wird auch in der Geschichte seiner Familie unterrichtet. Man teilt ihm die Erinnerungen an seine frühe Kindheit mit, eine komplette Story, die das Kind immer wieder nacherzählen kann. Die Kindheit – dieser Teig! – wird in Form gepreßt, so daß das Kind den Fußstapfen folgen wird, die das Leben anderer hinterlassen hat.

Damit tritt das Kind in den Bereich der familiären, sozialen und psychischen Konflikte ein. Es wird ein frühreifer Mensch. Das ist das gleiche, wie wenn man sagt, daß dieser frühreife Mensch sich im Zustand einer unterdrückten Kindheit befindet.

Das befragte Kind, das vom erwachsenen Psychologen untersuchte Kind ... gibt seine Einsamkeit nicht auf. Die Einsamkeit des Kindes ist geheimer als die Einsamkeit des erwachsenen Menschen. Oft entdecken wir erst spät im Leben die Einsamkeiten unserer Kindheit und Jugend in ihrer ganzen Tiefe. Im letzten Viertel des Lebens versteht man die Einsamkeiten des ersten Viertels, indem man die Einsamkeit des hohen Alters in den vergessenen Einsamkeiten des Kindheit widergespiegelt sieht.[3] Das träumende Kind ist allein, sehr viel allein. Es lebt in der Welt seines Traums. Seine Einsamkeit ist weniger sozial, weniger gegen die Gesellschaft gerichtet als die Einsamkeit der Erwachsenen. Das Kind kennt einen natürlichen Traum der Einsamkeit, einen Traum, der nicht mit dem des schmollenden Kindes verwechselt werden darf. In seinen glücklichen Einsamkeiten kennt das träumende Kind den kosmischen Traum, der uns mit der Welt vereint.

Unserer Meinung nach sollten wir in den Erinnerungen an diese kosmische Einsamkeit den Kern der Kindheit finden, der auch weiterhin im Zentrum der menschlichen Psyche erhalten bleibt. Hier sind Vorstellung und Erinnerung ganz eng miteinander verknüpft. Hier verbindet das Wesen der Kindheit das Reale mit dem Imaginären, hier erlebt es die Bilder der Wirklichkeit in absoluter Einbildungskraft. Und all diese Bilder seiner kosmischen Einsamkeit reagieren tief im Wesen des Kindes – es ist nicht nur ein Wesen für Menschen, sondern ein Wesen für die Welt, das durch die Inspiration der Welt geschaffen wird. Das ist das Wesen der kosmischen Kindheit. Menschen vergehen – der Kosmos bleibt, ein ewig ursprünglicher Kosmos, ein Kosmos, den auch die größten Schauspiele der Welt während des ganzen Lebens nicht auslöschen werden. Die kosmische Dimension unserer Kindheit bleibt in uns bestehen. In der Einsamkeit taucht sie in unseren Träumen wieder auf. Dieser Kern der kosmischen Kindheit ist dann wie eine falsche Erinnerung in uns. Unsere einsamen Träume sind die Aktivitäten einer Meta-Amnesie. Es scheint so, als machten uns unsere Träume über die Träume der Kindheit mit einem Wesen bekannt, das vor uns existierte, und als eröffneten sie damit den Blick auf die *Vorgeschichte des Seins.*

Waren wir, oder haben wir geträumt zu sein, und sind wir nun, da wir von unserer Kindheit träumen, wir selbst? . . .

Wenn sich die Sinne erinnern, werden sie dann nicht irgendwann einmal, in einer Archäologie des Wahrnehmbaren, diese «mineralischen Träume», diese Träume von den «Elementen» finden, die uns mit der Welt in einer «ewigen Kindheit» verbinden?

«Stromaufwärts von mir selbst», sagt der Dichter; «stromaufwärts und darüber hinaus», sagt der Traum, der darauf aus ist, zu den Ursprüngen *(Quellen)* des Seins zurückzukehren – das sind die Beweise für die Vorgeschichte des Seins. Die Dichter halten nach dieser Vorgeschichte des Seins Ausschau – also existiert sie auch. Eine derartige Gewißheit ist eines der Axiome einer Philosophie des Traums.

An welches Jenseits können sich Dichter nicht erinnern? Ist das frühe Leben nicht eine Probe für die Ewigkeit? So kann Jean Follain schreiben:

> Während auf den Feldern
> seiner ewigen Kindheit
> der Dichter erwacht
> und nichts vergessen will.

Wie unermeßlich ist doch das Leben, wenn man über seine Anfänge meditiert! Träumt man nicht, wenn man über einen Ursprung meditiert? Und heißt nicht, über einen Ursprung zu träumen, darüber hinauszugehen? Jenseits unserer Geschichte erstreckt sich «unsere inkommensurable Erinnerung», um einen Ausdruck zu gebrauchen, den Baudelaire von de Quincey übernommen hat.

Um die Vergangenheit aufzubrechen, wenn wir in der Vergeßlichkeit befangen sind, faszinieren uns die Dichter, indem sie die verlorene Kindheit im Bild wiedererstehen lassen. Sie lehren uns «die Kühnheiten der Erinnerung», meinen gar, die Vergangenheit müsse erst erfunden werden . . .

Immer wieder werden wir zu dieser Gewißheit des Traums zurückkehren: Die Kindheit ist ein menschliches Gewässer, ein Gewässer, das aus den Schatten tritt. Dieser Kindheit in Dunst und Nebel, diesem Leben in der gedehnten Zeit des Limbus verdanken wir eine bestimmte Ebene der Geburt. Was für eine Menge verlorener Quellen, die nichtsdestotrotz gesprudelt haben! Dann holt das Zurückträumen in unsere Vergangenheit, das nach der Kindheit Ausschau haltende Träumen offenbar Leben ins Leben zurück, die es nie gegeben hat, Leben, die nur imaginiert sind. Der Traum ist eine Gedächtniskunst der Einbildungskraft. Im Traum treten wir wieder in Kontakt mit Möglichkeiten, die uns das Schicksal versagt hat. Mit unseren Träumen zurück zur Kindheit ist ein großartiges Paradox verbunden: In uns hat diese tote Vergangenheit eine Zukunft, die Zukunft ihrer lebendigen Bilder, die *Traumzukunft,* die sich vor jedem wiederentdeckten Bild eröffnet.

IV

Jede Kindheit ist wunderbar, auf natürliche Weise wunderbar. Das Kind läßt sich keineswegs, wie wir gern glauben möchten, von den ach so künstlichen Märchen und Fabeln vereinnahmen, die man ihm erzählt und die doch nur dazu dienen, die Ahne zu unterhalten, die sie erzählt. Wie viele Großmütter betrachten ihre Enkel nicht gar als kleine Narren! Aber das von Hause aus mutwillige Kind stellt diese Manie des Märchenerzählens in Frage, diese ewig repetierte Verklärung alter Zeiten. Die Einbildungskraft des Kindes hat diese versteinerten Geschichten, diese Fossilien von Geschichten nicht nötig. Es lebt in seinen eigenen Geschichten. Das Kind findet sie in seinem Traum, diese Geschichten, die es niemandem erzählt. Dann ist die Geschichte das Leben selbst: «Ich habe gelebt, ohne zu wissen, daß ich in meiner Fabel gelebt habe.» Dieser großartige Vers gehört zu einem Gedicht von Jean Rousselot mit dem Titel «Ich habe keine Gewißheit». Das *ewige Kind* allein kann uns diese Welt der Fabel wieder zurückbringen.

Edmond Vandercammen ruft die Kindheit auf, sich «näher zum Himmel aufzuschwingen»:

> Der Himmel wartet darauf, berührt zu werden von
> einer Hand
> Aus der märchenhaften Kindheit –
> Kindheit, meine Sehnsucht, meine Königin, mein
> Wiegenlied –
> Durch einen Hauch des Morgens.

Wie könnten wir übrigens unsere *Fabeln* erzählen, gerade wenn wir von ihnen als «Fabeln» sprechen? Wir wissen doch kaum noch, was eine *echte Fabel* ist. Erwachsene machen es sich einfach zu leicht, wenn sie Kindergeschichten schreiben. Auf diese Weise entstehen kindische Märchen. Wenn man in die Zeiten der Fabel eintreten will, muß man so ernsthaft sein wie ein träumendes Kind. Die Fabel unterhält nicht, sondern bezaubert. Wir haben die Sprache der Bezauberung verloren. Thoreau hat einmal geschrieben: »Es hat den Anschein, als ob wir uns in den Jahren der Reife nur danach sehnen, die Träume unserer Kindheit zu erzählen, und sie verschwinden aus unserer Erinnerung, ehe wir imstande sind, ihre Sprache zu erlernen.»[4]

Um die Sprache der Fabel wiederzufinden, muß man am Existentialismus des Fabelhaften teilnehmen, muß man Leib und Seele eines staunenden Wesens werden und die Wahrnehmung der Welt durch das Staunen ersetzen. Dieses Staunen ist nötig, damit wir die Qualitäten des Wahrgenommenen erfahren. Und sogar in der Vergangenheit das Erinnern bestaunen. Wenn der Dichter mit Augenzeugen der Vergangenheit, mit Gegenständen und Orten konfrontiert wird, die die Erinnerungen wecken und sie präzisieren, dann entdeckt er die Einheit, die die Poesie der Erinnerung und die Wahrheit der Illusionen bilden. Im Traum noch einmal erlebte Kindheitserinnerungen sind wirklich «Lobgesänge der Illusionen» am Grunde der Seele, wie Lamartine einmal schrieb.

Ach, muß das Kind, das in uns existiert, auch weiterhin das Kainsmal der verbotenen Kindheit tragen? Wir befinden uns doch jetzt im Reich der Bilder, die freier sind als Erinnerungen. Die

Aufhebung dieses Verbots mit dem Ziel, frei träumen zu können, ist nicht auf die Psychoanalyse angewiesen. Jenseits der Elternkomplexe gibt es anthropokosmische Komplexe, auf die wir mit Hilfe des Traums reagieren können. Diese Komplexe blockieren das Kind in der verbotenen Kindheit, wie wir das mit Bosco nennen werden. All unsere Kindheitsträume müssen noch einmal aufgegriffen werden, so daß sie sich völlig zu ihrem dichterischen Flug aufschwingen können. Diese Aufgabe sollte von der Poeticoanalyse begleitet werden. Aber dazu ist es nötig, Dichter und Psychologe zugleich zu sein – ein hoher Anspruch an den einzelnen.

In unseren zur Kindheit zurückkehrenden Träumen, in den Gedichten, die wir alle gern schreiben würden, damit unsere ursprünglichen Träume wieder zum Leben erwachen, damit wir das Universum des Glücks wiedererlangen, taucht die Kindheit – um es im Stil der Tiefenpsychologie zu sagen – wie ein echter *Archetypus* auf, der Archetypus des einfachen Glücks. Gewiß ist das ein Bild in uns, ein Zentrum für Bilder, die glückliche Bilder anziehen und die Erfahrungen des Unglücks zurückweisen. Aber dieses Bild gehört im Prinzip nicht völlig uns – es reicht weiter zurück als unsere einfachen Erinnerungen. Unsere Kindheit ist Zeuge der Kindheit des Menschen, des Wesens, das von der Glorie des Lebens angerührt ist.

Daher werden persönliche Erinnerungen, und seien sie noch so klar und noch so oft wiedergegeben, niemals völlig erklären, warum Träume, die uns zu unserer Kindheit zurückführen, eine derartige Anziehungskraft und seelische Qualität besitzen. Diese Qualität, die den Erfahrungen des Lebens widersteht, beruht darauf, daß die Kindheit in uns ein Prinzip wahren Lebens bleibt, eines Lebens, das sich immer in Harmonie mit der Möglichkeit eines Neubeginns befindet.

Alles, was in uns mit der Deutlichkeit eines Anfangs beginnt, ist eine Verrücktheit des Lebens. Der große Archetypus des Lebensbeginns verleiht jedem Beginn die psychische Energie, die Jung in jedem Archetypus entdeckt hat.

Wie die Archetypen des Feuers, Wassers und Lichts ruft auch die Kindheit, dieses Wasser und Feuer, das Licht wird, eine unglaubliche Fülle fundamentaler Archetypen hervor. In den Träumen, in denen wir zur Kindheit zurückkehren, sind alle Archetypen, die den Menschen mit der Welt verbinden, die eine poetische Harmonie zwischen Mensch und Universum ermöglichen, in gewisser Hinsicht wieder zum Leben erwacht.

In uns, noch in uns, immer in uns ist die Kindheit ein Zustand der Seele.

June Singer

Das Motiv des göttlichen Kindes

Das göttliche Kind ist eine universale Manifestation des Kindarche-
typus. Beispiele hierfür sind die Madonna mit dem Kind und die
Kindheldengötter der Mythen. June Singer, praktizierende jungia-
nische Analytikerin, nutzt sowohl ihre Erfahrungen aus der Praxis
wie ihre beachtlichen mythologischen Kenntnisse, um ein Porträt
der göttlichen Dimension des Inneren Kindes zu zeichnen. Hier ein
Auszug aus ihrem Buch Boundaries of the Soul, *einer umfassenden*
psychotherapeutischen Studie aus jungianischer Sicht.

Der Archetypus des göttlichen Kindes taucht gewöhnlich im Vor-
feld einer Transformation in der Psyche auf. Sein Erscheinen
verweist auf Anfang und Ende von Äonen der Weltgeschichte, die
sich durch das Auftauchen eines Kindes ankündigten, das eine alte
Ordnung beseitigt und mit Hingabe und Inspiration eine neue
initiiert. In William Blakes Gedicht *A Song of Liberty* kommt die
Kraft dieses Archetypus besonders gut zum Ausdruck. Das Ewig-
Weibliche, die Anima, bringt das göttliche Kind zur Welt, einen
Sonnengott mit flammendem Haar. Das weckt die rasende Eifersucht des alten Königs, des «Sternenkönigs» der Nacht und der
Finsternis und all des Verderbens, dem die Welt anheimgefallen
ist. Doch seinem Vernichtungsversuch zum Trotz wird der Sohn
des Morgens im Osten aufsteigen, um sein Licht der Welt zu
bringen:

Das Ewig-Weibliche stöhnte! Man hörte es überall
auf Erden!
... In den zitternden Händen hielt es den neugebor-
nen Schrecken, heulend:
Auf jenen unendlichen Bergen des Lichts, nun ver-
schlossen
durch das Atlantische Meer, stand das neugeborne
Feuer vor dem Sternenkönig!
Unter grauen Brauen des Schnees und gewitterumto-
stem Antlitz
rauschten die eifersüchtigen Schwingen über der
Tiefe.
Die Lanzenhand zuckte lodernd empor, befreit vom
Schild;
die Hand der Eifersucht fuhr durch das flammende
Haar
und schleuderte das neugegeborne Wunder durch die
Sternennacht.
Das Feuer, das Feuer fällt! ...

Die glühenden Glieder, das flammende Haar fuhren
wie die
sinkende Sonne in die westliche See ...
Mit Donner und Feuer führt [der düstere König] seine
Sternenscharen durch die
wüste Wildnis, verkündet seine zehn
Gebote, läßt seine strahlenden Augenlider über die
Tiefe in düsterem Schrecken schweifen,
Wo der Sohn des Feuers in seiner östlichen Wolke
weilt, während die Göttin des Morgens ihre goldene
Brust wölbt.
Er schmäht die fluchbeschriebenen Wolken, stampft
das
steinerne Gesetz zu Staub, befreit die ewigen Pferde
aus den Höhlen der Nacht und schreit:
Das Reich ist nicht mehr! Und nun sollen Löwe &
Wolf verstummen.

In der [jungianischen] Analyse taucht das Motiv des Kindes im Laufe des Individuationsprozesses wiederholt auf. Zunächst neigt der Analysand dazu, es mit seinem eigenen Infantilismus zu identifizieren, was bis zu einem gewissen Grad richtig sein mag. Immer wenn das in Träumen oder anderen Formen von Vorstellungsbildern auftauchende Kind eine Ähnlichkeit mit dem Träumer oder mit einer Verhaltensform des Träumers aufweist, kann dieses Bild helfen, die persönlichen Aspekte des Materials zu verstehen und neurotische Elemente zu einem früheren Entwicklungsstadium des Individuums zurückzuverfolgen.

Allerdings kann das Phantasiematerial nicht nur teilweise mit der Geschichte dessen, der es produziert, identifiziert werden – auch das Bild des göttlichen Kindes kann teilweise etwas Neues sein und keine Ähnlichkeit mit früheren Erlebnissen des Individuums aufweisen. Dieses zuletzt genannte Element regt die Einbildungskraft an, sich mit der Zukunftsträchtigkeit des Archetypus zu befassen – das heißt, zu erkunden, was dieses Bild über Entwicklungen aussagen kann, die sich in der Psyche noch in einem Embryonalstadium befinden, aber die Möglichkeit aufweisen, zu wachsen und sich zu verändern.

So wie unsere Kinder in gewisser Hinsicht Erweiterungen unseres Ego sind, kann man das «göttliche Kind» als eine Erweiterung des kollektiven Bewußtseins betrachten. Und so wie wir unsere Hoffnungen und Träume auf unsere Kinder projizieren und wünschen, daß sie vollenden, was wir nicht zu Ende bringen konnten, daß sie erkennen, was wir zu erkennen nicht imstande waren, so repräsentiert das «göttliche Kind» die Ideale einer Kultur, die diese nicht zu verwirklichen vermag. Oft wird der «Erlöser» zum Sündenbock der Gesellschaft gemacht, und infolge seines Leidens und seines Opfers kann die Gesellschaft weiterbestehen und eine neue Chance erhalten.

Das göttliche Kind ist ungewöhnlich schon aufgrund der Umstände seiner Geburt und/oder seiner Empfängnis. Vielleicht ist es seiner Mutter fortgenommen worden, um so ein furchtbares Schicksal von der Familie oder der Gemeinschaft abzuwenden: Moses, Ödipus, Krishna, Romulus und Remus wurden deshalb ausgesetzt. Aber alle diese Kinder sind gerettet worden, weil sie für eine besondere Aufgabe ausersehen waren. Auf wunderbare Weise blieben sie in Sicherheit, bis ihre Zeit gekommen war. In den Jahren dazwischen muß das Kind viele Schwierigkeiten meistern, sich seiner Bedeutung bewußt werden und einen Lebensstil entwickeln, der dieser Bedeutung entspricht. Im richtigen Moment gibt es sich zu erkennen und führt jene dynamische Veränderung herbei, die zu initiieren es bestimmt ist. Kurz darauf stirbt es, denn es hat vollbracht, wofür es gekommen war.[1]

In unseren Träumen hat das Auftauchen des besonderen Kindes oft eine tiefe Bedeutung. Meiner Erfahrung nach erscheint es im Traum gewöhnlich in Gestalt eines verkrüppelten, kranken oder sterbenden Kindes. Dafür mag es keine Entsprechung im Leben des Träumers geben, und darum frage ich mich: In welcher Hinsicht ist das innere Potential des Träumers beeinträchtigt oder unterdrückt? Die Analyse der spezifischen Details des unbewußten Materials und ein Vergleich mit ähnlichen Details, wie sie in archetypischen Situationen in der Mythologie und in der vergleichenden Religionsgeschichte auftreten, können es dem einzelnen ermöglichen, über sein unmittelbares Problem hinwegzukommen und sein Augenmerk auf seine eigentliche Aufgabe zu richten. In seinem Bericht über seine Erlebnisse im Konzentrationslager, *... trotzdem Ja zum Leben sagen,* hat Viktor E. Frankl darauf hingewiesen, daß jene, die glaubten, sie seien bloß «vorübergehend» im Lager, und nur von einem Tag zum nächsten lebten, schnell ihre Kraft verloren. Die wenigen hingegen, die in der Lage waren, in ihrem Leiden an einem Ort, an dem sie physisch eingesperrt waren, eine Herausforderung zu sehen, ihren Geist zu befreien – diesen wenigen gelang es meist zu überleben, auch wenn es noch so unmöglich schien. Das göttliche Kind in uns gibt unseren unreifen Bestrebungen einen Sinn – es zeigt uns die unbewußte Seite der Grenzen, die wir erfahren, und das ist die Vision einer erblühenden Möglichkeit.

Ein anderer Archetypus, dem wir wahrscheinlich auf dem Weg zur Individuation begegnen, wurde von Jung *puer aeternus* genannt, nach dem Kindgott Iakchos in den Eleusinischen Mysterien.[2] Ovid hat ihn in seinen *Metamorphosen* als göttlichen Jüngling beschrieben, dessen Bild bei den Mysterienumzügen des Mutterkults vorangetragen wird. Dieser Gott der Fruchtbarkeit und der Auferstehung gleicht in gewisser Hinsicht dem Erlöser. Der Mann, den man mit dem Archetypus des *puer aeternus* charakterisiert, ist psychologisch gleichsam in der Adoleszenz steckengeblieben. Bei ihm bleiben Züge, die für einen Jugendlichen ganz normal sind, auch später im Leben erhalten.[3] Vielleicht umschreibt der Ausdruck «Hochgefühl» am besten, worum es bei diesem Archetypus geht: Der junge Mann schwelgt in hochfliegenden Phantasien, er macht Erfahrungen aus reiner Abenteuerlust, sucht sich Freunde, wenn er sich amüsieren möchte, und läßt sie wieder fallen, wenn sie ihm in irgendeiner Weise lästig werden. Einige Idole der Jugendkultur gehören in diese Kategorie, und auch für manche von ihnen geht es an und für sich nur darum, «high» zu werden. Das ziellose Herumziehen, sich verschiedenen Gruppen anzuschließen und sie wieder zu verlassen, ist typisch für den *puer*. Homosexualität kann eine Ausdrucksform dieses Archetypus sein, besonders wenn sie sich in flüchtigen und promisken, geradezu zwanghaft eingegangenen Beziehungen auslebt. Ist der junge Mann heterosexuell veranlagt, wandert er von Frau zu Frau, wobei er schon bei der ersten Andeutung, daß da eine engere Bindung erwartet wird, das Weite sucht.

In ihrer Arbeit über den Archetypus des *puer aeternus* erwähnt Marie-Louise von Franz[4], daß der mit diesem Archetyp zu identifizierende Mann oft den Beruf des Piloten ergreifen will, aber gewöhnlich scheitere seine Bewerbung daran, daß psychologische Tests seine psychische Instabilität und die neurotischen Ursachen für sein Interesse an diesem Beruf aufzeigen.

Die Träume eines Menschen, der eine sichere Position im Leben erreicht hat und vielleicht schon in mittleren Jahren ist, können das Wirken des *Puer aeternus*-Archetypus enthüllen. Die Motive des Fliegens (das zuweilen gar nicht mit einem Flugzeug verbunden sein muß, sondern sich einfach in einem Heben und Senken der Arme äußert), des Schnellfahrens, Tiefseetauchens, Extrembergsteigens sind typisch für jemanden, dessen Unbewußtes von diesem Archetypus beherrscht wird. Sie können als Warnsignale gelten, darauf zu achten, wie sich das Unbewußte anschickt, seinen autonomen Willen dem bewußten Handeln aufzuzwingen.

Natürlich gibt es auch ein weibliches Pendant zum *puer* – die *puella aeterna*, die Frau, die Angst hat, alt zu werden, obwohl sie das nie zugeben wird. Und dennoch beherrscht diese Furcht einen Großteil ihrer Existenz: Niemals verrät sie ihr Alter, sie macht sämtliche Diäten mit und probiert jedes neue Mittel aus, das laut Werbung eine phantastische Verjüngung verheißt. Ihren Kindern ist sie ein «guter Kumpel» und Männern gegenüber die ewige Kokette. In ihren Träumen steht sie oft auf einem Podest, bewundert von allen Männern, oder sie ist eine Sirene, eine Hure oder eine Nymphomanin. Im Leben ist sie im allgemeinen furchtlos und impulsiv. Wenn sie allerdings eine wichtige Entscheidung treffen soll, fühlt sie sich ziemlich verunsichert und fragt alle möglichen Leute um Rat. Dann agiert sie ganz plötzlich und überraschend, bedauert aber ihre Handlungen, fast noch ehe sie ausgeführt sind.

Entsprechend dem Archetypus des «ewigen Jünglings» zu leben ist nicht unbedingt negativ, wie es manche Formen, in denen er sich manifestiert, nahezulegen scheinen. Einige Aspekte des *puer aeternus* oder der *puella aeterna* sind sogar ausgesprochen positiv: jugendliche Begeisterungsfähigkeit und die grenzenlose Energie, sie umzusetzen, Spontaneität des Denkens, das unerschöpfliche Produzieren neuer Ideen und neuer Problemlösungen, die Bereitschaft, eine andere Richtung einzuschlagen, ohne sich von dem Bedürfnis behindert zu fühlen, die Vergangenheit und ihre Werte bewahren zu müssen.

Als unbewußte Faktoren sorgen *puer* und *puella* für den nötigen Impetus, neue Wege einzuschlagen. Sie gewähren freilich nicht unbedingt auch die Urteilskraft, die darüber entscheidet, ob ein Unternehmen die Anstrengung wert ist, und oft bleiben sie die Beständigkeit und das Stehvermögen schuldig, die dazu gehören, etwas auch gegen Widerstände durchzuziehen, wenn es sich wirklich lohnt. Wo dieser Archetypus am Werk ist, werden große Träume und Pläne ausgeheckt. Wenn sie damit auch nur den geringsten Erfolg haben wollen, muß ein kompensatorisches Element ins Spiel kommen, der *Senex*-Archetypus[5].

Senex heißt Greis oder Alter, und als Archetypus steht er hinter den Kräften, die die traditionellen Werte bewahren wollen, die durchhalten, damit die Dinge so bleiben, wie sie sind, die für ein nüchternes Urteilen und Abwägen bei den Plänen des ewigen Jünglings sorgen. Im besten Falle drückt sich dieser unbewußte Faktor in reifer, aus Erfahrung gewonnener Klugheit aus, im schlimmsten Falle in einer engstirnigen Rigidität, die keine Einmischung von Leuten duldet, die mit etablierten Verhaltens- und Denkmustern brechen wollen.

Eine Variante des *puer aeternus,* die zuweilen sogar Aspekte des *senex* aufweist, ist die bezaubernde archetypische Figur des «Tricksters».

In Träumen stellt uns der Trickster mutwillig Hindernisse in den Weg – er verändert ständig seine Gestalt und seine Erscheinungsform und verschwindet in den unmöglichsten Situationen. Er symbolisiert jenen Aspekt unseres Wesens, der uns ganz nah ist – bereit, uns wieder auf den Boden zu holen, wenn wir uns zu sehr aufblasen, oder uns menschlich zu machen, wenn wir pompös werden. Er ist ein Satiriker par excellence, dessen beißender Sarkasmus die Schwächen unserer hochfahrenden Ambitionen bloßlegt, uns aber auch zum Lachen bringt, wenn uns eher zum Weinen zumute ist. In der Gesellschaft begegnet er uns in Gestalt des Kritikers oder der Nervensäge, ja er kann sogar zu höchsten Ämtern und Würden aufsteigen.

Ralph Metzner

Die Wiedergeburt und das ewige Kind

Wiedergeburt und Erneuerung sind oft identisch mit der Erfahrung neuer Hoffnungen und Möglichkeiten. Das Kind ist die Verheißung der Zukunft, das Symbol für diese Transformationsprozesse. In diesem kurzen Auszug aus seinem Buch Opening to Inner Light *beschreibt Ralph Metzner die Erfahrung der Wiedergeburt und ihren Zusammenhang mit dem ewigen Inneren Kind.*

Dem Prozeß des psychischen Sterbens, während man noch am Leben ist, folgt eine psychische Wiedergeburt oder Erneuerung. Ramana Maharshi hat das so formuliert: «Er, der seinen Weg in den innersten Kern des Selbst findet, von wo alle Ebenen des Ich aufsteigen, alle Sphären der Welt, er, der seinen Weg zurück zu seinem ersten Ursprung mit der Frage ‹Woher komme ich› findet, wird geboren und wiedergeboren. Wisse denn, daß, wer immer so geboren, der Weiseste der Weisen ist – in jedem Augenblick seines Lebens wird er neu geboren.»[1]

Diese Wiedergeburtsphase der Transformation kann auf unterschiedliche Weise erlebt werden. Da gibt es erstens die Vorstellung von einer Auferstehung, bei der ein Verstorbener wieder ins Leben zurückgerufen wird. Zweitens kann bei der Wiedergeburt an die Stelle des kleinen Selbst ein anderes, größeres Selbst oder ein Geist treten. Drittens spricht man davon, daß jemand, der tatsächlich oder im übertragenen Sinne gestorben ist, danach in einer anderen Welt, in einem anderen Zustand lebt. Und viertens schließlich stellt man sich das neue Wesen als ein Kind vor: Das ist der Archetypus des strahlenden, göttlichen oder ewigen Kindes, das – wie Jung erklärt – «potentielle Zukunft»[2] symbolisiert.

Die Vorstellung der Auferstehung, die Wiederbelebung eines erwachsenen Leibes, der gestorben ist, wird in vielen mythischen und schamanischen Geschichten beschrieben: Der zerstückelte Osiris wird von Isis wieder zusammengesetzt; die Zwillinge Jäger und Jaguar im Popul Vuh fügen sich selbst wieder zusammen, nachdem sie zerstückelt worden sind; und Schamanen, die «gestorben» sind, können durch ihr Krafttier oder ihren Verbündeten wieder ins Leben zurückgeholt werden. Viele heute praktizierende Anhänger des Schamanismus berichten davon, wie sie «zerschnitten», «pulverisiert», «verbrannt», «entleibt» oder sonstwie «getötet» und dann von ihrem Hilfsgeist wieder ins Leben zurückgerufen wurden.[3] So hören wir beispielsweise von einem Mann, wie sein Tier, ein «Pferd», über seinem leblosen «Leichnam» stand, mit seinen riesigen Nüstern sanft über seinen ganzen Leib fuhr und ihm so das Leben wieder «einhauchte». Während wir all das von einem skeptischen Standpunkt aus als phantastische Ausgeburt einer überaktiven Einbildungskraft abtun könnten, haben wir damit noch keine Erklärung für die Tatsache, daß dieser Mann genauso wie andere sich nach diesem Erlebnis besser und gesünder fühlte.

Im Neuen Testament veranschaulicht die Geschichte von Lazarus – und natürlich auch die von Jesus selbst – diese Art der physischen Auferstehung. Bis zu einem gewissen Grad entsprechen die modernen Berichte über Nah-Todeserfahrungen diesem Muster. Im Falle von Jesus erfolgte die Auferstehung in Gestalt eines nichtphysischen, «geistigen» Körpers, der dem physischen jedoch in allen wichtigen Details glich, ja sogar die Wunden aufwies, die dem physischen Leib zugefügt worden waren. Dieser Erfahrung kommen die meisten von uns am nächsten, wenn sie «auf den Tod» krank darniederliegen und dann doch wiedergenesen – der Körper erscheint uns dann völlig wiederhergestellt. All diese Berichte, in denen das Individuum bewußt eine Tod-Wiedergeburt-Transformation durchmacht, haben eines gemeinsam: Der neue Körper ist besser als der alte – stärker, gesünder und leichter.

Bei der zweiten Möglichkeit, eine Wiedergeburt und Erneuerung zu erfahren, wird das kleine Selbst vom großen Selbst überschattet oder abgelöst – das persönlich-physische Ego weicht dem transpersonalen Geist, das Sterbliche dem Unsterblichen. Meister Eckhart hat das so formuliert: «Der Mensch soll sich willentlich in den Tod ergeben und sterben, auf daß ihm ein besseres Leben werde. Das muß ein gar kräftiges Leben sein, in dem sogar der Tod ein Leben wird.» Ein Sufi-Heiliger schrieb: «Dein Wesen vergeht, und Seine Person bedeckt deine Person.»[4] Oder wie es im Johannesevangelium (3,5–7) heißt: «Es sei denn, daß jemand geboren werde aus Wasser und Geist, so kann er nicht in das Reich Gottes kommen. Was vom Fleisch geboren ist, das ist Fleisch; und was vom Geist geboren ist, das ist Geist. Wundere dich nicht, daß ich dir gesagt habe: Ihr müßt von neuem geboren werden.» In derartigen Zuständen spüren die Menschen, wie die Sorgen und Interessen ihres Ego bedeutungslos oder nichtig werden angesichts der ehrfurchtgebietenden Macht und Leuchtkraft des großen Selbst, des inwendigen Gottes, der «diamantenen Wesenheit», des *Atman*.

Die Begegnung mit diesem großen Selbst kann zu einer überwältigenden und vernichtenden Selbstkonfrontation werden, worauf bereits C. G. Jung hingewiesen hat. In seinem Aufsatz «Über Wiedergeburt» schrieb er:

«Der wahrhaft und hoffnungslos Kleine wird die Offenbarung des Größeren immer in den Bereich seiner Kleinheit hinunterziehen und nie verstehen, daß für seine Kleinheit der Jüngste Tag angebrochen ist. Der innerlich Große aber weiß, daß der längst erwartete Freund der Seele, der Unsterbliche, nunmehr in Wirklichkeit gekommen ist, um ‹sein Gefängnis gefangen zu führen›, nämlich den, der ihn immer in sich getragen und gefangenhielt, nun selber zu ergreifen und dessen Leben in das seine einmünden zu lassen: ein Augenblick tödlicher Gefahr!»[5]

Dieses Zitat verdeutlicht, daß sich das kleine Selbst, das persönliche Ego in tödlicher Gefahr befinden kann. Doch nicht alle Begegnungen mit dem großen Selbst müssen traumatisch oder sogar schmerzhaft verlaufen. Schließlich besingt die umfangreiche Literatur der Mystik in verzückten Tönen die ekstatische Verschmelzung mit dem Göttlichen, das friedliche und glückselige Sterben und die Erfahrung der Vereinigung, die etwas von einer Hochzeit hat oder mit dem Aufgehen in einem ozeanischen Gefühl des Einsseins verglichen wird.

Die dritte Spielart der Wiedergeburtserlebnisse betont nachdrücklich die neue Qualität des Bewußtseins und der Wahrnehmung, die man anschließend erfährt. Es ist, als ob wir eine neue

Welt betreten hätten, in der alles anders aussieht und sich anders anfühlt und alles, was wir wahrnehmen, in ein ursprüngliches, strahlendes Licht getaucht ist. Neu sind auch unsere geistigen und emotionalen Reaktionen darauf – alles hat etwas Freudiges und Spontanes und quillt über vor Zuneigung und Begeisterung. In einem anonymen mittelalterlichen hermetischen Traktat lesen wir: «Die Auferstehung ist die Offenbarung dessen, was ist, und die Transformation von Dingen, die Umwandlung in etwas Neues. Unvergänglichkeit kommt über das Vergängliche; das Licht fällt auf die Finsternis herab und verzehrt sie.»[6] Hier wird die Metapher des Neugeborenen mit der Metapher der fallenden Schleier, die die Sicht freigeben, gleichgesetzt, und geläutert durchschreitet man die Türen zur neuen Wahrnehmung. Die Mystiker sagen, daß nach dieser Offenbarung durch Tod und Wiedergeburt aus der Perspektive der Unendlichkeit und Ewigkeit *(sub specie aeternitatis)* alles mit Liebe und Weisheit betrachtet wird.

Die biblische Mahnung: «Wer nicht das Reich Gottes annimmt wie ein Kind, der wird nicht hineinkommen», hängt aufs engste mit der Lehre zusammen, daß man sterben muß, bevor man in den gesegneten, erleuchteten Zustand dieses Königreichs gelangt. In dieser vierten Form der Erneuerung kommen wir von der Tod-Wiedergeburt-Metapher zum Archetypus des göttlichen Kindes, des *puer aeternus*. Weil die meisten Jungianer im *puer* oder in der *puella* nur die Schattenseiten dieses Archetypus sehen und sich ausschließlich auf die klinischen Manifestationen – bindungs-scheue, unreife «Playboys» oder «Babys» – konzentrieren, ver-kürzen sie dieses kraftvolle Bild. Chinesische und westliche Alchi-misten haben vom Fetus der Unsterblichkeit gesprochen, vom philosophischen Kind, das aus der inneren Konjunktion des Männlichen und Weiblichen geboren wird. Die Idee vom ewigen Kind, das sich nach einer bewußten Erfahrung des «Todes» mani-festiert, ist verbunden mit den Mythen, die eine zentrale Rolle in den meisten Religionen spielen: den Mythen um die Geburt eines Gottes in menschlicher Gestalt. Die bekanntesten sind die indi-schen Legenden um den Jungen Krishna und die christlichen Le-genden um das Jesuskind.

In seiner Abhandlung «Die Psychologie des Kindarchetypus» führte Jung mehrere wichtige Eigenschaften oder Bedeutungen dieses tiefgründigen Symbols auf. Er stellte es als eine Vorwegnahme der Synthese zwischen dem Bewußten und dem Unbewußten dar, als ein Symbol der Ganzheit oder des Selbst. Mit dem Kind-Gott oder Kind-Helden verbindet sich stets eine ungewöhnliche, wunderbare Geburt oder eine jungfräuliche Empfängnis – die der «psychischen Genesis» des neuen Wesens entspricht. Das Bild vom Kind repräsentiert ein Bindeglied zur Vergangenheit, zu unserer Kindheit, ebenso wie zur Zukunft, weil es das Bewußtsein vorwegnimmt. Das «goldene Kind» oder der «ewige Jüngling» ist androgyn, weil er/sie die vollkommene Vereinigung der Gegensätze darstellt. Nur das alte Selbst, das gewöhnliche Ich versteht sich als männlich oder weiblich – und dieses Selbst ist nun gestorben. Das «Kind» ist Anfang und Ende zugleich, also «nicht nur ein Anfangs-, sondern auch ein Endwesen», denn die Ganzheit, die es symbolisiert, ist «älter und jünger als das Bewußtsein und dieses in Zeit und Raum umschließend».[7]

Das göttliche Kind ist unüberwindlich. Er/sie besiegt gefährliche Feinde schon in ganz jungen Jahren: Auf einem der Bilder von Krishna zertritt dieser tanzend eine riesige Schlange – eine Metapher für die Überwindung der reptilienhaften instinktiven Aggressivität. Ein ähnliches Beispiel aus der griechischen Mythologie ist die Geschichte vom kleinen Herakles, der eine Schlange erwürgt, die ihn in seiner Wiege angriff. Das Kind hat alle Macht eines Gottes, denn es ist ein Gott: das Unsterbliche, das an die Stelle der sterblichen Persönlichkeit tritt, die «gestorben» ist. Christus hat die Kraft zur Auferstehung bewiesen – an sich selbst wie an anderen (Lazarus) –, und viele andere göttliche Helden und fortgeschrittene Yogaadepten haben ähnliche Kräfte demonstriert, wie vor allem die mystische Literatur des Ostens dokumentiert. Wenn derartige Kräfte dem Durchschnittsmenschen auch illusorisch erscheinen mögen, weisen die entsprechenden Mythen und Bilder doch auf ein bestimmtes Potential hin: Sie zeigen, was Menschenwesen erreichen *können*.

Die russisch-orthodoxe Liturgie feiert den Triumph über den Tod mit folgenden Worten: «Christus ist von den Toten auferstanden, er hat den Tod mit dem Tod besiegt und gibt denen das Leben, die im Grabe liegen.» Ich meine, daß sich diese Vorstellung auf den Wandel bezieht, der sich in der Psyche abspielt, wenn man die heilende, transformative Kraft dieses bewußten Sterbens erfährt. Die unbewußten Todestendenzen *(thanatos)*, die die Funktion haben, den lebenserhaltenden Tendenzen des Körpers *(eros)* durch Krankheit und andere destruktive Erscheinungen entgegenzuwirken, werden nach und nach reduziert oder besser: ins Gleichgewicht miteinander gebracht. Einer meiner Lehrer sprach von «Taschen des Todes» in unserem Wesen, die durch das erleuchtete Bewußtsein geöffnet und geleert werden und damit dem Tod den Tod bringen. Indem wir bewußt das Sterben und das «Sterben» akzeptieren, versorgt uns dieser Prozeß mit spiritueller Nahrung. Shakespeare hat diese Vorstellung in seinem 146. Sonett so ausgedrückt:

> So zehrst am Tod du, der am Menschen zehrt;
> Und ist Tod tot, hat Sterben aufgehört.

Auch in der nichttheistischen chinesischen Tradition des Tao ist der Archetypus des ewigen Kindes bekannt und geschätzt. Das neugeborene Kind ist noch mit dem Tao, der Quelle des Lebens und Werdens verbunden, und darum sollten wir ihm nachstreben. Oder wie Chuang-tzu gesagt hat: «Kannst du wie ein neugeborenes Kind sein? Es schreit den ganzen Tag, und doch wird es nie heiser – weil es nämlich noch in Harmonie mit der Natur lebt.» Bezeichnenderweise geht es den Taoisten in erster Linie um den praktischen Wert, den die Einstimmung auf das Bewußtsein des Kindes für die Gesundheit und das Wohlbefinden des einzelnen hat.

Für das Individuum, das sich in einem Prozeß der Transformation befindet, fördern Bilderwelt und Mythologie des ewigen Kindes eine positive und lebensbejahende Haltung: Wir werden ermutigt, uns mit unserer Angst vor dem Tod auseinanderzusetzen, sie zu transformieren und den Prozeß des «Sterbens» sowohl als Befreiung wie als Quell der Weisheit aufzufassen. Dann werden wir wissen, daß aus dem Aufruhr und der Finsternis des Sterbens die belebende Kraft des neugeborenen Selbst hervorgehen wird. Dieses neue Selbst ist mit dem ewigen Quell allen Lebens, mit dem Ursprung, aus dem wir alle stammen, und mit der göttlichen Essenz im Innern verbunden. Daher heißt es auch so treffend «das ewige Kind».

Zweiter Teil

Das verlassene Kind

Einführung

Nach Augustinus wären alle Menschen Waisen, gäbe es Gott nicht. Psychologisch gesprochen würde das bedeuten, daß für das verlassene Kind keine Eltern «gut genug» sind . . . Tatsächlich sind wir alle zum Teil Waisen, und weil wir an diesem archetypischen Faktum der Verlassenheit (und des Verlassens) leiden, können wir uns zu einer Gemeinschaft zusammenschließen. Dieses Gemeinschaftsgefühl, das auf der Erkenntnis unseres jeweiligen Alleinseins und unserer Leiden beruht, ist ein religiöses Gefühl, eine existentielle Wirklichkeit und schließt die Rückkehr in die Welt ein – mit der Erkenntnis, daß die Welt alles ist, was wir haben, und daß sie vielleicht «gut genug» ist.

PATRICIA BERRY

Am Anfang lebt das Kind in einem Zustand, der dem Paradies gleicht. Seine Bedürfnisse werden in einer mütterlich umhüllenden, feuchten Welt gestillt, die zeitlos ist, ohne Fugen und ohne Ende, und dann erblickt das unschuldige Kind, rein und mit einer Fülle von Möglichkeiten versehen, das Licht dieser Welt, als Träger der großen Verheißung der Menschheit.

Aber leider kann Unschuld nicht von Dauer sein. Was zunächst mit einem grenzenlosen Potential beginnt, muß schließlich in die begrenzte, unberechenbare Welt hinaustreten, um sich zu erfüllen. Daher ist eine abrupte Trennung oder Verlassenheit eine der frühen Übergangserfahrungen für jedes menschliche Wesen, und bei diesem Übergang in unsere Welt wird das Kind verinnerlicht, wenn die individuelle Persönlichkeit sich den äußeren Umständen und seinen Zwängen anpaßt. Nach C. G. Jung ist es eigentlich diese Verlassenheit, die das innere Kind am Anfang definiert: «‹Kind› bedeutet etwas zur Selbständigkeit Erwachsendes. Es kann nicht werden ohne Loslösung vom Ursprung: die Verlassenheit ist daher notwendige Bedingung, nicht nur Begleiterscheinung.»[1]

Die Erfahrung des Verlassenseins – im äußeren, emotionalen, psychischen Sinne – ist daher eine Einführung ins Leben. Es ist eine Wiederholung der Vertreibung aus dem Paradies, ein Verlust der Unschuld, Enttäuschung und Betrug zugleich. Doch es ist auch ein positives Ereignis, weil es uns auf jene Reise schickt, auf der wir Erfahrungen sammeln und unsere Identität finden sollen. Der Dichter Rainer Maria Rilke hat diese positive Seite der einsamen Suche besungen:

> Ich lebe mein Leben in wachsenden Ringen,
> die sich über die Dinge ziehn.
> Ich werde den letzten vielleicht nicht vollbringen,
> aber versuchen will ich ihn.
>
> Ich kreise um Gott, um den uralten Turm,
> und ich kreise jahrtausendelang;
> und ich weiß noch nicht: bin ich ein Falke, ein Sturm
> oder ein großer Gesang.

Verlassenheit erfordert, daß wir uns anpassen, unsere Lage akzeptieren. «Erst wenn man wirklich allein ist», sagt die Analytikerin Rose-Emily Rothenberg, «hat das kreative Potential [das ‹Kind›], das tief in uns steckt, so viel Raum, daß es ins Licht des Tages treten kann.» Wir müssen die Herausforderung unserer Geschiedenheit annehmen. Der Schmerz unseres Alleinseins zwingt uns zur Bewußtwerdung, öffnet uns der Erfahrung, daß unser Selbst von den andern getrennt ist. Vielleicht wird es uns schließlich gelingen, wie T. S. Eliot es ausgedrückt hat, «... am Ausgangspunkt anzukommen / Und den Ort zum erstenmal zu erkennen».

Bei einigen von uns ist die Verlassenheit eine Verletzung des Kindheitsselbst, die zu einer zwanghaften Anpassung führt, bei der das Kind tief drinnen unter Schichten von Groll, Unzufriedenheit und Zynismus begraben ist. In jedem Zyniker freilich steckt das gebrochene Herz eines Romantikers, ein unschuldiges Inneres Kind, das früh im Leben verletzt wurde, weil ihm seine Eltern die Illusionen genommen haben oder weil es entdeckt hat, daß die Welt doch nicht so toll ist.

Für uns alle bedeutet die Herausforderung der Verlassenheit, daß wir unsere Verwaistheit annehmen, daß wir akzeptieren, letztlich auf uns allein gestellt zu sein, und darum sind wir ein Leben lang für die Hege und Pflege unseres Inneren Kindes verantwortlich. Wer sich der Erfahrung des Verlassenseins zu entziehen und die idealistische Unschuld ins Erwachsenenleben hinüberzuretten versucht, begibt sich in große Gefahr. Eine derartige Selbstverleugnung erfordert sehr viel Energie, und das Ergebnis kann nur die Sinnlosigkeit der narzißtischen Störung sein; doch davon mehr im dritten Teil.

Solange das Innere Kind nicht wirklich ins Leben gerufen wird, solange es für das Individuum keine Realität besitzt, ist es verlassen. Jung ging sogar so weit zu sagen, daß das Bewußtsein vom Inneren Kind von Zeit zu Zeit durch Rituale erneuert werden muß, wenn es als etwas Reales und Inwendiges erkannt werden soll: «Das Jesuskind zum Beispiel ist so lange eine kultische Notwendigkeit, als die Mehrzahl der Menschen noch unfähig ist, den Satz ‹So ihr nicht werdet wie die Kinder› psychisch zu realisieren.»

Gilda Frantz, die mit ihrem Beitrag diesen Teil eröffnet, erklärt, daß manche Menschen die Erfahrung des Verlassenseins machen, ehe sie sie verstehen oder in ihr Leben integrieren können: Sie sind entweder unerwünschte Kinder oder nach der Geburt verlassen worden oder haben bindungsunfähige Mütter. «Das ist genauso, als wären diese Kinder in den Archetypus des verlassenen Kindes hineingeboren worden, und darum ist es ihnen in die Wiege gelegt, daß sie irgendwann einmal in ihrem Leben die innere fürsorgliche Mutter wie das Innere verlassene Kind integrieren müssen.» Ihr Beitrag ist sachlicher Bericht und Bekenntnis zugleich, und die abschließenden Bemerkungen der Autorin über Jung verdienen besondere Beachtung.

James Hillmans Essay erweitert den Begriff des Verlassenseins über das konkrete, reale Phänomen hinaus und untersucht eine Reihe von Szenarien um das Innere Kind: die Verlassenheit des Kindes in unserem kollektiven Denken über die Kindheit und in unserem psychologischen Verständnis – die Verlassenheit des Kindes in unseren Träumen, in unseren zwischenmenschlichen Beziehungen und in unseren Modellen von Einbildungskraft und Reife.

Rose-Emily Rothenbergs Aufsatz beschäftigt sich mit dem Archetypus des Waisenkinds, jenem Teil des Kindes, das «in der innersten Seele des Menschen verborgen» ist. Ausgehend von ihrer eigenen Erfahrung des Verlassenseins, erinnert sie uns daran, daß wir alle Waisen sind und daß wir durch das Leiden an unserer Verlassenheit unsere inneren Ressourcen entdecken können.

Marion Woodmans präzise Darlegungen machen uns die Probleme der Identitätsfindung deutlich, vor die uns unser verlassenes Inneres Kind stellt: «Wenn wir unser Leben lang hinter einer Maske gelebt haben, dann wird diese Maske – wenn wir Glück haben – früher oder später zerbrechen... Vielleicht werden wir dann in die entsetzten Augen unseres eigenen kleinen Kindes sehen, jenes Kindes, das Liebe nie erfahren hat und uns nun anfleht, sie ihm zu geben.»

M. Scott Peck betrachtet das Thema der Verlassenheit unter dem Aspekt der Erziehung und weist auf die destruktiven Folgen hin, die die – bewußt oder unbewußt angewandte – Drohung des Verlassens bei der Kindererziehung auslöst. Kindern, die psychisch oder tatsächlich verlassen worden sind, fehlt als Erwachsenen «jeder tiefe Sinn dafür, daß die Welt ein sicherer und geschützter Ort ist», schreibt Peck.

Gilda Frantz

Das grausame Geheimnis der Geburt: Ach, ich bin meine eigene verlorene Mutter für mein eigenes trauriges Kind

Diese Arbeit über frühkindliche Verlassenheit sowie deren Auswirkung auf das Innere Kind und das Leben des Erwachsenen erschien zum erstenmal 1985 in der Zeitschrift Chiron. *Die Analytikerin Gilda Frantz hat sich ihr Leben lang mit dem Werk von C. G. Jung beschäftigt. Ihre Darlegungen über Jungs Entdeckung seines eigenen verlorenen Inneren Kindes und dessen Beziehung zu seinem schöpferisch tätigen Leben sind besonders aufschlußreich.*

Einleitung

Was mir beim Schreiben dieses Artikels die größten Schwierigkeiten bereitete, war die Erinnerung an meine eigene Verlassenheit als Kind. Ich war von meinem Vater verlassen worden. Durch den Verlust dieser Beziehung war auch der Mutterarchetypus beschädigt worden und konnte nicht von meiner Mutter übernommen werden. Diese frühe Verlassenheit hat mein Leben geprägt und fast alles bestimmt, was ich in kreativer Hinsicht zu leisten versuchte – wie auch meine sonstigen Ambitionen und mein Verlangen, mich selbst zu erziehen und zu formen. Kinder, die so sind, wie ich einst war, besitzen eine frühe Bewußtheit, ein Wissen darüber, daß sie in eine schwierigere Situation hineingeboren sind als andere, und das macht sie vielleicht vorsichtiger und wachsamer. Diese Eigenschaften können im späteren Leben außerordentlich hilfreich sein – wenn sie nicht zur Isolation führen.

Die Große Göttin kam in mein Leben durch aktive Einbildungskraft und Träume in der Analyse. Sie wachte über mich und half mir, mich heranzubilden. Meine Beziehung zu einem positiven Mutterarchetypus kam eindeutig durch meinen Kontakt mit einer Analytikerin zustande. Aber die Beziehung zum «guten Vater» wurde durch meine Ehe hergestellt, und das hegende Männliche war genausosehr die «verlorene Mutter», wie es das Weibliche war. Wenn ich von dieser «verlorenen Mutter» spreche, meine ich natürlich etwas, das uns geistig hütet und pflegt.

Der Titel meiner Arbeit geht auf einen Zettel zurück, den ich im Schreibtisch meines verstorbenen Mannes fand. Die rätselhafte Formulierung hatte etwas Numinoses und rührte zutiefst an meine eigene Erfahrung von Verlassenheit: Es schien sich um ein poetisches Bild des leidenden Kindes zu handeln. «‹Kind› bedeutet etwas zur Selbständigkeit Erwachsendes. Es kann nicht werden ohne Loslösung vom Ursprung: Die Verlassenheit ist daher notwendige Bedingung, nicht nur Begleiterscheinung.»[1] Da gibt es Menschen, die die notwendige Bedingung der Verlassenheit erfahren, bevor sie ihren Zweck oder Sinn begreifen können. Bei anderen beginnt diese Erfahrung bereits *in utero,* oder es sind Kinder, deren Mütter krank sind oder unter Depressionen leiden oder bei der Geburt des Kindes sterben, Kinder, die nach der Geburt ausgesetzt wurden oder die ungewollt zur Welt kamen. Da gibt es die ledigen Mütter, die ihr Kind zur Adoption freigeben, allerdings mit großem Widerstreben, und die dann sehr darunter leiden. Infolge dieser schicksalsschweren Geburten ist das Leben von Kind und Eltern sehr belastet.[2] Das ist genauso, als wären diese Kinder in den Archetypus des verlassenen Kindes hineingeboren worden, und darum ist es ihnen in die Wiege gelegt, daß sie irgendwann einmal in ihrem Leben die Innere fürsorgliche Mutter wie das Innere verlassene Kind integrieren müssen. Ganz besonders ist dies den Waisenkindern wie den Kindern narzißtisch gestörter Mütter auferlegt.[3]

Was aber geschieht mit dem Kind, das nicht unter all diesen negativen Umständen zu leiden hatte? Die Verlassenheit dieses Kindes kann durch den Mangel einer besonderen Fürsorge – aus welchem Grund auch immer – seitens seiner Mutter entstehen.

Das Kind kann sich sogar dann verlassen fühlen, wenn die äußeren Gegebenheiten eigentlich das Gegenteil nahezulegen scheinen. Das Schicksal verstärkt die ohnehin schon intensive Beziehung zwischen Eltern und Kind. Während das Schicksal eines Kindes an die Eltern gebunden ist, gilt das nicht mehr für den Erwachsenen. In der weiter unten folgenden Fallstudie über Anne werde ich das näher ausführen.

Schicksal und Verlassenheit

Wir treffen im Leben gewisse Entscheidungen und können dies oder jenes vermeiden, können bestimmen, wen wir wann heiraten wollen – aber selbst diese Entscheidungen geben uns eine Richtung vor, die unser Schicksal besiegeln kann. Und einmal mehr ist der Gebrauch des Verstandes nur eine Seite der Medaille. Die andere Seite ist der unvermeidliche Lauf eines Schicksals, das wir nicht gewählt haben und nicht ändern können. Die Stoiker nannten das die «zwingende Macht der Gestirne» oder Heimarmene.

Das Schicksal ist wie ein roter Faden, den ich immer wieder im Leben der Menschen entdecke, mit denen ich als Analytikerin zu tun habe. Manche führen ein schwieriges Leben, und nicht alle diese Schwierigkeiten haben sie sich selbst zuzuschreiben. Es ist nicht immer etwas, was sie getan oder nicht getan haben, was dazu geführt hat, daß sie verlassen wurden. Oft bestimmte der sogenannte Zufall der Geburt ihr Schicksal. Es kommt eben ganz darauf an, was jemand mit dem Rohstoff Leben anfängt. Das Leben an sich ist ein Experiment, und – wie Emerson einmal gesagt hat – je mehr Experimente wir machen, desto besser. Verlassenheit ist eine schicksalhafte Erfahrung, bei der wir glauben, keine Wahl zu haben. Wir sind allein und fühlen uns wie von allen guten Geistern verlassen. Wenn wir dagegen das Gefühl haben, daß diese guten Geister oder Götter um uns sind und uns helfen, sind wir auch nicht verlassen.

Das lateinische Wort für Schicksal ist *fatum* und kommt von *fari*, sprechen. Was also spricht da zu uns, ruft uns auf oder auch nicht? Werfen wir einmal einen Blick auf die antiken Schicksalsgötter. Es waren göttliche Wesen, die den Lauf des menschlichen Lebens bestimmten; von den Griechen wurden sie Moira und von den Römern Fata oder Parcae genannt. Sie waren die Töchter des Nyx: Klotho, Lachesis und Atropos. Klotho webte den Faden, Lachesis spann ihn, und die unnachgiebige Atropos zerschnitt ihn. Von diesen drei Parzen spricht Homer immer wieder, wenn er das Schicksal darstellt, das den Menschen von den Göttern auferlegt worden ist. Stets werden die drei Schwestern geschildert, wie sie den Lebensfaden spinnen, bemessen und abschneiden. Auch wenn nicht immer klar ist, ob die Parzen den Willen der Götter erfüllen oder nicht, ist doch offensichtlich, daß selbst Zeus ihren Entscheidungen unterworfen war.

Die Parzen und die Erinnyen (bei den Römern Furien genannt) hängen miteinander zusammen. Die Erinnyen wurden aus der Erde geboren, die vom Blut des kastrierten Gottes Uranus befruchtet worden war. Aischylos hat sie als grauenhafte, entsetzliche Wesen beschrieben. Die Taten der Erinnyen wurden nicht als ungerecht oder gar bösartig verstanden – sie verhängten einfach Strafen. Die Vergeltung, die sie ausübten, wurde als Schutz betrachtet für jene, denen das menschliche Gesetz keinen Schutz gewährt hatte – Personen etwa, die von Mitgliedern ihrer eigenen Familie verletzt worden waren.

Auch die drei Grazien haben etwas mit den Erinnyen und den Parzen zu tun. Sie waren die Eumeniden, die freundlichen Gottheiten. Diese Verbindung zwischen dem Schrecklichen und dem Gütigen findet man immer wieder bei chthonischen Gottheiten. Das waren Geister und Dämonen ebenso wie Helden, die in oder unter der Erde lebten und die für die Toten oder die Fruchtbarkeit der Erde zu sorgen hatten. Viele chthonische Gottheiten vereinten in sich diese beiden Funktionen des Strafens und der Freundlichkeit, der Fruchtbarkeit und des Todes – jene Geister, die in der Erde hausten, in der die Toten begraben wurden und aus der alles Leben kam, wurden unweigerlich mit beiden Vorgängen in Verbindung gebracht.

Als ich mir diese Gedanken über die Verlassenheit machte, hatte ich einen Traum. Das Wort für Schicksal in meinem Traum lautete *bashart,* ein jiddisches Wort, das soviel heißt wie «das, was gemeint ist, ist gemeint». Nach Dr. Clara Zilberstein bedeutet *bashart,* daß etwas in einem bestimmten Augenblick geschehen *muß*. Es ist ein teilweise mystischer Begriff, der etwas zu tun hat mit dem, was einer Person verheißen, wofür sie vorgesehen ist. Juden haben eine besondere Vorliebe für dieses Wort – es bezieht sich auch auf die echte Annahme dessen, was Gott uns gegeben hat, Gutes wie Schlechtes. Für mich hieß es, daß das Unbewußte die Präsentation dieses Materials akzeptierte – daß es «gemeint» war – und daß ich mich auf mein Schicksal als jüdische Frau, Ehefrau und Witwe konzentrieren und mich mit dem befassen sollte, «was die Götter für mich beschlossen hatten».

«Ohne Not verändert sich nichts, am wenigsten die menschliche Persönlichkeit. Sie ist ungeheuer konservativ, um nicht zu sagen inert. Nur schärfste Not vermag sie aufzujagen.»[4] Leiden und Verlassenheit «jagen uns auf». In der schrecklichen Not, nicht vom Schicksal auserwählt zu sein, können wir einen Weg finden, in unserem Leben zu verändern, was verändert werden muß. Die Alchimisten haben es so ausgedrückt:

«[Durch *liquefactio*] das Bewußtsein zuerst aufzulösen, um näher an das Unbewußte zu kommen, spielt auch in der Alchimie eine große Rolle. Eines der Anfangsstadien der alchimistischen Arbeit ist sehr oft die *liquefactio,* das Flüssigmachen, um die *prima materia* aufzulösen, die oft in einer falschen Form hart geworden oder erstarrt ist und deshalb nicht dazu verwendet werden kann, den Stein der Weisen herzustellen. Natürlich ist das zugrundeliegende chemische Bild die Gewinnung eines Metalles aus seinem Erz, aber *liquefactio* hat oft die alchimistische Nebenbedeutung einer Auflösung der Persönlichkeit in Tränen und Verzweiflung.»[5]

Wenn man mit Hilfe einer Flamme die Metalle schmelzen will, muß man sie abwechselnd stärker und schwächer einstellen. Diese wechselnde Intensität der Flamme ist die Agonie der Verlassenheit. Die Flamme ist das Schicksal.

Verlassenheit und Trauer

Der analytische Psychologe erlebt es immer wieder, daß ein Patient die Therapie voller Trauer und Todesgedanken beginnt.

In einem unveröffentlichten Aufsatz über Depressionen gab Kieffer Frantz 1966 einen Überblick über die damalige psychoanalytische Literatur zum Thema. Darin schrieb er:

Diese Charakteristika würden normalerweise als völlig eindeutiger Nachweis für das Vorhandensein einer Depression gelten. Doch wenn wir nicht bereit sind, das Pathologische als einzigen Maßstab zu akzeptieren, wie sollen wir dann das zu beobachtende Phänomen einer Depression beurteilen?

Befassen wir uns zunächst einmal mit dem Traum einer Frau, die während einer depressiven Phase mit der Therapie begann. Ihr Traum bestand darin, daß sie weinte und ihr die Tränen über die Wangen rollten. Dabei verwandelten sich diese Tränen nach und nach in Diamanten. Die Tränen würden natürlich auf die oben beschriebenen Charakteristika für Hoffnungslosigkeit, Hilflosigkeit, Traurigkeit und innere Qual schließen lassen. Aber wofür standen die Diamanten? Es hatte also ein ganz eindeutiger Wandel stattgefunden. In seinen *Zwei Schriften über analytische Psychologie* stellt Jung fest: «Diese Verwandlung ist der Zweck der Auseinandersetzung mit dem Unbewußten. Erfolgt die Verwandlung nicht, so hat das Unbewußte einen unvermindert bedingenden Einfluß, gegebenenfalls wird es neurotische Symptome unterhalten und behaupten, trotz aller Analyse und trotz allen Verstehens, oder es wird eine zwanghafte Übertragung festhalten, die ebenso schlimm ist, wie eine Neurose.»[6]

Der Traum verweist auf einen Prozeß, der mit Tränen beginnt, die in Diamanten, das «reine Wasser», umgewandelt werden. Aus dieser Perspektive kann die Depression als Abstieg ins Unbewußte begriffen werden, wo die innere Reise beginnt. Zwischen ihrem Anfang und ihrem Ende gibt es viele verschiedene Stadien und vielleicht auch viele Depressionen.

Ich fing an, mich für das Phänomen der Tränen als *schöpferischen* Ausdruck der Verlassenheit zu interessieren, als ich diesen Aufsatz las, weil eine Bekannte mich gebeten hatte, die zuvor erwähnte Bemerkung über Tränen und Diamanten ausfindig zu machen. Tränen sind also der Ausdruck par excellence für Verlassenheit. Was aber hat es nun mit den Diamanten auf sich?

Das Wort «Diamant» kommt vom lateinischen *adamas,* was soviel heißt wie «das härteste Eisen»; es ist aber auch auf den griechischen Begriff *damnánai,* «bezwingen», zurückzuführen. Metaphorisch gesprochen, muß die Natur leiden, um einen Diamanten hervorzubringen, nämlich unter dem ungeheuren Druck und der gewaltigen Hitze, die die Erde bei der Umwandlung von Kohlenstoff in Diamanten zu ertragen hat. Im Traum werden Tränen zu Diamanten. Infolge der *liquefactio,* des Auswaschens einer verkrusteten und unzureichend gehärteten *prima materia,* kommen Edelsteine zum Vorschein. Darum wird der Träumenden ein wenig Hoffnung zuteil, daß etwas Wertvolles aus ihrem großen Leid entstehen kann.

Der Diamantkörper ist das große Selbst, das in jedem von uns steckt.[7] Das Bewußtsein dieses Selbst formt und poliert diesen Diamantkörper; im Augenblick unseres physischen Todes fällt der sterbliche Körper ab, und der Diamantkörper zeigt sich in seiner ganzen strahlenden Schönheit.[8] In unserem Beispiel wird der Diamant durch den Prozeß der Depression – oder *nigredo* – und des «bewußten Leidens» enthüllt.

Hilde Kirsch hat über ihre langjährige Beziehung zu Jung geschrieben: «Das Wichtigste, was Jung mir – und hoffentlich auch der Menschheit – gegeben hat, ist die Annahme des Leidens als einer Notwendigkeit.»[9]

Die oben erwähnte Träumerin hatte ihr Leiden als bewußtes Leiden erlebt, nicht als blindes Leiden. Sie nahm ihr Leiden wahr und kannte möglicherweise auch dessen Ursache. Eine Frau, die etwas Fürchterliches erlebt hatte, sagte mir einmal: «Ohne dieses Unglück wäre ich eine ganz normale Hausfrau, aber dieser Verlust zwang mich, mich zu ändern, und nun bin ich eine reifere Persönlichkeit geworden.»

Der symbolische Zusammenhang von Tränen und Verlassenheit findet sich zum Beispiel in Mythen, in denen die Schöpfung auf vergossene Tränen zurückgeführt wird. Zur Schöpfung kommt es auch infolge der Einsamkeit der Götter. Im Mythos der afrikanischen Baluba weichen die Tränen der Tiere die Erde auf, so daß die Samen aufgehen können und die Vegetation den Tieren Schutz bietet.[10] Im Grimmschen Märchen «Das Mädchen ohne Hände» fordert der Teufel als Gegenleistung für den unverhofften Reichtum des Müllers alles, was sich hinter der Mühle befindet. Der Müller willigt ein – ohne zu merken, daß sich seine Tochter dort aufhält. Diese Verlassenheit der Tochter und der darauffolgende Verrat haben die Tränen ausgelöst, die sie letztlich retten.

Auch Aschenputtel wird von seinem Vater verlassen. Nach dem Tod seiner Frau heiratet er ein zweites Mal, und Aschenputtel gehört fortan zu einer «gemischten Familie», wie man das heute nennen würde. Ihre Stiefschwestern werden ihr vorgezogen. Als der Vater die beiden fragt, was er ihnen aus der Stadt mitbringen soll, wollen sie kostbare und wertvolle Dinge. Dann fragt er auch Aschenputtel, und das Mädchen bittet ihn nur um jenen Zweig, der bei der Heimkehr seinen Hut streift. Reich beladen mit den Geschenken für die Stieftöchter kehrt er zurück – da streift ihm ein Haselreis den Hut vom Kopf; er bricht das Reis ab und bringt es Aschenputtel mit, das es auf dem Grab der Mutter einpflanzt. Und alsbald wächst es zu einem großen, schönen Baum heran, und ein Vogel darin erfüllt dem Mädchen alle seine Wünsche. Dieser Vogel ist der Geist der toten (verlorenen) Mutter. Das Märchen vom Aschenputtel ist auch ein wunderschönes Beispiel dafür, wie das traurige Kind durch die Heirat mit dem Königssohn die verlorene Mutter und den Vater, der es verlassen hat, erlöst.

«Was durch die Mutter verdorben ist, kann nur durch die Mutter geheilt werden, und was durch den Vater verdorben ist, kann nur durch den Vater geheilt werden», heißt es im *I-ching*, dem «Buch der Wandlungen». Eine Beziehung an sich kann oft der heilende «Vater» oder ein fürsorglicher Elternteil sein und ein verletztes Kind heilen. Wir glauben zwar, in einem Mann einen Vater zu finden, aber er kann genauso eine gute Mutter sein. Im Avalokiteshvara, dem Bodhissattva des Erbarmens, war Kuan-yin männlich und blieb es bis zum 12. Jahrhundert, als Er eine Göttin und weiblich wurde. Das Männliche gewährt seine eigene Art von Fürsorglichkeit.[11]

«Den einen, der das Weinen hört» nennt man Kuan-yin. Dieser Mythos ist eine Bestätigung dafür, daß es Verlassenheit und Leiden und Heilen gibt. Im tibetischen Buddhismus gibt es den Begriff des Duhkha, was man mit «Leiden» übersetzen kann, aber auch mit «Unzulänglichkeit».[12] Leiden bedeutet in der buddhistischen Tradition soviel wie «in seinem ‹eigenen› Geist und Körper sein, und wenn man es versteht, erfährt man das wahre Glück». Duhkha kann körperlicher Schmerz oder seelische Qual sein und bezieht sich auf die Tatsachen der «Geburt, des Alters, der Krankheit und des Todes» sowie auf menschliche Zustände, die wir alle erleben, wie «Kummer, Klage (Aufschrei), Schmerz, Qual und Verzweiflung».[13]

Weinen begleitet oft die Aussaat des Getreides. Es ist das Weinen und Klagen um den Tod des Fruchtbarkeitsgottes, das seine Rückkehr im Frühling sicherstellt.[14] Wenn wir unsere Verzweiflung äußern, weinen wir bittere Tränen und hoffen, daß jemand unser Weinen vernimmt. Wasser ist die lebendige Kraft der Psyche. Wenn die Symbolik des Weinens und des Wassers während einer Analyse auftaucht, ruft das ein Gefühl der Abwehr hervor und erweist sich zugleich als reinigendes Erlebnis.

Lily war bereits über fünfzig, als sie mich aufsuchte. Ihr Leben hatte sie damit verbracht Kinder zu gebären – insgesamt zwölf Söhne und Töchter. Sie war nur für ihren Mann und ihre Familie da. Nun hatte sie das Gefühl, etwas in sich betrogen zu haben, ihr Inneres Kind geopfert zu haben, um all den biologischen Kindern gerecht zu werden. Sie konnte über alles weinen – vor Glück und vor Traurigkeit, vor Ärger und vor Enttäuschung. Es hatte Zeiten gegeben, da verbrauchte sie offenbar eine ganze Schachtel Papiertaschentücher innerhalb einer Stunde. Die Tränen nahmen ihr jede Chance, ihre Gefühle auszudrücken – statt zu reden, weinte sie. Das traurige Kind in ihr war aufgetaucht.

Lily war ein verlassenes Kind gewesen, weil ihre Mutter sich so sehr mit sich selbst beschäftigt hatte, daß sie das wahre Wesen ihrer Tochter gar nicht erkannte. Ich saß bei Lily viele, viele Stunden, in denen sie weinte und ich gleichsam ihre Tränen auffing. Eines Tages fragte ich sie: «Wohin gehen all diese Tränen?» Sie sah erstaunt hoch und begann einen tiefen und weiten Teich oder See zu beschreiben, der sich mit ihren Tränen gefüllt hatte. Sie fing ein Zwiegespräch mit ihren Tränen an, und diese Dialoge brachten alte, verschüttete Erinnerungen aus den Tiefen empor. Oft erinnerte sie sich an Kränkungen, die ihr Vater oder Mutter oder die Geschwister (gewöhnlich aus Nachlässigkeit) angetan hatten. Sie schrieb: «Ich höre, wie das Wasser den Bach hinunterfließt. Ich begebe mich an sein Ufer und schaue zu, wie das Wasser dahinfließt. Plötzlich trifft es auf ein unvorhergesehenes Hindernis... aus mehreren Felsbrocken, die hineingefallen sind, den Bachlauf stören und ihn in eine neue Richtung, zu einer neuen Herausforderung hinlenken.»

Diese Dialoge zwischen Lilys Ich und dem Unbewußten, das sich in ihren Tränen ausdrückte, waren ausgesprochen heilsam. Ich gebe hier nicht das ganze Zwiegespräch wieder – aus Achtung vor dieser organischen und weiterhin bestehenden Beziehung, die auf aktiver Einbildungskraft beruhte: dem Gegenteil von unbewußtem Phantasieren. Zu diesem Kontakt mit dem Unbewußten durch einen schriftlich festgehaltenen Dialog – um nur ein Beispiel der verschiedenen Möglichkeiten aufzuzeigen, wie man diese Verbindung herstellen kann – kommt es, wenn das Ich dem Unbewußten den Weg frei macht, indem es sich (freiwillig) losläßt und dadurch den archetypischen Energien eine Stimme verleiht.[15] Auf diese Weise war Lily imstande, eine tiefere Beziehung zu ihren Tränen herzustellen, indem sie ihnen in sich selbst begegnete.

Lilys trauriges Kind war ein Kind der «Erde und des gestirnten Himmels»[16], es war ausgetrocknet und bedurfte des Wassers der Erinnerung. Sie mußte sich erinnern, um das zurückzuholen, was zerstückelt und verloren war. Indem sie ihren Durst mit dem kalten Wasser des Osiris[17] löschte, konnte sie mit ihrer inneren verlorenen Mutter über ihre Traurigkeit und ihren Kummer sprechen.

Verlassenheit und das schöpferische Kind

Trauer und Erinnerung hängen eng miteinander zusammen. Die Trauer hält die Erinnerung an das in uns wach, was verloren oder verlassen ist, bis wir einen Ersatz dafür gefunden haben. Wir trauern, ganz gleich, ob wir jemals einen Todesfall erlebt haben oder nicht. Die meisten Menschen unterziehen sich einer Analyse in einem Zustand tiefen Kummers und tiefer Trauer. Trauer und Depression sind nur andere Namen für Verlassenheit.

Anne kam in meine Praxis, als *ich* mich noch verlassen fühlte und um meinen Mann trauerte. Es war ein Augenblick der Synchronizität. Weil ich selbst in diesem Zustand war, konnte ich sehen, daß auch sie um einen Verlust trauerte. Sie klagte über ihre

Ängste wegen sogenannter kleiner Dinge. Sie lebte zurückgezogen und hatte keine Lust, ans Telefon zu gehen. Wie sich schließlich herausstellte, litt sie darunter, daß sie vor einigen Jahren jede Möglichkeit verloren hatte, ein heißersehntes Ziel zu erreichen. Vielleicht hatte sie aber auch nur die Illusion verloren, daß sie diese Möglichkeit in ihrem Leben je gehabt hatte.

Schon als sie sieben oder acht war, hatte sie den Wunsch gehabt, Schauspielerin zu werden. Als sie etwa zwanzig war, hatte sie das Gefühl, einfach nicht das Zeug zur Schauspielerin zu haben und nicht hart genug zu sein. Sie hatte vorgehabt, bei einem berühmten Schauspiellehrer in New York zu studieren, doch ohne lange nachzudenken, gab sie nun ihren Plan auf. Dieses abrupte Ende ihres Karrieretraums verletzte das Innere Kind zutiefst.

Annes Mutter war eine starke, rechthaberische Frau, und so stand Anne unter dem Einfluß eines mächtigen negativen Mutterarchetypus. Sie war es gewöhnt, daß andere ihr Schicksal bestimmten, aber sie hätte sich nicht im entferntesten vorstellen können, was der Verlust ihres Traumes noch für sie bedeuten würde. In den siebziger Jahren suchte sie bei Drogen Zuflucht und fand auch einigen Trost darin, aber das war schließlich keine Lösung. Sie hatte zwar inzwischen das College absolviert und den Lehrberuf ergriffen, dachte aber immer wieder an Selbstmord, weil sie in ihrem Leben keinen Sinn sah. Sie lebte – in einem spirituellen Sinne – nur halb. Dabei ahnte sie nicht, daß sie ihren verlorenen Ambitionen, ihrer aufgegebenen Karriere nachtrauerte – sie wußte nur, daß sie sehr viel an den Tod dachte. Das «Zögern des Neurotischen, das Leben zu wagen, erklärt sich unschwer aus dem Wunsche, abseits stehen zu dürfen, um nicht in den gefährlichen Kampf verwickelt zu werden. Wer auf das Wagnis, zu erleben, verzichtet, muß den Wunsch dazu in sich ersticken, also eine Art von partiellem Selbstmord begehen.»[18]

Meine eigene Verlusterfahrung hatte mich verändert. Als ich nach dem Tod meines Mannes wieder zu arbeiten begann, entdeckte ich, daß ein dünner Schleier, der mich bislang eingehüllt hatte, verschwunden war. Diesen Schleier könnte man eine «professionelle Einstellung» nennen. Infolge meines Trauerschmerzes befand ich mich in einem nahezu ichlosen Zustand, und meine Psyche war durchlässiger, offener für das Unbewußte. Ich war ungeschützter und mehr «da». Es war fast, als würden zwischen

Anne und mir Rauchzeichen wie von einem Buschmannfeuer ausgetauscht werden. Ich wurde mir der Präsenz der Heilkraft bewußt, die die Mutter für das Innere Kind besitzt.

Annes Träume waren entsetzlich für sie, doch sie zeigten mir, daß ihr Ich stark genug war, die Reise nach innen zu bestehen, und daß diese Reise Zeit erfordern würde. Allmählich begann sie sich mit dem Gedanken anzufreunden, daß die Schauspielerei, die sie einst so geliebt und vor vielen Jahren aufgegeben hatte, in ihrem Leben in anderer Form einen Platz finden könnte. Die Vorstellung, bei einer Laienvorführung mitzuwirken, gefiel ihr ganz und gar nicht, aber da sie nun einmal gern Rollen einstudierte, besuchte sie einige Kurse bei ortsansässigen Lehrern und begann Gefallen zu finden am Kontakt mit der Welt der Bühne. Statt sich hilflos zu fühlen und sich mit dem traurigen Kind zu identifizieren, fing sie an, die verlorene Mutter zu entdecken und für sich selbst zu sorgen.

Statt sich um die Bedürfnisse ihres Inneren traurigen Kindes zu kümmern, hatte Anne sich mit dem Kind *identifiziert*. Ihr Schicksal war an ihre Eltern gebunden. Sie hatte Angst, daß ihr etwas passieren würde, wenn sie starben. Sie hatte Angst vor der Verlassenheit. Wenn sie ihr aufgegebenes Ziel akzeptieren konnte, ließ sich vielleicht eine neue Beziehung zum Selbst aufnehmen. Es ist noch gar nicht so lange her, daß sie erwachsen geworden und die Welt der Erwachsenen betreten hat, eine Welt, die für sie stets gleichbedeutend gewesen war mit Tod und Sterben und Verlassenheit. Man kann nicht sagen, daß sie nun ohne Ängste ist, daß ihr Leben «vollkommen» ist – aber sie nimmt mehr daran teil und ist offener für Möglichkeiten, die sie bis dahin nicht gekannt hatte.

Verlassenheit und Verlust

Ein anderes Beispiel für die Verlassenheit des «traurigen Kindes» und der «verlorenen Mutter» ist die Witwenschaft. Zuweilen finden wir verletzten Kinder in einem Gefährten die Mutter und/oder den Vater, den wir in unseren frühen Jahren nicht gehabt haben. Durch den Tod dieses Gefährten werden wir erneut in tiefste Trauer gestürzt. Dann steht das «Kind» ganz allein da, völlig durcheinander und voller Schmerz. Dann ist einem, als ob man die Trauer von Demeter um Persephone teile oder von Christus am Kreuz, der Gott fragt, warum er ihn verlassen habe.

An einigen Fakten über das Phänomen der Witwenschaft läßt sich das Problem ein wenig verdeutlichen, das für die Witwe im Hinblick auf das traurige Kind besteht.

«In vielen Kulturen nehmen die Witwen die traurigste Stellung in der Gesellschaft ein. Die schlichte Tatsache, daß sie als Frauen zur Welt kamen, hat ihr Schicksal besiegelt. In dem Augenblick, da der Mann starb, wurde ihre eigene Lebensfunktion als beendet angesehen. Oft wurden sie umgebracht, um den toten Gemahl in das neue Leben nach dem Tod zu begleiten und ihm dort zu dienen, wie sie es zu seinen irdischen Lebzeiten schon getan hatten.»[19]

Wir sind zwar heutzutage zu zivilisiert, um zuzulassen, daß Witwen lebendig begraben werden, aber Tatsache ist nach wie vor, daß viele Frauen nur durch ihren Mann leben. Sylvia war gerade Witwe geworden. Ihr Mann war «plötzlich und unerwartet» gestorben. Sie war eine gutbezahlte Journalistin und liebte ihren Beruf. Nun stand sie allein da – mit ihren zwei Kindern, ihrer Trauer und ihrem Zorn. «Wie konnte er es wagen, mir das anzutun?« tobte sie. Was er «tat», wurde bald klar. Ihr verletztes, scheues Inneres Kind hatte in der Brust ihres Mannes eine Heimstatt gefunden. Er war kontaktfreudig und aggressiv. Unter seinem Schutz konnte sie der Welt entgegentreten – und nun war sie verlassen.

Als er starb, glaubte sie, nicht mehr in der Lage zu sein, der Welt die Stirn zu bieten, und so folgte dieser Teil von ihr ihrem Mann ins Grab. Wie Persephone hätte sie sich diesen Teil nur wieder ins Bewußtsein zurückrufen oder sich einen anderen kontaktfreudigen und aggressiven Partner suchen müssen. Fand sie einen solchen Ersatz nicht, dann mußte sie sich das, was sie unbewußt durch ihn gelebt hatte, bewußt machen. Dieser Schritt erfordert einen gewaltigen Haltungs- und Bewußtseinswandel sowie eine neue Heimstatt für das traurige Kind. Dieser Wandel ist schwierig – er wird nicht herbeigesehnt und ist nicht etwas, was man freiwillig auf sich nimmt.

Mit der Erfahrung der Witwenschaft stellt sich auch der Archetypus des verlassenen Kindes wieder ein. Die Gefühle, die sich mit dem Tod eines geliebten Menschen, besonders eines Lebensgefährten verbinden, sind oft Schuld, Scham, Zorn, Verlassenheit, Depression, das Fehlen von Libido und Hoffnung. Ich glaube, daß *Scham* und *Schuldgefühl* unmittelbar mit der Tradition der Witwentötung zusammenhängen – dabei mußte der Mensch, der dem Verstorbenen am nächsten stand, ihm in das Land der Toten folgen. Indem wir am Leben sind, fühlen wir uns schuldig und voller Scham, daß das Leben für uns weitergeht. Diese verwirrende Erfahrung machen wir alle, aber besonders die Witwe bedarf jeder nur denkbaren Ermutigung, damit sie das Land der Toten verläßt und ins Leben zurückkehrt. In solchen Zeiten ist die Kraft, die uns aus dem Leben ziehen möchte, manchmal übermächtig.

Heutzutage hat man ein Auto, wo man als Verlassene über den Tod nachdenken oder für sich allein weinen kann. Das Auto ist eine Art Allerheiligstes und als solches der Ort, an dem man sich seinen Gedanken über Tod und Sterben überlassen kann. Man frage nur einmal eine Frau, die gerade Witwe geworden ist, ob sie sich im Auto ihrem Zorn, ihrer Trauer und ihren Gedanken über den Tod hingibt, und sie wird es bejahen.

Ein weiterer Aspekt, den man bei der Witwenschaft berücksichtigen muß, ist das Geld. Viele Männer und Frauen, die gerade ihren Lebenspartner verloren haben, sind geradezu besessen von dem Gedanken ans Geld. Diese ängstliche Sorge um finanzielle Sicherheit ersetzt die Angst vor dem Auf-sich-allein-gestellt-Sein. Ich kenne wohlhabende Menschen, die entsetzliche Angst davor haben, daß sie von ihren Anwälten und Buchhaltern betrogen oder bestohlen werden. Das gleiche gilt aber auch für Menschen, die nicht gerade viel Geld haben – sie sind genauso vom Gedanken daran besessen, wenn sie eigentlich ihren emotionalen Verlust betrauern. Natürlich haben sie durchaus auch Grund zu finanziellen Sorgen, aber bei den frisch Verwitweten spielen sie doch eine besondere Rolle, und ich glaube, das liegt an den Gefühlen der Verlassenheit und am «Kind». Die gerade Hinterbliebenen fühlen sich so hilflos und nackt, so überwältigt von Liebe, Haß, Verlust usw., daß die Angst ums Geld all diese Gefühle in sich aufsaugt.

«Die Witwentötung war eine natürliche Konsequenz, wenn man glaubte, daß das Leben der Frau mit dem Tod des Partners zu Ende war ... Noch bis 1857 gab es in Oyo im westlichen Nigeria ein Gesetz, demzufolge bestimmte weibliche Personen aus dem Gefolge des Königs – seine Mutter, verschiedene Priesterinnen sowie seine Lieblingsfrau – sterben mußten, wenn er starb, und zwar von eigener Hand.»[20]

Heutzutage gibt es eine viel subtilere Form der Witwentötung. Wir bringen die Witwe nicht mehr um: Sie ist verlassen worden und fortan unsichtbar. Je stärker eine Frau mit ihrem Mann identifiziert wurde, desto mehr ist sie nun den Gefühlen der Verlassenheit ausgesetzt. Meiner Ansicht nach hatte ich ein «eigenständiges Leben» geführt, aber dann machte mir mein Kummer schlagartig bewußt, daß meine Ehe eine sichere Heimstatt für mein trauriges Inneres Kind gewesen war. In meiner Verlassenheit wollte ich nichts von diesem Kind wissen, während ich bei meinem Mann das sichere Gefühl hatte, es hin und wieder zum Vorschein kommen lassen zu dürfen. Nun haßte ich die Vorstellung, fortan allein mit ihm zu sein. Aber dazu kam es gar nicht – es ging mir eher wie den Witwen auf den Neuen Hebriden, die man mit einer kegelförmigen Kappe aus Spinnweben erstickte: Ich würde ersticken, weil man mich isolierte und verließ.

«Wenn eine Witwe am Leben bleiben durfte, mußte das Problem, was mit ihr geschehen sollte, von ihren Verwandten oder denen ihres Mannes gelöst werden. Oft wurde sie mit Mißtrauen betrachtet und der Hexerei verdächtigt – wegen ihres Kontakts zum Tod und weil man . . . befürchtete, sie könnte den Tod ihres Mannes herbeigeführt haben. In Gesellschaften, in denen eine Witwe weiterleben durfte, mußte sie durch ein Ritual vom Kontakt mit ihrem toten Partner befreit werden, ehe irgend jemand sie berühren oder sich ihr nähern durfte, da man glaubte, sie würde den Tod übertragen. Nach einer Zeit der Isolation erlaubte man ihr, wieder in ihre Familie zurückzukehren – in der wenig beneidenswerten neuen Rolle der Witwe. Die Isolation der Witwe besteht auch heute noch, sogar in der westlichen Welt.»[21]

Es ist außerhalb religiöser Kreise viel zu wenig bekannt, daß die Kleidung katholischer Nonnen von der Trauerkleidung der Witwen herrührt. Schwester Maria Patricia Sexton hat mir erzählt, daß in Frankreich im 17. Jahrhundert Nonnen für die Kirche in wüsten Hafenspelunken tätig sein konnten, weil sie wußten, daß niemand sie beachten oder gar belästigen würde, da sie wie Witwen gekleidet waren. Daß die symbolische Ehe mit Christus in

Trauerkleidung vollzogen wird, hat noch andere Bedeutungen, aber aus der Perspektive unseres Themas ist es doch recht interessant, einmal darüber nachzudenken, was Witwen und Nonnen miteinander verbindet. Viele frühe Klöster wurden von Witwen gegründet. Die Kleidung, die sie trugen, sollte etwas Unabänderliches ausdrücken und ihre Sexualität negieren. Dieses Outfit sollte ebenso wie die damit verbundene innere Haltung für immer bestehen.[22]

Bei manchen Stämmen war eine erneute Heirat so lange verboten, bis der Leichnam des Gatten verwest war. Bei den Maoris auf Neuseeland trugen die Witwen zwei besondere Federgewänder, die man «Kleid der Tränen» nannte. Nach einiger Zeit wurden die Knochen des Verstorbenen ausgegraben, in dieses Kleid gehüllt und wieder begraben. Dann durfte die Witwe wieder heiraten.[23]

Heutzutage ist der Bezug zum Tod oft in den Ehegelöbnis-Formeln enthalten. Doch von allen Witwen und Witwern, die ich gefragt habe, konnte sich nur eine daran erinnern, bei der Trauung tatsächlich die Worte «bis daß der Tod euch scheidet» gehört zu haben. «Versuche, den Tod auszutreiben oder ihn nicht in Betracht zu ziehen, sind ein Selbstbetrug. Ganz gleich, wie sehr der Mensch sich bemüht, das Wissen um das unvermeidliche Ende seines irdischen Lebens zu verdrängen oder zu vertuschen – es wird ihm nie ganz gelingen.»[24]

Abschließende Betrachtungen

Die Analytische Psychologie ermutigt den einzelnen, Haltungen aufzugeben, die zu konventionell oder zu restriktiv sind und ihn einengen. Die Geschichte der Witwentötung zeigt, daß in uns allen etwas ist, das uns auf übermächtige und archaische Weise zur Verlassenheit hinzieht. Darum ermutige ich trauernde Patienten, «anders» zu sein, das heißt, zu dem zu stehen, was die Seele will. Eine Beziehung zu den eigenen Phantasien und der Innenwelt ist ein angemessenes Gegengewicht zu den Kräften des kollektiven Bewußtseins, das dazu tendiert, den verlassenen Menschen zu isolieren und seine weitere Entwicklung auf diese Weise oft empfindlich stört. Das traurige Kind unternimmt eine Reise in die

Unterwelt; es wird dadurch vertraut mit der dunklen Seite, mit der Angst und mit der alles entscheidenden Erfahrung: mit sich selbst allein zu sein. Ehe wir diese Erfahrung machen, wird etwas, das wir schätzen, geopfert und/oder geht verloren, wird verlassen. Wir müssen aus der Einheit von Subjekt und Objekt herausfallen, aus der unbewußten *participation mystique*.[25]

Verlassenheit heißt, daß man sich in einem Zustand der ständigen Verbundenheit mit dem verlorenen Objekt befindet. Im Prozeß des Trauerns kommt die Zeit, da Gelassenheit die Hinterbliebenen beherrscht – eine Zeit der Würde. Die Reise in die Unterwelt ist ein Ritus des Übergangs und sollte auch als solcher verstanden werden. Man muß den Fluß überqueren und wieder zurückkehren – allein. Dabei besteht allerdings die Gefahr, zwischen beiden Ufern hängenzubleiben. Wie viele von uns trauern nicht einer Kindheit nach, die keineswegs so war, wie wir es uns gewünscht hätten?

Neben dem Brunnen der Mnemosyne entspringt Lethe, der Strom des Vergessens. Vergessen bedeutet, daß wir im Tod die Kümmernisse dieser Welt sowie die beschwerliche Reise in jene andere Welt vergessen können. Das ist ein elementares menschliches Thema, das nicht nur in den orphischen Mythen vorkommt, sondern uns alle angeht.[26]

Das Vergessen kann auf dieser Reise aber auch ein Hindernis darstellen. Wenn man sich im Laufe der Analyse an Kindheitsträume oder -phantasien erinnert, kann es zu einer Heilung kommen. Diese Erinnerungen sind zu ihrem eigenen Schutz verborgen gewesen. Doch wenn sie für immer verborgen bleiben, kann es passieren, daß man von seiner Trauer nicht mehr loskommt. Eine Frau erinnert sich an ein heimliches Spiel ihrer Kindheit. Sie war eine Alchimistin und erfand das vollkommene Nahrungsmittel, das allen Hunger dieser Welt ein für allemal beseitigen würde. Dieses Spiel war ein Kompensationsversuch ihres Unbewußten, weil sie von ihren Eltern nicht die richtige «Nahrung» bekam. Ich glaube, daß solche heimlichen Kindheitsspiele einen Versuch der Psyche darstellen, das Heilsame und Wertvolle vor der allzu genauen Untersuchung des negativen Elternbilds zu schützen. Das ist auch der Grund dafür, warum Kinder oft schon sehr früh wieder aufhören zu zeichnen oder zu malen, wenn ihre Werke von einer Autoritätsperson kritisiert werden. Damit wird die Phantasietätigkeit der kindlichen Psyche vor weiterem Schaden bewahrt, bis sie sich – hoffentlich – beim Erwachsenen wieder zu regen beginnt.[27]

Die Archetypen des traurigen Kindes und der verlorenen Mutter tauchen in Zeiten schmerzlichen Verlustes, Leidens und Verlassenseins auf. Jung selbst hat diese Erfahrung nach seinem Bruch mit Freud gemacht. Eine von intensiven Gefühlen begleitete Erinnerung tauchte da in ihm auf, an eine Zeit, als er ein Junge von zehn oder elf Jahren gewesen war. Er erinnerte sich, damals gern mit Bausteinen gespielt und Häuschen und Schlösser gebaut zu haben. Er erkannte nun, daß er diesen Knaben vergessen hatte, aber Jung war klar, daß dieses Kind noch immer lebte und etwas von ihm wollte. Er tat nun alles, was das Innere Kind verlangte, und notierte sorgfältig alle Bilder und Phantasien, die durch diesen Kontakt ausgelöst wurden. «Dieser Typus des Geschehens hat sich bei mir fortgesetzt. Wann immer ich in meinem späteren Leben stecken blieb, malte ich ein Bild, oder bearbeitete ich Steine, und immer war das eine rite d'entrée für nachfolgende Gedanken und Arbeiten.»[28]

Durch diesen «Initiationsritus» nahm Jung Kontakt auf zu seinem vergessenen und verlassenen Kind und integrierte es in sein Leben. Man könnte auch sagen, daß er die verlorene Mutter für sein eigenes trauriges Kind wurde. Der Kontakt mit seinem Inneren Kind beflügelte seine Kreativität: Marie-Louise von Franz hat einmal gesagt, daß Jung immer dann, wenn er mit einem neuen Buch begann, zum Seeufer gegangen sei, im Sand gebuddelt und Wassergräben gezogen habe. Er sorgte dafür, daß er dieses Innere Kind nie wieder vergaß.

Viele von uns erleben es, daß wir dieses Kind in der Geborgenheit einer Beziehung auftauchen lassen, ja oft eine Beziehung suchen, in der das Kind ans Licht kommen und spielen kann. Wenn diese Geborgenheit durch Tod oder Scheidung oder sonst eine Trennung zerstört wird, verbirgt das Kind sich und leidet. Viele haben diese Erfahrung gemacht, wie man ein verlassenes, trauriges Kind in eine Beziehung einbringen kann, so daß der andere für es sorgt. Wenn das geschieht, kann diese Vereinigung zu einem Allerheiligsten für das Innere kreative Kind oder ein Ersatz für eine direkte Beziehung zu diesem Inneren Kind werden.

James Hillman

Wenn das Kind verlassen wird

Worüber James Hillman auch immer schreibt – er tut es mit Leiden-
schaft. In diesem Beitrag über das Kindwesen in uns allen ist ihm
das vielleicht am eindrucksvollsten gelungen. Hillman stellt die
Verlassenheit nicht als Katastrophe dar, als Schreckensszenarium
des Waisenkindes ohne Eltern. Für ihn gibt es eine gefährliche
Sentimentalisierung der Kindheit, die das Innere Kind zu einem
romantischen, aber unreifen Zustand degradiert – eine Einstellung,
die das Individuum in einen Erwachsenen und ein Kind einteilt,
wobei dieses ebenso wie seine Phantasiekräfte aus einem ver-
lorenen, vergessenen und kindischen Zustand zurückgewonnen
werden müssen. Hillman scheut auch nicht davor zurück, sich mit
den Zweideutigkeiten der Sprache und der Begriffe zu befassen, um
beim Leser ein Bewußtsein seiner eigenen Psychologie und vor
allem jenes besonderen Aspekts des «immerwährenden Kindes»
auszulösen.

Dieser Aufsatz ist ein Auszug aus einer Vorlesung, die Dr.
Hillman im Sommer 1971 auf der Eranos Conference in Ascona
gehalten hat. Hillman ist einer der interessantesten Köpfe in der
modernen Psychologie. Der ehemalige Studienleiter am Zürcher
C.-G.-Jung-Institut ist heute der bedeutendste Vertreter der Arche-
typenpsychologie.

Was ist das Kind?

Das ist mit Sicherheit die erste Frage, die wir uns stellen müssen: Was ist dieses «Kind»? Was immer wir über Kinder und Kindheit von uns geben, hat in Wirklichkeit überhaupt nichts mit Kindern und Kindheit zu tun. Wir müssen uns nur einmal in der Geschichte der Malerei umsehen, um die Besonderheit von Kinderbildern zu erkennen – vor allem wenn man all diese Zerrbilder mit den exakten Landschaftsbildern, Stilleben und Erwachsenenporträts der jeweiligen Zeitgenossen vergleicht. Und wenn wir die Wirtschafts- und Sozialgeschichte des Familienlebens und der Erziehung betrachten, so erkennen wir, daß die Begriffe Kinder und Kindheit, wie wir sie heute verwenden, erst ziemlich spät entstanden sind.[1]

Was hat es mit diesem besonderen Bereich auf sich, den wir «Kindheit» nennen, und warum haben wir eine spezielle Welt dafür geschaffen – mit Kinderzimmern und Kinderspielzeug, Kinderkleidern und Kinderbüchern, Kindermusik und Kindersprache, Kindermädchen und Kinderärzten, eine Welt spielender Kinder, die völlig getrennt ist von der Lebenswelt arbeitender Männer und Frauen? Gewiß, ein bestimmter Bereich der Psyche, den man «Kindheit» nennt, ist im Kind personifiziert und wird von ihm für den Erwachsenen getragen. Auf sonderbare Weise gleicht dieser *Daseinsbereich* den Irrenanstalten früherer Jahrhunderte (und selbst heute noch), als man den Geisteskranken als Kind betrachtete und unter Kuratel des Staates oder des väterlichen Arztes stellte, der für seine «Kinder», die Geistesgestörten, wie für seine Familie sorgte. Auch diese Verwechslung des Kindes mit dem Irren, der Kindheit mit dem Irrsinn ist etwas Ungeheuerliches.[2]

Die Verwechslung des wirklichen Kindes und seiner Kindheit mit dem Phantasiekind, das unsere Wahrnehmung von Kind und Kindheit trübt, ist bezeichnend für die Geschichte der Tiefenpsychologie. Freud hat ja zunächst geglaubt, daß unterdrückte Erinnerungen als Ursache von Neurosen nichts weiter als vergessene Gefühle und entstellte Szenen aus der tatsächlichen Kindheit seien. Später gab er diese Vorstellung vom Kind auf, da er erkannte, daß die Phantasie Kindheitsereignisse produzierte, die so niemals stattgefunden hatten – man hätte es hier mit einem Phantasiekind zu tun und nicht mit einem wirklichen Geschehen im

Leben der betreffenden Person. Daraufhin sah er sich genötigt, das tatsächliche Kind von diesem Phantasiekind, die Erfahrungen des Äußeren Kindes von der Inneren Kindheit zu unterscheiden. Gleichwohl war er weiterhin fest davon überzeugt, daß die Analyse der Kindheit die eigentliche Aufgabe der Therapie sei. Typisch eine Feststellung Freuds aus dem Jahr 1919:

«Streng genommen ... verdient die Anerkennung als korrekte Psychoanalyse nur die analytische Bemühung, der es gelungen ist, die Amnesie zu beheben, welche dem Erwachsenen die Kenntnis seines Kinderlebens vom Anfang an (das heißt etwa vom zweiten bis zum fünften Jahr) verhüllt ... Eine Unterschätzung des Einflusses späterer Erlebnisse wird durch diese Betonung der Wichtigkeit der frühesten nicht bedingt; aber die späteren Lebenseindrücke sprechen in der Analyse laut genug durch den Mund des Kranken, für das Anrecht der Kindheit muß erst der Arzt die Stimme erheben.»[3]

Welche Kindheit aber meinte Freud damit? Freud hat niemals Kinder analysiert. War die «Kindheit», die der Analytiker wieder heraufbeschwören mußte, die tatsächliche Kindheit? Hier bleibt Freud selbst ambivalent, denn bei ihm verschmilzt das kleine Menschenwesen, das wir «Kind» nennen, mit einem Kind à la Rousseau, ja sogar mit einem orphisch-neuplatonischen Kind, das «psychologisch ein anderes Objekt als der Erwachsene»[4] ist. «Die Kindheit hat eine eigene Art und Weise zu sehen, zu denken und zu fühlen; nichts ist närrischer als der Versuch, sie durch unsere Art und Weise zu ersetzen.»[5] Der Unterschied beruht auf der besonderen kindlichen Form, sich zu erinnern: nämlich «... daß das Kind zu diesem phylogenetischen Erleben greift, wo sein eigenes Erleben nicht ausreicht. Es füllt die Lücken der individuellen Wahrheit mit prähistorischer Wahrheit aus, setzt die Erfahrung der Vorahnen an die Stelle der eigenen Erfahrung ein. In der Anerkennung dieser phylogenetischen Erbschaft stimme ich mit Jung ... völlig zusammen ...»[6]

Das wirkliche Kind selbst war also alles andere als wirklich, weil seine Erlebnisse aus Konfabulationen «prähistorischer», das heißt zeitloser, mythischer, archetypischer Ereignisse bestanden. Und «Kindheit» bezieht sich somit bei Freud teilweise auf einen *Zustand der Reminiszenz,* wie die platonische oder augustinische *memoria,* einen Bereich der Einbildungskraft also, der dem wirklichen Kind «eine eigene Art und Weise zu sehen, zu denken und zu fühlen» (Rousseau) einräumt. Dieser Bereich, dieser Modus der imaginären Existenz findet sich in populär- und tiefenpsychologischer Sicht beim Primitiven, Wilden, Irren, Künstler, Genie und in der Vorzeit – die Kindheit von Einzelwesen verschmilzt mit der Kindheit von Völkern.[7]

Aber das Kind und die Kindheit sind nicht real. Das sind Begriffe für einen Existenz-, Wahrnehmungs- und Emotionsmodus, den wir noch heute hartnäckig wirklichen Kindern unterstellen, so daß wir für sie eine Welt konstruieren, weil wir meinen, diese Phantasie irgendwo in der Wirklichkeit ansiedeln zu müssen. Wir wissen nicht, was Kinder an sich sind, «unverfälscht» durch unser Bedürfnis nach Repräsentanten für das Reich der Phantasie, für «Anfänge» (etwa «Primitivität», «Schöpfung») und für den Archetypus des Kindes. Wir können nicht wissen, was Kinder sind, bevor wir nicht mehr über die Funktion des Phantasiekindes, des archetypischen Kindes in der subjektiven Psyche wissen.

Freud hat dem Bild des Kindes und der Kindheitsphantasie eine Reihe bemerkenswerter Attribute zugeschrieben: Das Kind hat kein Über-Ich (Gewissen) wie der Erwachsene, es verfügt nicht über freie Assoziationen wie der Erwachsene, sondern über konfabulierte Reminiszenzen. Die Eltern und Probleme des Kindes sind extern und nicht intern wie beim Erwachsenen, so daß das Kind kein symbolisch übertragenes Seelenleben hat.[8] Wie nahe doch dieses Fehlen eines persönlichen Gewissens, diese Mischung aus Verhalten und Ritual oder Erinnerung und Mythos dem geistigen Leben des «Verrückten», des Künstlers ist und wie nahe dem, was wir «primitiv» nennen.

Aber viel bemerkenswerter als die von Freud zugeschriebenen Attribute sind jene, die wir seinen Theorien entnehmen können. Zuerst verlieh Freud dem Kind eine *Vorzugsstellung*: Nichts sei wichtiger in unserem Leben als jene frühen Jahre und jener Denk- und Gefühlsstil der imaginären Existenz, die wir «Kindheit» nennen. Dann verlieh Freud dem Kind einen *Körper*: Es hatte Leidenschaften, sexuelle Begierden, den Wunsch zu töten; es ängstigte sich, opferte, wies zurück; es haßte und begehrte und bestand aus erogenen Zonen, es beschäftigte sich vorwiegend mit seinem Kot und seinen Genitalien und verdiente es, polymorph pervers genannt zu werden. Und schließlich verlieh Freud dem Kind eine

Pathologie: Es lebte in unseren Verdrängungen und Fixierungen; es war der Grund unserer psychischen Störungen[9]; es war unser Leiden.

Das sind in der Tat bemerkenswerte Attribute, wenn man sie einmal mit den Kindern bei Charles Dickens vergleicht, mit Dorrit und Nell, mit Oliver und David – die besaßen kaum Leidenschaften, kaum einen Körper und überhaupt keine Sexualität – vor allem verglichen mit dem kleinen Hans und der kleinen Anna und anderen Kindern aus der psychoanalytischen Literatur. Wenn es bei Dickens überhaupt zu Perversitäten kam, dann rührten sie von den Erwachsenen her, von der Industrie, der Erziehung und der Gesellschaft; die Pathologie beschränkte sich auf die Todesszenen, in denen Kinder ins Paradies zurückgeholt wurden. Gegenüber Dickens bekommt das Bild, das Freud zeichnet, ungemein scharfe Umrisse, auch wenn bei beiden das Kind als Tatsache und das Kind als Bild noch nicht auseinandergehalten werden.

Jung gelangte in seiner Abhandlung «Die Psychologie des Kindarchetypus» schon einen erheblichen Schritt weiter in dieser Hinsicht – das wirkliche Kind ist verlassen und mit ihm die Phantasievorstellung des Empirismus, die Vorstellung, daß die Wahrnehmung dieses Faktors in unserer Subjektivität aus der empirischen Beobachtung der tatsächlichen Kindheit resultiert. Jung schreibt:

«Es ist vielleicht nicht überflüssig, zu bemerken, daß ein laienhaftes Vorurteil stets geneigt ist, das Kindmotiv mit der konkreten Erfahrung ‹Kind› in eins zu setzen, als ob das reale Kind die kausale Voraussetzung für die Existenz des Kindmotives wäre. In der psychologischen Wirklichkeit ist die empirische Vorstellung ‹Kind› aber nur Ausdrucksmittel..., um einen nicht näher zu fassenden seelischen Tatbestand auszudrücken. Darum ist auch die mythologische Kindvorstellung ausdrücklich keine Kopie des empirischen ‹Kindes›, sondern ein als solches klar erkennbares Symbol: Es handelt sich um ein göttliches, wunderbares, eben gerade nicht menschliches Kind...»[10]

Wie genau können eigentlich unsere Untersuchungen über das Menschenkind sein, solange wir nicht klar genug erkannt haben, wie sehr das archetypische Kind in unserer Subjektivität unsere Sichtweise beeinflußt? Lassen wir daher das Kind und die Kindheit auf sich beruhen und wenden wir uns dem zu, was Jung das «Kindmotiv» und den «Kindheitsaspekt der Kollektivseele» nennt.

Fragen wir also, was dieses Kindmotiv bedeutet, das sich so lebhaft zur Geltung bringt und so viele Phantasien auf sich zieht. Hier Jungs Antwort:

Das Kind «ist das Verlassene und Ausgelieferte und zugleich das Göttlich-Mächtige, der unansehnliche, zweifelhafte Anfang und das triumphierende Ende. Das ‹ewige Kind› im Menschen ist eine unbeschreibliche Erfahrung, eine Unangepaßtheit, ein Nachteil und eine göttliche Prärogative, ein Imponderabile, das den letzten Wert und Unwert darstellt.»[11]

Jung geht auf die allgemeinen und besonderen Züge des Kindmotivs ein: die Zukünftigkeit, die göttlich-heldische Unbesiegbarkeit, das Hermaphroditische, Anfang und Ende sowie das Motiv der Verlassenheit, das das Thema meiner Arbeit ist. Jungs Ausführungen von 1940 sind als Ergänzung zu den Überlegungen in seinen früheren Werken zu verstehen, in denen das Kindmotiv im Zusammenhang mit dem archaischen mythischen Denken und dem Mutterarchetypus[12] sowie mit der paradiesischen Glückseligkeit[13] gesehen wird. Einige der Aspekte, die Jung erörtert, hat Freud bereits auf seine Weise beschrieben. Die Idee des kreativen Kindes kommt in Freuds Gleichung Kind = Penis vor, das zurückgewiesene Kind in der Gleichung Kind = Kot. «Der Kot, das Kind, der Penis ergeben also eine Einheit, einen unbewußten Begriff – sit venia verbo –, den des vom Körper abtrennbaren Kleinen.»[14]

Zu diesen Grundzügen würde ich zwei weitere aus unserer westlichen Tradition hinzufügen, wobei der erste spezifisch christlich ist und der andere der klassischen Antike entstammt. In der christlichen Tradition bezieht sich «Kind» auch auf das Schlichte, das Naive, das Arme und das Gemeine – die Waisen – in der Gesellschaft und in der Psyche – etwa in der Sprache der Evangelien, wo Kindsein Außenseitertum bedeutete, die Vorbedingung für die Erlösung, und später mit den Gefühlen des Herzens (als Gegensatz zum Wissen des Verstandes) assoziiert wurde. In der klassischen Antike taucht das Kind in jenen Konfigurationen der männlichen Psychologie auf, wie sie besonders von Zeus, Hermes und Dionysos, ihren Bildwelten, Mythen und Kulten verkörpert werden. Das Kindmotiv muß da wohl von den Kind-und-Mutter-Motiven unterschieden werden, ebenso von den Kind-Held-Motiven, die eine ganz andere psychologische Bedeutung haben.

Wir nehmen Jung beim Wort, wenn er sagt: «Das Kindmotiv stellt nicht nur etwas Gewesenes und längst Vergangenes dar, sondern auch etwas Gegenwärtiges, das heißt, es ist nicht nur Überbleibsel, sondern ein gegenwärtig funktionierendes System, welches bestimmt ist, in sinnvoller Weise die unvermeidlichen Einseitigkeiten und Extravaganzen des Bewußtseins zu kompensieren respektive zu korrigieren.»[15] Wenn, nach Freud, die psychoanalytische Methode im wesentlichen darin besteht, daß sie etwas verändert, und wenn das Kind, nach Jung, als psychologisches Korrektiv fungiert, dann scheint es nur konsequent, daß wir das Kind aus seiner Verlassenheit zurückholen, und zwar selbst dann, wenn wir nur von ihm sprechen. Dann kann sich unser Grundthema vielleicht auf die private Subjektivität jedes einzelnen konzentrieren und dazu dienen, der Einseitigkeit unseres Bewußtseins im Hinblick auf das Kind abzuhelfen.

Verlassenheit in Träumen

Dem verlassenen Kind begegnen wir vor allem in Träumen, in denen wir selbst oder ein Kind von uns oder ein unbekanntes Kind vernachlässigt oder vergessen wird, weint, sich in Gefahr oder Not oder einer unangenehmen Situation befindet. Das Kind macht durch Träume auf sich aufmerksam – auch wenn es verlassen ist, können wir es noch hören, seinen Ruf vernehmen.

Wenn wir heutzutage vom Kind träumen, erleben wir, wie es gefährdet wird durch: Ertrinken, Tiere, den Straßenverkehr, das Eingesperrtsein im Kofferraum eines Autos (das «Truhen-Motiv») oder in einem Kinderwagen oder einem Supermarktwagen (das «Korbmotiv»); Entführer, Räuber, Familienangehörige, unfähige Menschen; Krankheit, Behinderung, unerkannte Infektionen, geistige Zurückgebliebenheit und Hirnschäden (das schwachsinnige Kind); oder durch eine weniger spezifische Katastrophe wie Krieg, Hochwasser oder Feuer. Zuweilen wacht man nachts mit dem Gefühl auf, ein Kind weinen gehört zu haben.

Gewöhnlich reagiert der Träumer auf das Motiv der Verlassenheit mit großer Sorge und Schuldbewußtsein: «Ich hätte es nicht geschehen lassen dürfen – ich muß etwas tun, um das Kind zu schützen – ich bin ein schlechter Vater/eine schlechte Mutter.» Wenn uns im Traum ein Säugling erscheint, glauben wir, das Gefühl für dieses «Kind» die ganze Zeit bewahren, es alle drei Stunden mit aufmerksamer Zuwendung füttern und es auf dem Rücken wie ein Indianerbaby spazierentragen zu müssen. Wir neigen dazu, das Kind als moralische Verpflichtung zu verstehen.

Aber Schuld weist die Last, etwas zu verändern (Freud) und zu korrigieren (Jung), ganz dem Ich als Täter zu. Doch schließlich ist der Träumer nicht nur für das Kind verantwortlich – er *ist* auch das Kind. Folglich können Emotionen wie Sorge, Schuldgefühl und Verantwortungsbewußtsein – so tugendhaft sie sein mögen und so sehr sie teilweise sogar ein Versäumnis wiedergutmachen können – auch andere Emotionen wie Schreck, Verlustangst und Hilflosigkeit verhindern. Und je mehr wir uns zuweilen um das Kind Sorgen machen, desto weniger kommt das Kind wirklich an uns heran. Solange wir daher einen Traum hauptsächlich vom Standpunkt des verantwortlichen Ich auffassen, indem wir auf ihn mit Schuldgefühlen und der inneren Dynamik reagieren, die Dinge so zu sehen, wie sie sind, sie zu verbessern, indem wir etwas tun, unsere Haltung ändern und aus Träumen eine Lehre für das moralisch verantwortliche Ich ziehen – dann stärken wir nur dieses Ich. Damit vertiefen wir die Kluft zwischen Eltern und Kind: Das Ich wird zum verantwortlichen Elternteil, und das entfernt uns nur noch weiter von den Gefühlen des Kindes.

Entscheidend bei der Integration eines Traums – der Integration und nicht der Interpretation, denn nun sprechen wir von dem Einssein mit dem Traum, zu dem und in dem wir stehen, den wir in allen Teilen annehmen und an dessen ganzer Geschichte wir beteiligt sind –, entscheidend also ist es, daß wir *alle* seine Teile emotional erfahren. Die Gestalttherapie versucht das durch die Forderung zu erreichen, daß sich der Träumer in alle Rollen einfühlen soll: in den verzweifelten Vater/die verzweifelte Mutter, aber auch in die wilden Hunde, den Hochwasser führenden Fluß, die unerkannte Infektion und das ausgesetzte Kind. Es ist genauso wichtig, beim Weinen des Kindes zusammenzubrechen und alles Kindische erbarmungslos zu hassen, wie nach dem Besuch beim Analytiker mit dem festen Entschluß nach Hause zu gehen, sich künftig mehr um diese neuen und zarten Teile zu kümmern, die unsere Hilfe brauchen, damit sie gedeihen können.

Wie Interpretation und Selbstverantwortlichkeit die Eltern auf Kosten des Kindes stärken können, so kann auch eine Verstärkung das verlassene Kind nicht erreichen. Eine Verstärkung des Kindes, das in den Fluß gefallen ist, im Wald umherirrt oder sich mit einer Aufgabe abmüht, die es überfordert – wie das in Märchen und Mythen und Initiationsriten geschieht –, kann gerade das Motiv beeinträchtigen, so daß wir zwar gewisse Aspekte klar erkennen – vor allem das neu auftauchende heroische Bewußtsein –, aber die beeinträchtigende Technik der Verstärkung, die eigentlich die objektive Bedeutung sichtbar machen soll, kann genausogut auch die subjektive Wirklichkeit der Verlassenheit zunichte machen. Die Verstärkung entfernt uns oft nur vom Leiden, indem sie es auf eine allgemeine Ebene versetzt. Bei vielen psychischen Erlebnissen ist diese Erweiterung des Bewußtseins durch Verstärkung genau das richtige, aber gerade für das Motiv der Verlassenheit ist eher der entgegengesetzte Weg angezeigt, weil das verlassene Kind am besten wiedergefunden werden kann, indem man sich näher auf subjektives Leid einläßt und es genau zu lokalisieren versucht.

Bei diesem Motiv also sind Selbstverantwortung und Verstärkung ungeeignete Mittel. Als Aktivitäten der vernünftigen, reifen Persönlichkeit vergrößern sie nur noch die Distanz zwischen uns und dem Kind.

Verlassenheit in der Ehe

Da jedes Zuhause, jedes Nest und jede Nische dem verlassenen Kind einen Zufluchtsort bietet, ruft die Ehe unweigerlich das Kind wach. Manchmal wird eine Ehe ganz offensichtlich deshalb so früh geschlossen, weil man ein Körbchen für das Kind finden möchte, das im Elternhaus nicht willkommen war. Das Muster kann dann noch lange danach weiterwirken: In stillschweigender Übereinkunft kümmern sich Mann und Frau so sehr um das verlassene Kind, das ihnen aus dem Elternhaus geblieben ist, daß sie das Kind nicht finden können, das ihnen angemessen wäre.

Zu Hause sein, heimkehren, nach Hause gehen – damit verbinden sich Gefühle, die sich alle auf die Bedürfnisse des Kindes beziehen. Sie künden von Verlassenheit. Diese Gefühle verwandeln das wirkliche Zuhause, die Wände und das Dach, in ein Bilderbuchheim mit psychischen Wänden und einem psychischen Dach, ein Phantasieheim, in dem wir unsere Verletzlichkeit unterbringen und uns unbesorgt der polymorph perversen Zerschlagung unserer Wünsche überlassen können. Zu Hause sind wir nicht nur die Mutter, die in die Arme nimmt, und der Vater, der herumkommandiert, sondern auch ein kleines Kind. Was anderswo abgelehnt wird, muß zu Hause erlaubt sein.

Dieses Phänomen, das einige Psychotherapeuten «das Innere Kind der Vergangenheit», andere «neurotische Interaktion in der Ehe» genannt haben, ist in den in einer Ehe ausgelebten Phantasien genauso wichtig, wie es die verschiedenen Vereinigungsschemata sind, die Jung beschrieben hat. Was die Erfüllung der Ziele der Vereinigung verhindert, sind die heftigen Inzestwünsche des Kindes, dessen Verlangen nach der Unio anderer Natur ist als der Heiratsquaternio[16] und dessen Vorstellung vom «Enthaltenen» und «Enthaltenden»[17] ganz auf seine Verlassenheitsangst bezogen ist. Wo kann es denn sonst hingehen? Auch das ist sein Zuhause, und wichtiger für es als Frau und Mann sind Mutter und Vater, Pflege und Schutz, Allmacht und Idealisierungen.

Als einen Sinn der Ehe hat man die Zeugung von Kindern und die Sorge um sie definiert. Aber da ist ja auch noch das archetypische Kind, das durch die Ehe «konstelliert» ist und dessen Bedürfnis nach Fürsorge die Ehe eigentlich zerstören würde, indem es darauf besteht, daß darin archetypische Schemata erprobt werden, die «vor-ehelich» sind, das heißt nicht initiiert, infantil, inzestuös. Dann kommt es zu jenen Kämpfen zwischen den realen Kindern und dem psychischen Kind der Eltern, bei denen es darum geht, wer verlassen wird. Dann bedroht die Scheidung nicht nur die wirklichen Kinder, sondern auch das verlassene Kind der Eltern, das in der Ehe aufgehoben war.

Die Tatsache, daß die Verlassenheit in der Ehe in so konzentrierter Form vorkommt, weil es dafür keine andere Heimat gibt, macht die Ehe zum Hauptschauplatz, auf dem der Kindarchetyp (nicht die Vereinigung) ausgelebt wird. In der Ehe treffen wir die Idealisierungen des Kindes an: die Ehe als A und O des Lebens, der Hermaphroditismus als «Rollenteilung», die Zukünftigkeit als Planung von Hoffnungen und Ängsten und die abwehrbereite Verletzlichkeit. Die Versuche des Paars, das Kind zu «enthalten» (nicht einander), führen zu einem Familienschema, das zwischen Gefühlsüberschwang und Gefühlskälte hin und her pendelt, zu einer Ehe, die in einer gesellschaftlichen Norm erstarrt ist. Bei diesem Schwanken geht die Imagination verloren, die das Kind mit sich bringen kann. Die Einbildungskraft verpufft in Affekten oder konkretisiert sich in Plänen und Gewohnheiten, die das Kind klein halten. Wenn wir von einer «Ehetherapie» sprechen können, dann würde sie nicht auf der «neurotischen Interaktion» des *Paars* beruhen, sondern auf dem Kind als zentralem Faktor in der Ehe sowie auf der Einbildungskraft des Kindes, das heißt auf der Kultivierung der imaginativen Seele, des eigentümlichen Phantasielebens, das sich zwischen deinem und meinem Kind abspielt.

Die Taufe des Kindes

Normalerweise haben wir im Hinblick auf das Kind das Gefühl, daß etwas von Grund auf falsch ist, und dieses Falsche sehen wir im oder am Kind angesiedelt. Die Gesellschaft glaubt, etwas mit Kindern tun zu müssen, um dieses Falsche wieder in Ordnung zu bringen. Wir nehmen Kinder nicht so, wie sie sind – sie müssen aus der Kindheit herausgeholt werden. Wir initiieren, erziehen, beschneiden, impfen, taufen sie. Und wenn wir nach romantischer Manier das Kind idealisieren – und Idealisierungen sind stets ein Zeichen von Distanz –, indem wir es als *speculum naturae* sehen, trauen wir dieser Natur überhaupt nicht über den Weg. Selbst der Knabe Immanuel (Jesaja 7,14–16) muß zuerst Butter und Honig essen, «bis er weiß, Böses zu verwerfen und Gutes zu erwählen». Das Kind an sich verunsichert uns, macht uns ambivalent – wir haben Angst vor den menschlichen Neigungen, die sich im Symbol des Kindes konzentrieren. Es beschwört zuviel von dem, was ausgeklammert oder unbekannt ist, und wird leicht für etwas Primitives, Verrücktes und Mystisches gehalten.

Wenn man die frühen Auseinandersetzungen über die Kindstaufe betrachtet, fragt man sich, welche psychologischen Ideen denn bloß diese ausgezeichneten Kirchenväter bewegt haben müssen. Die Energie, die sie für das Kind aufgewendet haben, ist durchaus vergleichbar mit der, die wir in der modernen Psychologie für die Kindheit aufwenden. Zunächst freilich waren diese Kirchenväter (Tertullian, Cyprian) gar nicht so sehr für eine frühe Taufe, und Gregor von Nazianz legte Wert auf einen gewissen Grad an geistiger Entwicklung vor der Taufe, die also etwa erst im Alter von drei Jahren erfolgen sollte. Augustinus jedoch war entschieden dagegen. Da der Mensch in der Erbsünde geboren war, brachte er sie in die Welt hinein, so wie Augustinus selbst aufgrund seiner heidnischen Vergangenheit. Nur die Taufe konnte sie vom Kind abwaschen. Augustinus war besonders an der Erlösung des Kindes gelegen: «Wer für die Nachfolge der Kinder ist, sollte nicht ihre Unwissenheit lieben, sondern ihre Unschuld.» Und was heißt unschuldig? «Die Schwäche der Anlagen des Kindes ist unschuldig, nicht die Seele.»

Wie freudianisch: Das Kind kann mit seinen noch unentwickelten Anlagen jene in der Seele latent vorhandenen Perversionen nicht entfalten. Die Seele war nicht bloß von einer allgemeinen Sündhaftigkeit erfüllt, sondern von der spezifischen Sünde vorchristlicher, unchristlicher Impulse des polytheistischen Heidentums, die Freud später entdecken und als «polymorph pervers» bezeichnen sollte, während Jung sie umfassender als Archetypen beschrieb. Die Taufe konnte die Seele von der Kindheit erlösen, von jener imaginativen Welt der vielen archetypischen Formen, den Göttern und Göttinnen, deren Kulten und der unchristlichen Praktiken, in denen sie sich konkretisierten.

Weil das Kind nicht etwas Rudimentäres ist, sondern ein im Jetzt funktionierendes System, und weil ein Sakrament nicht der Reflex eines vergangenen historischen Geschehens ist, sondern im Jetzt weiterbesteht, findet auch die Taufe des Kindes *immer* statt. Fortwährend taufen wir das Kind, reinigen wir die «Kindheit» der Psyche, ihre «Anfänge», ihre Reminiszenzen, mit den Abwehrzauberriten unserer augustinischen Kultur: Wir säubern die Seele von ihrer polytheistischen imaginativen Möglichkeit, die emblematisch im Kind enthalten ist, und dadurch halten wir das Kind der Psyche als «Gefangenen für Christus» (Gregor von Nazianz) – genauso wie die frühchristliche Kirche die Kinder der Heroenkulte und des heidnischen Pantheons durch das Jesuskind ersetzten.

Diese Christianisierung findet immer dann statt, wenn wir die Kindmotive in unseren Träumen und Gefühlen nur nach christlichen Mustern deuten. Damit meinen wir, daß das polymorphe Potential des uns innewohnenden Polytheismus grundsätzlich einer Erneuerung durch die Transformation in die Einheit bedarf. Dann aber hindern wir das Kind daran, seine Funktion als das Verändernde auszuüben. Wir korrigieren es, statt uns von ihm korrigieren zu lassen.

Regression und Verdrängung

Die Taufe erfüllte zwei Funktionen, für die es moderne Begriffe gibt: Sie verhinderte die Regression – und sie sorgte für die Verdrängung. Aufgrund dieser beiden Erfahrungen erleben wir heute das Kind.

Was die Tiefenpsychologie Regression zu nennen pflegt, ist nichts weiter als eine Rückkehr zum Kind. Daher könnten wir uns grundlegender mit dem psychologischen Begriff der Reife beschäftigen, dem Gegenteil von Regression, und mit der psychologischen Vorstellung von Entwicklung, die fordert, daß das Kind verlassen wird. Die Regression ist der unvermeidliche Schatten linearer Denkweisen.

Ein entwicklungspsychologisches Modell muß sich immer auch mit seinem Gegenspieler, dem Atavismus, herumschlagen, und eine Umkehr wird nicht etwa als eine Rückkehr durch das Immergleiche zur imaginativen Wirklichkeit der Neuplatoniker (Proclus, Plotin) betrachtet, sondern als ein Rückfall in einen schlechteren Zustand. Die Psychologie stellt das «Zurückgehen» als «Niedergang» dar, als eine Rückentwicklung zu früheren und minderen Schemata. Reife und Regression erweisen sich so als unvereinbar. Für Regression haben wir nichts übrig – und vergessen dabei, daß alles Lebendige auch zu seinen «Anfängen» «zurückgehen» muß.

Theoretisch wird der Begriff der Regression nur im Sinne einer «Regression im Dienste des Ich» geduldet.[18] Selbst bei Jung ist die Regression in erster Linie ein kompensatorischer Akt, ein Anlauf, um besser springen zu können. Wenn wir uns – nach Maslow,

Erikson, Piaget, Gesell und der freudianischen Schule – nicht auf gewissen wohlerforschten Pfaden von Stufe zu Stufe weiterbewegen, werden wir auf die «Kindheit» fixiert und zeigen ein regressives Verhalten, das man pueril und infantil nennt. Hinter jedem Schritt in die «Realität» lauert der bedrohliche Schatten des Kindes – als etwas Hedonistisches oder Mystisches, je nachdem, wie wir diesen Rückfall in die Ursprünglichkeit betrachten. Dieses Kind versuchen wir mit Sentimentalitäten, Aberglauben und Kitsch versöhnlich zu stimmen, mit großzügigen Ferienaufenthalten und Annehmlichkeiten – und mit einer Psychotherapie, die ihre Existenz wie ihr Einkommen teilweise den regressiven Tendenzen des Kindes verdankt.

Unser Modell von Reife neigt dazu, die Regression attraktiv zu machen. Aus der Distanz idealisieren wir den engelgleichen Zustand der Kindheit und ihre Kreativität. Indem wir das Kind verlassen, siedeln wir es in Arkadien an, als Meergeborenes, das sanft auf dem Wasser zwischen Binse und Schilf schaukelt, von Nymphen genährt, die sich an seinen Launen ergötzen, von Schäfern und freundlichen alten Gouvernanten, die das Kindische, Regredierte begrüßen. Dann setzt natürlich wieder die Gegenbewegung ein: Das Diesseits meldet sich zur Stelle, und vom verlassenen Kind weg erfolgt der große Sprung nach vorn – die Trockenlegung der Zuidersee, womit Freud die Arbeit der Psychoanalyse verglich.[19]

Der Teilung in Kind und Erwachsener und den daraus sich ergebenden Schemata der Verlassenheit, die wir hier skizziert haben, wäre eine Psychologie vorzuziehen, die sich weniger auf das Kind, seine Klagelieder und romantischen Verklärungen einließe. Dann könnten wir eine deskriptive Psychologie des Menschen bekommen, die sich mit einem besonderen Aspekt: dem immerwährenden Kind befaßt, das seine unheilbare Schwäche wie seine Amme in sich trägt, eine Psychologie, derzufolge wir das Kind weder durch Entwicklung noch durch Verlassenheit ausleben, sondern das Kind in uns tragen.

Unsere subjektive Erfahrung könnte dann von einer Psychologie widergespiegelt werden, die zugleich exakter in der Beschreibung und auf eine kompliziertere Weise klassisch ist: Dann wäre das Kind im Menschen enthalten, dem die Schande des Kindischseins ins Gesicht geschrieben steht, seine unabänderliche – un-

überwundene, unverwandelte – Psychopathologie und die unersättlichen Ambitionen ebenso wie die Verletzlichkeit dieser Ambitionen, der seine Verlassenheit mit Würde trägt und dessen
Freiheit von der Einbildungskraft herrührt, die vom Vergessen der
Kindheit erlöst ist.

7

Rose-Emily Rothenberg

Der Waisenkindarchetypus

Dieser Essay definiert den Archetypus der Verlassenheit: das Waisenkind, und verfolgt sein Auftreten in Mythen, Sagen, Märchen, literarischen Werken und – vielleicht am eindrucksvollsten – im persönlichen Erleben der Autorin. In dieser gelungenen Behandlung des Themas der Verlassenheit wird das Dilemma des «Inneren Waisenkinds» einfühlsam dargestellt. Rose-Emily Rothenberg, eine jungianische Analytikerin, rührt an den Kern der Problematik, wenn sie sagt: «Erst wenn man wirklich allein ist, hat das kreative Potential, das tief in uns steckt, so viel Raum, daß es ins Licht des Tages treten kann.»

Ich wurde nach meiner Mutter Rose-Emily genannt. Bevor ich geboren wurde, vertraute meine Mutter ihrer besten Freundin an, daß sie glaube, sie werde bald sterben. Sechs Tage nach meiner Geburt, als sie noch im Krankenhaus war, zog sie sich eine Infektion zu und starb.

Eineinhalb Jahre später heiratete mein Vater wieder. In meiner frühesten Kindheitserinnerung sehe ich mich mit meinem Vater, seiner neuen Frau und meinen beiden Schwestern im Eßzimmer stehen. Mein Vater sagte zu uns: «Das ist nicht eure richtige Mutter, sondern eure Stiefmutter.» Meine vierzehnjährige Schwester sagte nichts. Aber meine andere Schwester, die nur 18 Monate älter ist als ich, stampfte mit dem Fuß auf und schrie: «Nein, nein, das ist nicht wahr!» Ich stand nur stumm daneben. Ich hatte große Angst und wußte, daß ich dieser Mutter um jeden Preis gefallen mußte, sonst würde auch sie mich verlassen.

Viele Jahre danach versuchte ich mir vorzustellen, was ich empfunden haben mußte, als meine Mutter mich schon nach sechs Tagen verließ. Es war, als würde ich in einen tiefen schwarzen Abgrund stürzen und keinen Halt finden. Alles war unglaublich still. Ich kam mir so verlassen vor, als ob ich in diesen Abgrund gestoßen und allein gelassen worden wäre. Ich habe mich oft mit dem Gedanken getröstet, daß Gott die Welt in sechs Tagen geschaffen hat. Ich hatte meine Mutter sechs Tage lang gehabt – genug für den Anfang.

Der erste Traum, an den ich mich erinnern kann, ist noch ganz lebendig in mir. Damals war ich etwa vier Jahre alt.

Ich stand mitten im Haus meiner Kindheit. Hinter mir ragte ein Baum mit kahlen Ästen ohne Blätter auf. Aus meinem Unterarm schlüpften schwarze Schlangen aus.

Diesen Traum habe ich mehreren Analytikern erzählt – alle haben mir aufmerksam zugehört, aber keiner hat ihn zu deuten versucht. Ich habe lange über den Traum nachgedacht, da er in mir weiterlebt. Der Baum gilt oft als Symbol des ewigen Geistes – er wirft seine Blätter ab und stirbt, um zu leben. Der tote Baum in meinem Traum schien die Seele meiner richtigen Mutter zu tragen, und die aus meinem Unterarm schlüpfenden Schlangen stellten die Reaktion meiner Psyche auf ihren Tod dar.

Schlangen verfügen über starke Energien. Diese Energien können als Gift oder als Heilmittel wirken. Schlangen verkörpern sowohl das Niedrigste wie das Höchste im Menschen: Zerstörung oder göttliche Weisheit. Schlangen symbolisieren die unterste Stufe des Lebens ebenso wie Wiedergeburt und Auferstehung. Außerdem können sie die Inkarnation des Todes darstellen, und vielleicht enthielten sie in meinem Traum den Geist meiner Mutter.

Mein Waisenkind-Dilemma bestand darin, daß ich Schlangen zur Welt brachte: Ich konnte im Zustand der Unbewußtheit verharren und ihren Giften anheimfallen – oder ich konnte ihre Heilkräfte nutzen und mich aufs Leben einlassen.

Viele Jahre später hatte ich einen Traum, in dem mir Jung erschien: Ich wollte Jung besuchen, da er bald sterben würde. Ich wollte mit ihm über die Fortschritte sprechen, die ich in meiner Ausbildung zur Analytikerin machte. Er sagte zu mir: «Du mußt die beiden Leiden in dein Leben einbeziehen. Daran mußt du noch arbeiten.»

Schon im Traum wußte ich, was er meinte: Ich mußte den Tod meiner Mutter und die Anwesenheit meiner Stiefmutter und was es bedeutete, eine Waise zu sein, verstehen und damit leben.

Der Begriff Waise wurde von den Alchimisten als Name für einen einzigartigen Stein gebraucht, einen Edelstein, der unserem heutigen «Solitär» entspricht und sich in der Kaiserkrone befand. Die Alchimisten setzten den Waisenstein mit dem *lapis philosophorum,* dem Stein der Weisen, gleich. Dieser Stein stellt die Totalität oder das «Eine» dar und entspricht der psychologischen Vorstellung vom Selbst. Der Stein der Weisen steht für den Prozeß der Individuation. In einem Text galt er als das heimatlose Waisenkind, das am Anfang des alchimistischen Prozesses erschlagen wird, um die Transformation herbeizuführen. Das veranschaulicht drastisch, was dem echten Waisenkind widerfährt, nachdem es die erste, brutale Trennung erfahren mußte. Es wird genauso «erschlagen», ehe es durch den Transformationsprozeß den Sinn dieses einzigartigen Ereignisses in seinem Leben entdeckt.

Der Stein gilt auch als etwas sowohl Wertloses wie Wertvolles – ein Gegensatzpaar, das dem Waisenkind vertraut ist. Es hat oft das Gefühl, entweder das «Letzte» oder das «Erste» zu sein.

Auch das biblische Bild vom «Stein, den die Bauleute verworfen haben» und der «zum Eckstein geworden» ist (Psalm 118,22), beschwört den Waisenkindarchetypus. So einen Stein bearbeitete auch Jung bei seinem Turm in Bollingen. In *Erinnerungen, Träume, Gedanken* erzählt er von diesem Eckstein, der falsche Maße hatte. Der Maurer wollte ihn wieder zurückschicken, aber Jung hielt ihn zurück: «‹Nein, das ist mein Stein – den muß ich haben!›» Da fiel ihm ein lateinischer Vers des Alchimisten Arnaldus de Villanova ein, und er meißelte ihn in den Stein:

> «Hier steht der Stein, der unansehnliche.
> Zwar ist er punkto Preis billig –
> Er wird von den Dummen verachtet,
> Um so mehr aber von den Wissenden geliebt.»

Auf der dritten, dem See zugewandten Fläche ließ ich den Stein sozusagen selber in einer lateinischen Inschrift sprechen.

Alle Sätze sind Zitate aus der Alchimie. Dies ist die Übersetzung:

«Ich bin eine Waise, allein; dennoch werde ich überall gefunden. – Ich bin Einer, aber mir selber entgegengesetzt. Ich bin Jüngling und Greis zugleich. Ich habe weder Vater noch Mutter gekannt, weil man mich wie einen Fisch aus der Tiefe herausnehmen muß. Oder weil ich wie ein weißer Stein vom Himmel falle. In Wäldern und Bergen streife ich umher, aber ich bin verborgen im innersten Menschen. Sterblich bin ich für jedermann, dennoch werde ich nicht berührt vom Wechsel der Zeiten.»[1]

Der Waisenkindarchetypus wird durch überraschend viele mythische und legendäre Figuren repräsentiert und verweist damit auf die enge Verbindung zwischen dem Waisenkind und dem Helden – vom sagenhaften mesopotamischen Herrscher Sargon von Akkad bis zu den biblischen Gestalten Moses und Josua, von griechischen Helden und Göttern wie Ödipus, Äskulap und Dionysos bis zur assyrischen Königin Semiramis, von Romulus und Remus, den Gründern Roms, bis zu König Artus und dem Ritter Tristan. Sie alle teilten das Schicksal, von ihren Müttern getrennt und von anderen aufgezogen worden zu sein.

Viele Beispiele aus der Mythologie verweisen nicht nur auf die unauflösliche Verbindung des Waisenkindarchetypus mit dem Helden, sondern auch darauf, daß dieser Archetypus in der Psyche von Sterblichen «konstelliert» ist, die zu einer heldischen Abenteuerfahrt aufbrechen. So übt zum Beispiel das Bild des Waisenkindes einen unwiderstehlichen Reiz auf den jungen Menschen aus, der sich seiner Initiation unterzieht und die Sicherheit und den Schutz der Familie verläßt. Er erlebt den psychischen Verlust seiner Eltern und danach die Gefühle von Einsamkeit und Isolation, die an die physische Trennung des Säuglings von der Mutter erinnern. Auf den Heranwachsenden, der Vater oder Mutter verliert, wirkt sich dieser symbolische und tatsächliche Verlust doppelt aus, und darum wird er entsprechend darunter leiden.

In *Symbole der Wandlung* beschreibt Jung «eine typische Pubertätsphantasie: Ein junger Mensch, vor dem die ganze Unsicherheit des zukünftigen Schicksals steht, verlegt in seiner Phantasie die Unsicherheit in die Vergangenheit und sagt: Wenn ich jetzt nicht das Kind meiner gewöhnlichen Eltern wäre, sondern dasjenige eines vornehmen und reichen Grafen, das den Eltern bloß untergeschoben wäre, dann würde wohl eines Tages eine goldene Kutsche kommen, und der Herr Graf würde sein Kind mitnehmen in sein wunderschönes Schloß...«[2] In einer anderen Variante solcher Waisenkinder-Tagträume kann sich das echte Waisenkind, dem ja die gewöhnlichen Familienbande fehlen, ganz der Entdeckung der Geheimnisse des Lebens hingeben, an allen möglichen romantischen Abenteuern teilnehmen und dabei zahlreiche Heldentaten vollbringen.

Die Phantasievorstellung, adoptiert zu sein, ist keineswegs nur auf Heranwachsende beschränkt. Viele kleine Kinder erleben immer wieder in ihren Tagträumen, daß sie Waisenkinder sind. Die altersunabhängige Häufigkeit dieser Vorstellung verweist vielleicht darauf, daß die Psyche die Einzigartigkeit des Individuums auszudrücken versucht, wie auch dessen dringendes Bedürfnis, seine ganz individuelle Lebensreise zu unternehmen, um sein Schicksal zu erfüllen.

Diese Waisenkind-Phantasien beruhen zwar zumeist auf altem Volksglauben, haben aber auch ihren Ursprung in einigen schon lange bestehenden gesellschaftlichen Praktiken. In der Antike wurden Kinder zuweilen auf grausame Weise verlassen, weil ihnen ein gesellschaftliches Stigma anhaftete – aufgrund irgendwelcher Geburtsfehler, religiöser Tabus, wegen ihrer illegitimen Herkunft sowie aus wirtschaftlichen Gründen. Wenn die Eltern ihrem Kind noch eine Überlebenschance einräumen wollten, wickelten sie es in eine Decke und ließen es in einem dichtbesiedelten Gebiet zurück, wo es leicht entdeckt werden konnte. Andererseits wurden unerwünschte Kinder in wüsten Gegenden ausgesetzt, wo sie unweigerlich an Unterkühlung starben oder wilden Tieren zum Opfer fielen.

Das Waisenkind als Archetypus hat in viele Erzählungen und Romane Eingang gefunden. Harold Greys *Orphan Annie* und Johanna Spyris *Heidi* etwa sind mehr oder weniger bekannte Geschichten von Waisenkindern. Nicht minder berühmt sind die Kinder in den Geschichten und Romanen von Charles Dickens. In seiner Abhandlung «The Dickens Child: From Infantilism To

Wholeness» hat John McNeary alle diese Figuren von Dickens untersucht – wie sie die ersten Stadien der Verlassenheit erleben, mißverstanden oder schlecht behandelt werden und schließlich ihre archetypische Reise unternehmen und ihre wahre Identität entdecken. McNeary schreibt, das Waisenkind erreiche sein Ziel «erst nach unsäglichen Widrigkeiten und Todesgefahren, denn das Licht, das das Kind mitbringt, ist stets in Gefahr, von der Finsternis verschluckt zu werden».

Zwei der berühmtesten Wanderergestalten in der amerikanischen Literatur sind Ishmael, der biblische Erzähler in Melvilles *Moby Dick,* und Ahab, der Kapitän der «Pequod».

Edward Edinger hat in seinem Buch *Melville's Moby Dick: A Jungian Commentary* geschrieben: «Ishmael ist das zurückgewiesene Waisenkind, das ohne eigenes Verschulden grausam ausgesetzt und dazu verdammt ist, auf Ewigkeit umherzuirren. Ishmael ist daher der Prototyp des entfremdeten Menschen, des Außenseiters, der das Gefühl hat, daß es für ihn keinen Platz auf Erden gibt.»

Doch jenseits von Alchimie, Mythologie und Literatur gibt es die harte Wirklichkeit des echten Waisenkindes. Ja, viele Autoren waren selbst Waisen geworden, noch bevor sie ihr sechstes Lebensjahr erreicht hatten: Edgar Allan Poe, die Geschwister Brontë, George Sand, Jonathan Swift, Rousseau, Tolstoi, Baudelaire, Nathaniel Hawthorne, Byron, Dante und andere. Die Gestalten ihrer Werke spiegeln oft die Erfahrung dieses frühen realen Verlustes wider.

Wenn wir die psychischen Komplexe untersuchen wollen, unter denen das Waisenkind leidet, müssen wir uns zuerst die entscheidende primäre Beziehung ansehen, aus der das Waisenkind hervorgegangen ist und die es verloren hat. In seinem Buch *Das Kind* hat Erich Neumann geschrieben: «Wenn wir einmal die positive Bedeutung der totalen Abhängigkeit des Kindes von der primären Beziehung verstanden haben, können wir nicht mehr überrascht sein, wenn sich die Störung oder Zerstörung dieser Beziehung katastrophal auswirkt.»

Aber auch Personen, die keine Waisen sind, wie zum Beispiel adoptierte Kinder und Kinder geschiedener Eltern, können das psychische Trauma des Verlusts erfahren. Ja, selbst wenn beide

Eltern da sind, können Gefühle der Verlassenheit aufkommen, wenn das Kind den Eindruck hat, daß seine Mutter es nicht hört oder ihm nicht zuhört. Wenn das Kind nicht um seiner selbst willen akzeptiert wird, kann es seine eigenen Gefühle nicht als authentisch erleben. Alice Miller hat einmal in diesem Zusammenhang bemerkt, daß dies auf seiten des Kindes zu einem Gefühl der Leere, der Vergeblichkeit und der Unbehaustheit führen würde. Man muß nicht unbedingt ein Waisenkind sein, um die Gefühle der Verwaistheit zu erleben, aber natürlich sind diese Gefühle bei einem richtigen Waisenkind intensiver.

Auf einer sehr frühen Altersstufe stellt die Mutter das Selbst dar. Für das Sicherheits- und Selbstwertgefühl des Neugeborenen ist eine lebendige Verbindung zur Mutter, die diese bedeutsame, lebenspendende Projektion in sich trägt, ungeheuer wichtig. Die Mutter ist auch mit der Mütterlichkeit an sich verbunden, die tief in der Erde verwurzelt ist. Wenn diese fundamentale primäre Beziehung beschädigt ist oder wenn das neue Leben des Säuglings bei der Geburt davon abgeschnitten ist, dann wird sein Ich zu früh auf sich selbst zurückgeworfen und ganz auf seine eigenen Möglichkeiten angewiesen sein: Dann erlebt er das Gefühl der Verlassenheit.

Meines Erachtens sind drei dominante Komplexe häufig auf eine derartige Katastrophe zurückzuführen. Sie bestimmen das psychische Profil des Waisenkinds. Da ist zunächst einmal ein tiefverwurzeltes Minderwertigkeitsgefühl. Mütterliche Wärme vermittelt einem das ganz wichtige Gefühl, daß man etwas wert ist. Wenn einem diese Liebe genommen wird, hat man das Gefühl, abgelehnt zu werden, etwas Falsches getan zu haben oder absolut unerwünscht zu sein. Neumann hat das so ausgedrückt: «Das Kind ist aus der natürlichen Ordnung der Dinge herausgefallen und beginnt, an der Berechtigung seiner eigenen Existenz zu zweifeln.»

Dieses Minderwertigkeitsgefühl ist aufs engste mit dem zweiten überaus bedeutungsvollen Grundzug der Psyche des Waisenkinds verbunden – dem Schuldgefühl. Dabei handelt es sich um eine archaische Form der Schuld, die nicht zu verwechseln ist mit der eher bewußten Schuld, die man empfindet, wenn man seine Eltern verläßt, sondern die viel enger verbunden ist mit jenem Schuldgefühl, das man angesichts wachsender Bewußtheit verspürt, oder das man damit verbindet, überhaupt am Leben zu sein. Dazu Neumann: «Die Erfahrung, nicht geliebt zu sein, ist identisch mit dem Gefühl, unnormal, krank, aussätzig und vor allem verdammt zu sein. Statt dies der Welt oder den Menschen anzulasten, fühlt das Waisenkind sich schuldig.» Da das Selbst noch nicht «steht», hat das Waisenkind das Gefühl, das Selbst (die Mutter) habe sich von ihm abgewandt, und daß dies ein höherer Beschluß sei, nach dem das Waisenkind schuldig gesprochen worden ist.

Die Suche nach dem fehlenden Elternteil oder nach dem, was er darstellt, ist das Wichtigste im Leben des Waisenkinds. Erfüllt von dem unersättlichen Bedürfnis, die Lücke zu schließen, die der Tod der Mutter hinterlassen hat, sucht es überall nach ihr. In seinem Aufsatz «Paracelsus als geistige Erscheinung» hat Jung geschrieben: «Je ferner und unwirklicher die persönliche Mutter, desto tiefer greift die Sehnsucht des Sohnes in die Tiefen der Seele und erweckt jenes urtümliche und ewige Bild der Mutter, um dessentwillen alles Umfassende, Hegende, Nährende und Hilfreiche uns Muttergestalt annimmt, von der *alma mater* der Universität bis zur Personifikation von Städten, Ländern, Wissenschaften und Idealen.»[3] Diese endlose Suche nach der Mutter kann einen in viele schwierige Situationen bringen.

Gewöhnlich hat das Waisenkind das Gefühl, eine Wunde zu haben, die nicht geheilt werden kann, und schwelgt daher in Selbstmitleid. Es erwartet, daß andere es bedauern und unter ihre Fittiche nehmen. Es hat das Gefühl, «verletzt» zu sein, und braucht alle Fürsorge, die es bekommen kann. Diese seelische Verfassung führt zu einer überaus problematischen Abhängigkeit. Weil das Waisenkind die Verbindung zur ursprünglichen Quelle seines Lebens verloren hat, klammert es sich an die Person, die ihm die Sicherheit bietet, nach der es sich gesehnt hat, als ob sein Leben davon abhinge. Darum wird es an jedem Objekt, jeder Person oder jeder Verhaltensweise festhalten, das oder die für es Sicherheit (Sex, Geld usw.) repräsentiert, bis es den Eindruck hat, daß das Objekt nicht mehr die gleiche Bedeutung für es besitzt, das heißt, daß es nicht mehr die Projektion der Mutter trägt. Dann muß ein Waisenkind einfach das Objekt der Projektion ablegen oder sich davon abwenden, wobei es oft feindselige Gefühle gegenüber der oder dem Betreffenden entwickelt, der oder die seine Bedürfnisse nicht befriedigt oder seine Erwartungen nicht erfüllt hat.

Da das Waisenkind nicht genug von sich «selbst» hat, empfindet es seinen Wert nur in Gegenwart einer anderen Person. Mit anderen zusammen zu sein wird lebenswichtig für es, dient aber nur dazu, ihm die Illusion von Sicherheit zu vermitteln. Wenn sich eine gegenseitige Abhängigkeit entwickelt, können beide in einer unbewußten symbiotischen Verbindung verstrickt sein. Keiner von beiden kann dieses Band zerreißen, wenn ihnen deren Ursprung nicht bewußt ist.

Dieser Zustand der Abhängigkeit versetzt das Waisenkind in die Position des «unschuldigen Kindes» und überträgt der anderen Person den Part des Elternteils – dann wird das Waisenkind das Kindopfer der induzierten Autorität des anderen. Es hat das Gefühl, «wenn ich das gute kleine Kind bin, werden sie mich vielleicht bemuttern». Seine Identität als hilfloses Opfer setzt den kompensatorischen Archetypus von Hexe und Tyrann auf der anderen Seite frei. Manchmal geschieht aber auch genau das Gegenteil: Das Waisenkind kann sich genau wie die Hexe oder der Tyrann verhalten und ihre/seine Charaktereigenschaften und Verhaltensmuster übernehmen. Wenn es eine dieser beiden Rollen auslebt – das Opfer oder den Unterdrücker –, bedeutet das, daß es von der negativen Seite des Eltern-Kind-Archetypus besessen ist. Wenn es sich mit einer Seite identifiziert, verzichtet es darauf, als selbständiges Wesen zu agieren. Diese übermäßige Abhängigkeit zwischen zwei Menschen stellt für beide einen unproduktiven und folglich auch gefährlichen psychischen Zustand dar. Um der erstickenden Umklammerung zu entgehen, zu der eine derartige Situation unvermeidlich führt, wird einer von beiden gehen müssen. Das ruft einen der zwanghaftesten Komplexe des Waisenkinds hervor: die Angst, verlassen zu werden. Dazu gehört auch die immer vorhandene Sorge, «ausgeklammert» zu sein, sowie ihr Gegenteil: das Bedürfnis, ständig mit dabei zu sein.

Das Waisenkind hat eine gewaltige Angst davor, verlassen zu werden, besonders von einer Person, die ihm viel bedeutet. Es wird alles tun, um das zu verhindern. Diese Angst kann sein ganzes Leben beherrschen. Es kann sogar die andere Person zuerst verlassen, trotz seines Verlangens, die Beziehung aufrechtzuerhalten – nur weil es die Erfahrung des Verlassenseins nicht noch einmal machen möchte. Andererseits kann es lügen, betrügen oder irgendwelche Informationen (sogar vor sich selbst) zurückhalten, die eine Trennung als sinnvoll erscheinen ließen. Wenn es auf derart üble Tricks verfällt, betrügt es sich selbst genauso wie den anderen und wirft dabei wichtige Lebenswerte über Bord. Letztendlich wird es dann doch Opfer der dunklen Mächte, die es zu verbergen suchte. Solange das Waisenkind sich seiner übermäßig abhängigen Einstellung und ihrer Folgen nicht bewußt ist, wird es dafür sorgen, daß sich sein ursprüngliches Schicksal, verlassen zu werden, immer wieder erfüllt.

Die dritte überaus bedeutsame psychische Belastung, mit der das Waisenkind rechnen muß, ist ein tiefsitzender Hang zum Tod. Zur archetypischen Vorstellung vom Waisenkind gehört auch die Verbindung zwischen Leben und Tod. Das Waisenkind hat die Erfahrung des Todes überlebt, ist aber durch starke Bande der Zuneigung und der Loyalität an seine Mutter «in der anderen Welt» gefesselt. Die tote Mutter übt eine tiefgründige Anziehung auf ihr Waisenkind aus, und die Abwesenheit oder der Tod der Mutter nimmt den Tod des Kindes vorweg. Tatsächlich kann ein Teil der ungeborenen Psyche mit der Mutter sterben und nie zur Welt kommen. Man spürt, daß einem etwas fehlt, daß man etwas im Mutterleib zurückgelassen hat.

Da das Waisenkind die gemeinsame Todeserfahrung durchlebt, selbst aber wieder ins Leben zurückgefunden hat, kann es sich für einen besonderen Liebling der Götter halten. Da jemand oder etwas sein Leben geschont hat, muß es sich als etwas ganz Besonderes empfinden, um diese Gunst verdient zu haben. Aus dieser übersteigerten Selbsteinschätzung entstehen oft ausgewachsene Grandiositätsgefühle und Symptome von Narzißmus und Egozentrik. Umgekehrt kann sich genausoleicht eine negative Übersteigerung entwickeln, die in Gestalt des «heldenhaft Leidenden» mit einem Minderwertigkeitskomplex auftritt. Schuldgefühle und das Gefühl, nichts wert zu sein, sind die Grundelemente bei so einem Minderwertigkeitskomplex.

Der Hang zum Tod stellt für das Waisenkind eine große Verlockung dar. Ihm entspricht die Anziehungskraft des großen Unbewußten. Man fürchtet sich davor, und ist doch zugleich ganz gefangen davon. Man rationalisiert: «Wenn meine [Mutter] es tat, warum kann ich es dann nicht?» Auf einer gewissen Ebene erfährt man diese Spannung zwischen Leben und Tod immer dann, wenn man sich auf der Schwelle zur Wiedergeburt oder zu einer schöpferischen Tat befindet. Der Drang, die Aufgabe abzulehnen und den derzeitigen Zustand nicht zu verlassen, ist ein allgegenwärtiges Dilemma. Für das Waisenkind ist der unvermeidlich chaotische Zustand vor jeder neuen Geburt eine schmerzliche Erinnerung an seine erste traumatische Erfahrung von Chaos. Weil sein neues Leben bei der Geburt abgeschnitten wurde, kann sich das Waisenkind vom Leben abwenden. Es kann aber auch in einen Zustand der Abhängigkeit geraten, sobald es am Rande des Unbekannten steht. Ohne eine bewußte Verbindung zu dieser Erfahrung von Angst und ohne ein Wissen um deren Ursache kann es in diesem wichtigen Augenblick des Übergangs leicht steckenbleiben und nicht darüber hinausgelangen.

Eine andere Todeserfahrung, die dem Waisenkind begegnet, ist das «Syndrom der Wiederkehr». Im Waisenkind besteht eine starke Tendenz, sein Kindheitstrauma zu einer bestimmten Zeit noch einmal zu erleben, etwa wenn es genauso alt ist wie die Mutter, als sie starb, oder wenn die Tochter des Waisenkinds ein Kind zur Welt bringt.

Ein gutes Beispiel für dieses Phänomen findet sich in einem Artikel von Marie Bonaparte – Patientin, Freundin und Kollegin Sigmund Freuds – über ihre Identifikation mit der toten Mutter. Als Marie einen Monat alt war, starb ihre Mutter an Tuberkulose. Mit vier Jahren erkrankte auch Marie an Tuberkulose, und man befürchtete, daß sie die Nacht nicht überleben würde. Sie erholte sich zwar völlig von dieser Krankheit, aber ein paar Jahre, bevor sie 21 wurde – so alt war ihre Mutter, als sie starb –, traten erneut entsprechende Symptome auf. Obwohl alle ihr versicherten, daß sie gesund sei, war sie überzeugt, noch immer Tuberkulose zu haben, suchte einen Arzt nach dem anderen auf und verordnete sich schließlich selbst absolute Ruhe. Kurz nach ihrem 21. Geburtstag fühlte sie sich völlig geheilt. Eine weitere interessante Einzelheit in diesem Zusammenhang: Marie besaß einen Opalring, den ihre Mutter gekauft hatte, als sie jung verheiratet war, und Marie hielt das für ein schlechtes Omen, das ihren bevorstehenden Tod ankündigte. Als Marie schwanger war, suchte sie diesen Ring, aber er war auf mysteriöse Weise verschwunden. Nachdem sie sich entschieden hatte, keine Kinder mehr zu bekommen, fand sie den Ring wie durch ein Wunder in einer Schublade ihrer Frisierkommode. Sie erkannte nicht, daß diese Ereignisse in ihrem Leben mit der unbewußten Identifikation mit dem Tod ihrer Mutter in Beziehung standen, bis dieser Zusammenhang durch ihre Analyse bei Freud aufgedeckt wurde. Später hat sie über ihre Phobien und Visionen geschrieben und über das Gefühl, während ihrer Kindheit voller Schuldbewußtsein und Vergeltungsangst gelebt zu haben – weil sie den Tod ihrer Mutter verursacht hätte.

Nach einem Trauma oder einer tiefen Verletzung bemüht sich die Psyche in einem kompensatorischen Akt, wieder ein Gleichgewicht herzustellen. Wenn es zu einem Verlust oder einer Leere kommt, wird die Natur versuchen, die Lücke zu füllen. Wenn – wie im Falle eines Waisenkindes – eine so wichtige Person wie die Mutter verloren wird oder nicht da ist, findet sich gewöhnlich eine Ersatzmutter. Nach dem allerersten Trauma, das der Tod der richtigen Mutter darstellt, ist dies oft die zweite überaus schwierige Bewährungsprobe für das Waisenkind.

Wenn das Waisenkind sich der dunklen Aspekte seines Schicksals nicht völlig bewußt ist oder sie verarbeitet hat, werden gewöhnlich die unbewußten Aspekte projiziert. Dann muß die Ersatzmutter die dunkle Seite des Archetypus repräsentieren, ganz gleich, ob es ihr «paßt» oder nicht. Da die richtige Mutter nicht da ist, gibt das Waisenkind sich häufig der Phantasievorstellung hin, daß diese Mutter die vollkommene, ideale, alles gebende Mutter gewesen sein muß. Der lebenden «Mutter» bleibt nichts anderes übrig, als den Gegenpart, die dunkle und dämonische Seite zu übernehmen. Da die Stiefmutter nicht die «richtige Mutter» und das Stiefkind nicht ihr «richtiges Kind» ist, müssen beide mit der «zweitbesten» Psychologie in dieser dualen Mutter-Kind-Konstellation vorliebnehmen.

Eine 1980 von John Birtchnell in England durchgeführte Untersuchung über den Zusammenhang von frühem Elterntod und Geisteskrankheit brachte etwas Interessantes hinsichtlich der negativen Ersatzmutter zutage. Es stellte sich nämlich heraus, daß nicht der frühe Elterntod eine spätere psychische Störung prädisponierte, sondern vielmehr war die Ersatzmutter der kritische Faktor im Hinblick auf die künftige psychische Verfassung. Die Umstände, unter denen das Waisenkind nach dem Todesfall aufwächst, wirken sich nachhaltig auf sein psychisches Wohlergehen aus. Wenn man bewußt mit den unvermeidlich auftauchenden

Problemen und Gefühlen umgeht und darüber spricht, kann das Kind diese Erfahrung leichter verarbeiten.

Einstellung und Verhalten des überlebenden Elternteils besitzen wesentlichen Einfluß auf die Fähigkeit des Waisenkindes, den Verlust und seine Trauergefühle zu verarbeiten. Wenn das Kind gezwungen ist, die Rolle der verlorenen Frau und Mutter zu leben, wird es den Kontakt zu seiner Kindheit und zu seinem angemessenen Platz in der Familie verlieren. Wenn der überlebende Elternteil emotional abhängig wird von ihm, muß das Waisenkind neben allen anderen Problemen auch noch mit der Schwierigkeit fertigwerden, sich von diesem Elternteil auf normale Weise trennen zu können, wenn die Zeit gekommen ist, daß es von zu Hause fortgeht.

Wer eine Ersatzmutter statt der leiblichen Mutter hat, wird erleben, wie der im Schicksal des Waisenkinds implizierte Archetypus der dualen Mutter auftaucht. In diesem Archetypus gibt es zwei stark ausgeprägte Gegensätze, die man «negative Stiefmutter-Hexe» und «positiver Mutter-Geist» nennen kann. Die negative Stiefmutter kann sich potentiell destruktiv auf das Waisenkind auswirken, der positive Muttergeist potentiell heilsam.

Es gibt ein bekanntes Märchen um dieses Gegensatzpaar der negativen Stiefmutter und der Fee als Patin der Heldin. Ihr Umgang mit beiden Müttern ist der Auslöser für eine glückliche Zukunft. Es handelt sich um das Märchen von Aschenputtel. Da dieses Märchen bestens bekannt ist, beschränke ich mich auf den Teil der Geschichte, wo der Auftritt der Fee den Weg für Aschenputtels Verwandlung ebnet, nämlich von der Dienerin in eine wunderschöne Frau, die zum Ball geht und dem Prinzen begegnet.

Im 17. und 18. Jahrhundert entstand in Schottland, China, Deutschland und Italien eine ganze Reihe von Geschichten, die sich um das Grundthema des Aschenputtel-Märchens drehten. Allerdings gibt es darin einige interessante Variationen des Motivs der Fee-Patin.

In einer Fassung war die Mutter von Aschenputtel – oder Rashin Coatie, wie sie hier hieß – gestorben und hinterließ der Tochter ein rotes Kälbchen, daß ihr alles gab, was sie sich wünschte. Als ihre böse Stiefmutter dahinterkam, ließ diese das Kälbchen schlachten. Aber das rote Kälbchen sprach zu ihr: «Lies mich auf, Bein für Bein, und leg mich unter den grauen Stein.» In diesem roten Kälbchen wohnte der Geist ihrer Mutter, und von ihm empfing sie auch ihre schönen Kleider für den Ball.

In einer anderen Fassung blieb Aschenputtel dem Andenken an seine tote Mutter treu. Der Vater gab ihm einen Haselnußzweig, den das Mädchen aufs Grab seiner Mutter pflanzte. Als ein großer Baum daraus wuchs, ließ sich ein Vogel darauf nieder und erfüllte ihm jeden Wunsch. In einer weiteren Fassung pflanzte Aschenputtel ein Buchenreis ein, das der Vater mitgebracht hatte. Nach vier Tagen war es so groß wie eine Frau, und in diesem Baum befand sich eine Fee, die ihm alle Wünsche erfüllte.

Nach einer chinesischen Version fing Aschenputtel einen zahmen Fisch, der zehn Fuß lang wurde. Der Fisch legte gern seinen Kopf neben dem Mädchen aufs Ufer. Als die Stiefmutter dahinterkam, tötete sie den Fisch und aß ihn auf. Da kam ein Mann aus dem Himmel und sagte Aschenputtel, daß die Gräten des Fisches unter dem Misthaufen begraben seien, und wenn es sie einsammelte und in seinem Zimmer aufbewahrte, müsse es nur zu ihnen beten, um alles zu bekommen, was es sich wünschte.

In diesen Versionen des Aschenputtel-Märchens stellen die wohltätigen Wesen den numinosen Geist der richtigen Mutter dar, aber auch die Instinkte. Wer eine enge Beziehung zu seinen Instinkten entwickelt, hat auch eine gute Beziehung zur Erde und zur Mutter, die sie repräsentieren. Die Tiere vermitteln Aschenputtel eine lebendige Verbindung zu den nährenden Aspekten der Großen Mutter, die sie aus ihrer untergeordneten Existenz und aus den Fängen der Schrecklichen Mutter zu befreien vermag. Dann kann sie die Prinzessin werden. Ein weiteres Beispiel für dieses Phänomen taucht auch in den zuvor erwähnten Heldenmythen auf. In vielen dieser Sagen kümmern sich Tiere und «Menschen der Erde» (Bauern, Gärtner usw.) um das Wohlergehen des Heldensäuglings.

Die Unterstützung des Unbewußten und, wie in diesem Beispiel, die Verbindung zum positiven Mutter-Geist spielen eine wichtige Rolle bei der Heilung der Wunden des Waisenkindes. Der Mutter-Geist kommt dann, wenn man offen und bereit ist für sein Einwirken.

Das Grundthema von Paracelsus, dem alchimistischen Philosophen und Pionier der empirischen Psychologie, war der Gegensatz zwischen der eigenen authentischen Erfahrung von Natur und der Autorität der Überlieferung. Paracelsus' Mutter starb, als er noch ganz klein war, und es heißt, dieser Verlust habe in ihm ein großes, unstillbares Verlangen ausgelöst. Jung hat geschrieben, daß Paracelsus ganz auf sich allein gestellt war und sein Wissen von dem angeborenen Geist, dem *lumen naturae,* dem «Licht der Natur», bezogen habe. So wie es sich auf natürliche Weise in Tieren zeigt, wohnt es auch dem Menschen inne, mit dem es in die Welt kam. Paracelsus meinte, daß es der «Mentor des Menschen» sei, und «wenn die Menschen auch sterben, wird der Mentor weiterhin lehren».

Damit das Waisenkind Kontakt zu diesem inneren Licht aufnehmen und eine bewußte Beziehung zu seinem individuellen Schicksal herstellen kann, muß es zuerst von der alles verzehrenden Identifikation mit diesem Schicksal befreit werden. Es muß sich als ein selbständiges, autonomes Wesen erfahren. Und um sich die Bedeutung seines Mythos einzuverleiben und aus seiner traumatischen Erfahrung das Beste zu machen, muß sich das Waisenkind den aus seinen Schwächen resultierenden Gefühlen überlassen und jene Komplexe verstehen, die ihm aus seinem ursprünglichen Verlust erwachsen sind. Es muß sich ganz der Trauer um das geliebte Wesen hingeben.

Das Waisenkind sollte sein Dasein annehmen und seine Bedürfnisse nicht verleugnen. Wenn es mit seinem Dasein in Einklang kommen will, darf es nicht vor dem Schmerz zurückschrecken, der mit dem Nacherleben seines Schicksals und dessen Auswirkungen auf es verbunden ist. Indem es sich ganz seinem Zorn, seiner Qual und seiner Trauer überläßt, beginnt es, seine Erwartungen aufzugeben, die es nur abhängig machen – und damit beginnt es auch, mehr Selbstverantwortung zu übernehmen. Wenn man sich vornimmt, sein eigenes Leben zu leben, wird man eher seinen tiefen Groll darüber verlieren, daß man nicht bekommt, was andere Menschen haben und was man zu vermissen meint. Diese heroische Aufgabe steigert die Fähigkeit des Waisenkindes, sich an die positive Quelle des Lebens zu halten, statt wieder in den Abgrund zu fallen und dem dunklen Zug der Unterwelt nachzugeben. Je mehr es ins Leben tritt, desto mehr befreit es sich aus dem Zugriff des Todes.

Am besten kann das Waisenkind sein Dilemma durch die Wiedervereinigung mit der leiblichen Mutter an ihrem archetypischen

Ursprung lösen. Wenn man sich mit dem Unbewußten verbindet, gelangt man zu dem ersehnten mütterlichen Quell. Die Personifikation der Großen Mutter ist der nährende Aspekt des Unbewußten, und mit diesem Aspekt kann man auf vielerlei Weise in Kontakt treten – zum Beispiel indem man Gedichte schreibt, künstlerisch tätig ist oder seine Einbildungskraft aktiv auf das einstimmt, was für die inneren Quellen des Wohlbefindens und der Fürsorge steht. Auf diese Weise aktiviert man eine wechselseitige Verbindung zwischen dem Ich und dem Unbewußten. Ohne die Unterstützung durch das Unbewußte wird sich das Ich verwaist und vom Selbst verlassen fühlen, und ohne das Zutun des Ich wird sich auch das Selbst vom Ich verlassen fühlen. Wenn man sich aus seiner Identifikation mit seinem Schicksal als Waisenkind zu lösen beginnt, kann man einen Begriff von dem «Inneren Waisenkind» in sich selbst bekommen, das die Fürsorge und den Schutz des Ich braucht. Das Waisenkind muß sein «inneres Waisenkind» vor äußeren Forderungen in Schutz nehmen und seine individuelle Autonomie und Unabhängigkeit entwickeln, wie sie ihm aufgrund seiner Verwaistheit auch zustehen. Erst wenn man wirklich allein ist, hat das kreative Potential, das tief in uns steckt, so viel Raum, daß es ins Licht des Tages treten kann.

Ich bin meiner Identität als Waisenkind nicht entkommen. In meinem Leben spielt sie auch weiterhin eine dramatische Rolle. Als ich 35 war, so alt wie meine Mutter, als sie starb, wurde ich sehr krank. Als mein eigener Sohn geboren wurde, erkrankte mein Mann schwer, und wir mußten damit rechnen, ihn zu verlieren. In Zeiten großer Not habe ich immer meine Mutter in mir gespürt. Dank ihrer Gegenwart konnte ich weiterleben.

Das Behältnis, in dem viele der legendären Helden-Waisen ausgesetzt wurden, erschien mir in einem Traum.

Ich befand mich in meinem Kinderzimmer, schaute mir einen Kunstbildband an und stieß plötzlich auf das Bild einer wunderschön geschnitzten, eiförmigen hölzernen Wiege. Sie hatte hölzerne Jalousien, die dicht nebeneinanderlagen, und wenn sie geschlossen waren, war das Baby darin geborgen. Der Titel des Bildes lautete «Wiege für einen todkranken Säugling».

Kurz nach diesem Traum kam mir ein tiefer und heilsamer Gedanke. Meine Schuldgefühle über den Tod meiner Mutter und mein Zorn darüber, daß sie mich verlassen hatte, waren unauflöslich miteinander verknüpft und bewirkten, daß ich mir unzulänglich und wertlos vorkam. Nun aber sah ich das in einem völlig anderen Licht. Ich sah mich selbst als Samen, der im Raum schwebte und darauf wartete, geboren zu werden. Die Götter, die um den bevorstehenden Tod meiner Mutter wußten, hielten nach einem Samen Ausschau, der in der Lage und es wert war zu überleben, wenn sie starb. Und die Götter erwählten *mich*!

8

Marion Woodman

Das Seelenkind

Dies ist ein leidenschaftliches Plädoyer für das Innere «verlassene Kind»: «Jenes Kind, das unsere wahre Seele ist, schreit unter dem ganzen Schutt unseres Lebens auf, oft aus dem innersten Kern unseres schlimmsten Komplexes, und fleht uns an zu sagen: ‹Du bist nicht allein. Ich liebe dich.›» Die kanadische jungianische Analytikerin Marion Woodman hat eine ganz besondere Art, mit Worten umzugehen. Sie entströmen ihr und gewähren erstaunlich viel Hilfe all denen, die nach psychologischen Einsichten verlangen und das große Glück gehabt haben, mit ihrer Arbeit in Berührung zu kommen. Ihre Bücher und Artikel vermitteln uns höchst aufschlußreiche Erkenntnisse über unser gegenwärtiges Leben.

Ich habe festgestellt, daß die Menschen dazu neigen, das Schema ihrer eigenen Geburt immer dann zu wiederholen, wenn es das Leben erforderlich macht, daß sie sich auf eine neue Bewußtseinsebene begeben. So wie sie auf die Welt gekommen sind, werden sie an jeder neuen Windung der Spirale ihrer Entwicklung wieder geboren. War ihre Geburt zum Beispiel einfach, packen sie im allgemeinen derartige Übergänge mutig und mit natürlichem Selbstvertrauen an. War ihre Geburt dagegen schwierig, sind sie äußerst ängstlich, neigen zu Erstickungsanfällen und Klaustrophobie (psychisch wie physisch). Als Frühgeburt sind sie auch sonst immer ein wenig zu früh dran. Wurden sie zu lange ausgetragen, kann sich der Prozeß ihrer Wiedergeburt hinziehen. Als Steißgeburt gehen sie im allgemeinen «ärschlings» durchs Leben. Kamen sie per Kaiserschnitt zur Welt, scheuen sie vielleicht Konfrontationen. Wenn ihre Mutter stark drogenabhängig war, können sie bis zur Pubertät ganz energiegeladen sein, um dann plötzlich und scheinbar grundlos in ihrer Entwicklung stehenzubleiben oder zu regredieren und zu erwarten, daß jemand anderer etwas tut. Oft ist dies der Punkt, an dem Abhängigkeiten wiederauftauchen: Freß- oder Magersucht, Trunksucht, Schlafsucht, Überarbeitung – irgend etwas, das einen daran hindert, sich den Herausforderungen des Lebens zu stellen.

Viele entzückende Babys erscheinen in Träumen – aber auch genauso viele kleine Tyrannen, die einer gleichermaßen festen wie liebevollen Disziplin bedürfen. Doch jedes Kind ist deutlich anders als alle anderen. Da ist das verlassene Kind, das im Schilf, in einem Heuschober, in einem Baum ausgesetzt wird – fast immer jedenfalls an irgendeinem gottverlassenen, abgelegenen Ort. Dieses Kind wird strahlen, robust, intelligent, sensibel sein. Oft spricht es schon sehr früh. Es ist präsent. Es ist das Göttliche Kind, das die «harte und bittere Agonie» der neuen Ära mitbringt. Bei seiner Geburt müssen die alten Götter abtreten.

Da die Psyche natürlicherweise auf Ganzheit ausgerichtet ist, wird das Selbst versuchen, auf den vernachlässigten Teil aufmerksam zu machen. Er enthält Energie von höchstem Wert – das Gold im Misthaufen. In der Bibel ist von dem zurückgewiesenen Stein die Rede, der zum Eckstein wird.[1] Er manifestiert sich entweder in einer plötzlichen oder unmerklichen Veränderung der Persönlichkeit oder umgekehrt in einer fanatischen Abwehrhaltung, die das existierende Ich einnimmt, um die neue und bedrohliche Energie nicht zur Geltung kommen zu lassen. Wenn es dem Ich nicht gelingt, die psychischen Geburtswege zu passieren, stellen sich physisch wie psychisch neurotische Symptome ein. Das Leiden mag dann zwar sehr heftig sein, aber es beruht auf der Anbetung falscher Götter. Es ist nicht das natürliche Leiden, das die Bemühungen begleitet, das neue Leben «zur Welt zu bringen». Der Neurotiker hinkt immer hinter seiner eigentlichen Realität her. Wenn er reif werden sollte, gibt er sich jugendlichen Torheiten hin. Da er nie mit sich oder anderen eins ist, ist er auch nie dort, wo er zu sein scheint. Er kann einfach nicht im *Jetzt* leben.

Viele Menschen zieht es schon im Alltag zur Ganzheit hin, aber da sie nichts von Initiationsriten wissen, verstehen sie nicht, was mit ihnen geschieht. Den ganzen Tag laufen sie mit einem fröhlichen Gesicht herum, doch wenn sie zu Hause sind, weinen sie die ganze Nacht. Vielleicht ist der Mensch, den sie lieben, ihnen davongelaufen; vielleicht versuchen sie, mit einer schweren Krankheit fertigzuwerden; vielleicht ist ihnen ein geliebter Mensch gestorben. Vielleicht – und das ist am schlimmsten – geht in ihrem Leben alles schief, ohne ersichtlichen Grund. Wenn sie sich keine Transformation vorstellen können, kommen sie sich selbst als Opfer vor und stehen einem überwältigenden Schicksal ohnmächtig gegenüber. Ihr sinnloses Leiden treibt sie dazu, Zuflucht bei Essen, Alkohol, Drogen, Sex zu suchen. Oder sie wenden sich verzweifelt an die Götter: «Warum gerade ich?»

Dabei ist auch ihnen die Möglichkeit der Wiedergeburt in ein anderes Leben gegeben. Durch Mißerfolge, Krankheitssymptome, Minderwertigkeitsgefühle und schier unlösbare Probleme werden sie dazu gebracht, auf überflüssige Dinge im Leben zu verzichten. Die Möglichkeit der Wiedergeburt stellt sich ein mit dem Zusammenbruch dessen, was ihr vorausgeht. Daher hat Jung auch den positiven Aspekt der Neurose hervorgehoben.[2] Aber weil sie davon keine Ahnung haben, klammern sich die Menschen an das Vertraute, weigern sich, die nötigen Opfer zu bringen, und stehen ihrer eigenen Entwicklung im Wege. Da sie nicht imstande sind, ihr gewohntes Leben aufzugeben, können sie auch kein neues Leben empfangen.

Wenn kulturelle Rituale den Sprung von einer Bewußtseinsebene zur anderen nicht unterstützen, fehlt der Raum, in dem dieser Prozeß stattfinden kann. Ohne eine mythische oder religiöse Anschauung, ohne ein Verständnis der Beziehung zwischen Vernichtung und Schöpfung und Wiedergeburt muß der einzelne ganz allein die Geheimnisse des Lebens als sinnloses Chaos hinnehmen. Um dieses sinnlose Leiden zu lindern, können sich Suchtabhängigkeiten entwickeln – sie sind ein Versuch, die verwirrenden Anforderungen des Entwicklungsprozesses zu verdrängen, die die kulturbedingten Strukturen nicht mehr enthalten oder zumindest erklären.

Wenn jemand mit der Analyse beginnt, drängt sich ihm zunächst die Frage auf: «Wer bin ich?» Doch sobald starke Gefühle dabei auftreten, stellt sich oft sofort auch das Problem einer Spaltung von Psyche und Soma ein. Während Frauen im allgemeinen eher über ihren Körper reden als Männer, haben beide Geschlechter in unserer Kultur ein viel zu distanziertes Verhältnis zu ihrem eigenen Körper. Frauen sagen: «Ich mag diesen Körper nicht», Männer: «Es tut mir weh.» Daß Männer in der dritten Person Neutrum von ihrem Körper sprechen, macht ziemlich deutlich, wie fremd er ihnen ist. Sie können über «mein Herz», «meine Nieren», «meine Füße» reden, aber ihr Körper als Ganzes ist etwas Unpersönliches. Immer wieder hört man sie sagen: «Von meinem Hals abwärts spüre ich nichts. Ich empfinde etwas in meinem Kopf, aber nichts in meinem Herzen.» Die Spaltung spiegelt sich auch darin wider, daß sie auf ein starkes Traumbild nicht emotional reagieren. Doch wenn sie sich in ihrer Phantasie aktiv mit dieser Traumvorstellung in ihrem Körper beschäftigen, löst der verdrängte Kummer Muskelimpulse aus. Der Körper muß sozusagen als Sündenbock herhalten. Ist der Betreffende ängstlich, dann ist der Körper ausgehungert oder satt, voller Drogen und Gifte, er muß sich erbrechen und wird bis zur Erschöpfung oder zu wahnwitzigen Abwehrreaktionen gegen seine Selbstzerstörung getrieben. Doch wenn dieser herrliche Leib Warnsignale auszusenden versucht, wird er mit Tabletten zum Schweigen gebracht.

Viele Menschen können mehr Verständnis für ihre Katze aufbringen als für ihren eigenen verachteten Körper. Weil sie sich so liebevoll um ihr Haustier kümmern, erwidert es ihre Liebe. Ihr Körper hingegen muß sich schon alarmierend äußern, wenn er überhaupt Beachtung finden will. Ehe es zu manifesten Symptomen kommt, meldet er sich mit Traumsignalen: einem verlassenen kleinen Elefanten, einem hungernden Kätzchen, einem Hündchen, das ein Bein verloren hat. Fast immer versucht das verletzte Wesen mehr oder weniger sanft die Aufmerksamkeit des Träumenden auf sich zu lenken. In Märchen wird der Held oder die Heldin oft von einem zahmen Tier zu seinem Ziel gebracht – das Tier ist der Instinkt, der weiß, wie man der Göttin zu gehorchen hat, wenn der Verstand versagt.

Möglicherweise ist der Schrei, den der verlassene Körper ausstößt und der sich in einem Symptom äußert, der Schrei der Seele, die sich auf keine andere Weise verständlich machen kann. Wenn wir unser Leben lang hinter einer Maske gelebt haben, dann wird diese Maske – wenn wir Glück haben – früher oder später zerbrechen. Dann werden wir uns im Spiegel ansehen müssen, wie wir wirklich sind. Vielleicht werden wir entsetzt sein darüber. Vielleicht werden wir dann in die entsetzten Augen unseres eigenen kleinen Kindes sehen, jenes Kindes, das Liebe nie erfahren hat und uns nun anfleht, sie ihm zu geben. Dieses Kind ist allein – verlassen, noch bevor wir den Leib unserer Mutter verlassen oder versucht haben, unseren Eltern zu gefallen, und lernten, uns zu verstellen, um akzeptiert zu werden. Im Laufe des Lebens werden wir vielleicht weiterhin unser Kind verlassen, indem wir anderen zu gefallen suchen – Lehrern, Professoren, Chefs, Freunden und Partnern, sogar Psychoanalytikern. Jenes Kind, das unsere wahre *Seele* ist, schreit unter dem ganzen Schutt unseres Lebens auf, oft aus dem innersten Kern unseres schlimmsten Komplexes, und fleht uns an zu sagen: «Du bist nicht allein. Ich liebe dich.»

Der folgende Kindheitstraum hat eine 50jährige Frau immer wieder so lange heimgesucht, bis sie ihn in der Analyse durchgearbeitet hat:

Ich bin vier oder fünf Jahre alt. Ich bin mit meiner Mutter in einem Gebäude voller Menschen, vermutlich einem Kaufhaus.

Meine Mutter trägt dunkle Kleidung, einen Mantel und einen Hut in Braun oder Schwarz, und die ganze Zeit sehe ich sie nur von hinten. Als wir das Gebäude verlassen, werde ich von der Menge aufgehalten, aber meine Mutter, die das nicht mitbekommt, geht weiter und verschwindet in den Menschenmassen. Ich rufe ihr nach, aber sie hört mich nicht – niemand hört mich. Ich bin sehr verängstigt, und zwar nicht nur weil ich verlassen bin, sondern weil meine Mutter nicht mitbekommen hat, daß wir getrennt worden sind.

Als ich aus dem Gebäude trete, gelange ich auf eine große Freitreppe, etwa so wie die vor der National Gallery in London, nur höher. Die Treppe führt auf einen großen Platz hinunter, auf dem sich nichts weiter befindet, doch von dem ähnliche Treppen zu Gebäuden auf den anderen Seiten hochgehen. Der Platz, die Treppen und die Gebäude sind sehr sauber und weiß. Von meinem Aussichtspunkt aus schaue ich mich auf dem Platz um, in der Hoffnung, meine Mutter zu entdecken. Doch sie ist nirgendwo zu sehen. Ich bin ganz allein auf der Treppe. Auf dem Platz befinden sich andere Menschen, doch sie bemerken mich nicht. Ich weiß, daß ich tun kann, was ich will – nichts wird sie auf mich aufmerksam machen.

Ich bin in Panik und überwältigt und von einem Gefühl des Verlusts und der Verlassenheit. Es ist, als ob ich aufgehört hätte, für meine Mutter zu existieren, als ob sie gar nicht daran denken würde, zu mir zurückzukehren, mich vielleicht sogar vergessen hat – ja, als ob überhaupt niemand merkt, daß ich existiere. Zur gleichen Zeit bin ich einen Augenblick lang ein erwachsener Beobachter auf der anderen Seite des Platzes und sehe, wie das kleine Kind allein oben auf der Treppe steht und nach jemandem zu rufen versucht. Ich bin auch diese erwachsene Frau, die ungeheures Mitleid mit dem kleinen Mädchen empfindet, es so gern trösten und beruhigen möchte, es aber nicht erreicht. Etwas – die Ahnungslosigkeit der anderen Leute oder die panische Angst des Kindes – verhindert die Verständigung zwischen dem Kind und der Erwachsenen, die sich Sorgen macht und voller Verständnis ist.

Die Frau assoziierte diesen Traum mit Edvard Munchs Gemälde *Der Schrei*, das in ihr eine ähnliche panische Angst hervorrief. «Der Hintergrund des Bildes ist düster und verschwommen», sagte sie, «während die Szene in meinem Traum ganz klar, weiß und scharf umrissen ist, gesprenkelt mit dunklen, schlecht zu erkennenden, aber genauso scharf umrissenen Gestalten. Der Schreiende versucht, seiner Umgebung zu entfliehen – das Mädchen auf der Treppe versucht, zu seiner Umgebung Kontakt aufzunehmen.» Viele Männer und Frauen sind in einem Leben voll stiller Verzweiflung gefangen, bis sie bereit sind, diesem Kind in sich zu helfen.

9

M. Scott Peck

Liebe und die Angst, verlassen zu werden

*Dieser Beitrag befaßt sich mit dem Wesen der zerstörerischen Liebe,
die Angst und Unsicherheit in der Gefühlswelt des Kindes auslöst
und einen großen Verlust für das Kind im Erwachsenen bedeutet.
«Für das Kind», sagt der Psychiater Peck, «kommt es dem Tod
gleich, wenn es von seinen Eltern verlassen wird.» Er legt dar, daß
die Drohung der Eltern, das Kind zu verlassen, ein liebevolles
Verhältnis zugunsten der Kontrolle über das Kind opfert. Es ist eine
der schlimmsten, grausamsten Interaktionen zwischen Eltern und
Kind, die zu Existenzangst und einem schwachen Selbstkonzept
führt und sich verheerend auf das Innere Kind auswirkt.*

Es ist keineswegs so, daß undisziplinierte Kinder zu Hause keine
Disziplin von seiten der Eltern erfahren. Im Gegenteil: Diese
Kinder werden während ihrer ganzen Kindheit wiederholt hart
bestraft – sie werden von ihren Eltern schon wegen geringer
Vergehen geohrfeigt, geknufft, getreten, geschlagen und ausge-
peitscht. Aber diese Disziplin ist sinnlos, weil sie eine undisziplinierte Disziplin ist. Das liegt vor allem daran, daß die Eltern selbst
undiszipliniert sind und daher für ihre Kinder undisziplinierte
Rollenmodelle verkörpern. Sie agieren als Eltern nach dem
Motto: «Tu, was ich dir sage, nicht, was ich tue.» Sie betrinken sich
vielleicht oft in Gegenwart ihrer Kinder. Unbeherrscht und wür-
delos streiten sie sich vor ihnen. Vielleicht sind sie auch schlampig
und machen Versprechen, die sie nicht halten. Ihr eigenes Leben
ist immer wieder offenkundig nicht in Ordnung, und daher kommen ihre Versuche, das Leben ihrer Kinder zu ordnen, diesen
Kindern ziemlich sinnlos vor.

Wenn der Vater die Mutter regelmäßig verprügelt, muß es dann einem Jungen nicht sinnlos vorkommen, wenn seine Mutter ihn verprügelt, weil er seine Schwester verprügelt hat? Hat es für ihn einen Sinn, wenn man ihm sagt, er müsse lernen, sein Temperament zu zügeln? Da wir nicht die Möglichkeit des Vergleichs haben, wenn wir klein sind, sind unsere Eltern in unseren Kinderaugen gottähnliche Gestalten. Wenn die Eltern etwas auf eine bestimmte Art und Weise tun, dann ist es für das kleine Kind eben die Art und Weise, wie man das tun muß. Wenn ein Kind sieht, wie seine Eltern sich tagtäglich diszipliniert, beherrscht und würdig verhalten und ihr Leben zu ordnen verstehen, dann wird das Kind im tiefsten Grund seines Wesens das Gefühl haben, daß dies die richtige Art zu leben ist. Und wenn ein Kind sieht, wie seine Eltern sich tagtäglich unbeherrscht und undiszipliniert gehenlassen, dann wird es eben im tiefsten Grund seines Wesens das Gefühl haben, daß *dies* die richtige Art zu leben ist.

Doch wichtiger noch als solche Rollenmodelle ist die Liebe. Denn selbst in einem chaotischen und unordentlichen Elternhaus gibt es zuweilen Liebe, und aus einem solchen Elternhaus können auch disziplinierte Kinder kommen. Und gar nicht einmal so selten gibt es Eltern aus gehobenen Schichten – Ärzte, Anwälte, Frauen, die sich sozial engagieren –, die ein überaus ordentliches und hochanständiges Leben führen, aber keine Liebe geben können, und diese Eltern setzen Kinder in die Welt, die genauso undiszipliniert und unordentlich sind, wie es Kinder aus einem heruntergekommenen und chaotischen Elternhaus sein können.

Am Ende ist die Liebe eben doch alles ...

Wenn wir etwas lieben, ist es uns etwas wert, und wenn etwas wertvoll ist für uns, verbringen wir viel Zeit damit, genießen es und kümmern uns darum. Man schaue sich nur einmal einen jungen Mann an, der sein Auto liebt, und stelle fest, wieviel Zeit er damit verbringt, es zu bewundern, zu polieren, zu reparieren, zu tunen. Oder man achte darauf, wie ein älterer Mensch, der seinen Rosengarten liebt, seine Zeit mit Schneiden und Mulchen und Düngen verbringt und das Ergebnis liebevoll betrachtet. Genauso verhält es sich, wenn wir Kinder lieben: Wir verbringen unsere Zeit damit, uns an ihnen zu freuen und für sie zu sorgen. Wir schenken ihnen unsere Zeit.

Gute Disziplin erfordert Zeit. Wenn wir keine Zeit haben, die wir unseren Kindern schenken können oder wollen, sehen wir sie uns nicht einmal genau genug an, um feststellen zu können, wann sie unseren disziplinierenden Beistand brauchen und dies auf subtile Weise zum Ausdruck bringen. Wenn ihr Bedürfnis nach Disziplin so übermächtig wird, daß es uns zu Bewußtsein kommt, werden wir vielleicht noch immer dieses Bedürfnis mit der Begründung ignorieren, daß es einfacher ist, sie sich selbst zu überlassen – «Ich hab heute einfach keine Energie, mich mit ihnen abzugeben». Oder wenn wir uns schließlich angesichts ihrer Missetaten und aus Ärger darüber genötigt sehen zu handeln, werden wir sie oft brutal und eher aus Zorn statt nach reiflicher Überlegung an die Kandare nehmen – ohne uns auf das Problem einzulassen oder uns gar die Zeit zu nehmen, um zu überlegen, welche Art von Disziplin diesem speziellen Problem am ehesten angemessen wäre.

Eltern, die ihren Kindern sogar dann Zeit widmen, wenn es nicht gerade aufgrund von eklatanten Untaten erforderlich ist, werden an ihnen ein subtiles Bedürfnis nach Disziplin entdecken, auf das sie mit sanftem Druck oder Tadel oder mit ordnender Hand oder Lob reagieren, und zwar wohlüberlegt und fürsorglich. Sie achten darauf, wie ihre Kinder Kuchen essen, wie sie lernen, wann sie schwindeln, wann sie vor Problemen davonlaufen, statt sich ihnen zu stellen. Solche Eltern nehmen sich die Zeit, hier und da etwas zu korrigieren und in Ordnung zu bringen, hören ihren Kindern zu, reagieren auf sie, ziehen hier die Zügel etwas straffer und lockern sie da, sie bringen ihnen etwas bei, erzählen ihnen kleine Geschichten, nehmen sie in den Arm und geben ihnen einen zärtlichen Kuß, sie ermahnen sie und klopfen ihnen auch mal anerkennend auf die Schulter.

Daher ist die Disziplin, die liebevolle Eltern ausüben, allemal besser als die Disziplin, zu der lieblose Eltern greifen. Aber hier fängt es erst richtig an. Wenn sich liebevolle Eltern die Zeit nehmen, die Bedürfnisse ihrer Kinder wahrzunehmen und sich darüber Gedanken zu machen, werden sie sich häufig den Kopf darüber zerbrechen, welche Entscheidungen zu treffen sind, und sie werden buchstäblich zusammen mit ihren Kindern darunter leiden. Demgegenüber sind Kinder nicht blind. Sie nehmen es durchaus wahr, wenn ihre Eltern bereit sind, mit ihnen zu leiden, und wenn sie sich dafür auch nicht unmittelbar als dankbar erweisen, werden auch sie lernen, zu leiden. «Wenn meine Eltern bereit sind, mit mir zu leiden», sagen sie sich dann, «wird das Leiden schon nicht so schlimm sein, und ich sollte dazu bereit sein.» Dies ist der erste Schritt zur Selbstdisziplin.

Wieviel Zeit ihnen ihre Eltern widmen und wie wichtig ihnen diese Zeit ist, zeigt den Kindern, wie sehr ihre Eltern sie schätzen. Manche Eltern, die im Grunde lieblos sind, aber sich bemühen, diesen Mangel an Zuwendung zu verheimlichen, sagen ihren Kindern häufig, aber eher klischeehaft und mechanisch, wie gern sie sie doch haben und wie wichtig sie für sie sind, widmen ihnen aber nicht genug von ihrer kostbaren Zeit. Freilich fallen Kinder nie völlig auf solche hohlen Worte herein. Sie klammern sich vielleicht bewußt daran, weil sie geliebt werden möchten, aber unbewußt wissen sie, daß den guten Worten ihrer Eltern keine entsprechenden Taten folgen werden. Andererseits wissen Kinder, die wirklich geliebt werden, unbewußt, wie sehr sie geschätzt werden – selbst wenn sie sich in Augenblicken des Grollens und Schmollens bewußt vernachlässigt fühlen oder dies auch lauthals verkünden. Und dieses Wissen ist Gold wert. Denn wenn Kinder wissen, daß sie geschätzt werden, wenn sie sich in ihrem tiefsten Innern wirklich angenommen fühlen, dann empfinden sie sich auch als wertvoll.

Das Gefühl, einen Wert zu haben – «Ich bin ein wertvoller Mensch» –, ist überaus wichtig für die geistige Gesundheit und ein Eckpfeiler der Selbstdisziplin. Es ist ein direktes Ergebnis der elterlichen Liebe. Eine derartige Überzeugung muß man in der Kindheit gewinnen – für einen Erwachsenen ist dies außerordentlich schwer. Und umgekehrt gilt: Wenn Kinder durch die Liebe ihrer Eltern gelernt haben, sich für wertvoll zu halten, dann ist es fast unmöglich, diese Selbsteinschätzung durch die Wechselfälle des Erwachsenenlebens zu zerstören.

Dieses Gefühl, wertvoll zu sein, ist, wie gesagt, auch die Grundlage der Selbstdisziplin, weil jemand, der sich für wertvoll hält, immer, wenn es darauf ankommt, auf sich achten wird. Selbstdisziplin ist Selbstachtung. Betrachten wir das einmal genauer im Hinblick auf die Zeit.

Wenn wir uns für wertvoll halten, dann halten wir auch unsere Zeit für wertvoll, und wenn wir unsere Zeit für wertvoll halten, wollen wir sie auch gut verwenden. Eine Finanzberaterin, die ihre privaten Entscheidungen ständig hinauszögerte, schätzte ihre Zeit nicht richtig – sonst hätte sie sich nämlich nicht die meiste Zeit so unglücklich und unproduktiv herumhängen lassen. Es hatte eben Folgen für sie gehabt, daß sie während ihrer ganzen Kindheit in den Schulferien stets an Pflegeeltern «ausgeliehen» worden war – obwohl ihre Eltern sich sehr wohl hätten um sie kümmern können, wenn sie nur gewollt hätten. Sie schätzten sie nicht. Sie wollten sich nicht um sie kümmern. So wuchs sie mit dem Gefühl heran, nicht viel wert zu sein und daß es sich nicht lohnte, sich um sie zu kümmern – daher kümmerte sie sich auch nicht um sich selbst. Sie hatte nicht das Gefühl, daß es sich lohnte, sich selbst zu disziplinieren. Sie war zwar eine intelligente und kompetente Frau, mußte aber ganz von vorn anfangen zu lernen, was Selbstdisziplin ist, weil sie ihren eigenen Wert und den Wert ihrer Zeit einfach nicht realistisch einschätzen konnte. Sobald sie einmal imstande war zu erkennen, wie wertvoll ihre Zeit war, hatte das ganz natürlich zur Folge, daß sie sie einteilen und darauf achten und das Beste daraus machen wollte.

Wenn sie während ihrer ganzen Kindheit stets die Liebe und Fürsorge ihrer Eltern erfahren haben, werden derart glückliche Kinder ins Erwachsenenleben nicht nur mit einem tiefen inneren Gefühl ihres eigenen Wertes eintreten, sondern auch mit einem tiefen inneren Gefühl der Sicherheit. Alle Kinder haben Angst vor der Verlassenheit, und zwar mit gutem Grund. Diese Angst beginnt etwa im Alter von sechs Monaten, sobald das Kind in der Lage ist, sich selbst als Individuum wahrzunehmen, das getrennt ist von den Eltern. Denn mit dieser Wahrnehmung kommt auch die Erkenntnis, daß es als Individuum ziemlich hilflos, abhängig und total auf seine Eltern angewiesen ist, im Hinblick auf alle Formen von Nahrung und um weiterzuleben. Für das Kind kommt es dem Tod gleich, wenn es von seinen Eltern verlassen wird.

Die meisten Eltern, auch wenn sie noch so ungehobelt und herzlos sind, spüren instinktiv die Angst ihrer Kinder vor der Verlassenheit und werden daher ihren Kindern tagtäglich immer wieder versichern: «Du weißt doch, daß Mami und Papi dich nicht allein lassen werden» – «Natürlich werden Mami und Papi zurückkommen und dich holen» – «Mami und Papi werden dich bestimmt nicht vergessen». Wenn diesen Worten Taten folgen, Monat für Monat und Jahr für Jahr, dann wird das Kind im Laufe der Zeit die Angst vor der Verlassenheit verloren haben, und an deren Stelle wird das tief verankerte Gefühl treten, daß die Welt ein sicherer Ort ist und daß man dort Schutz genießt, wenn man seiner bedarf. Mit diesem inneren Sinn für die beständige Sicherheit auf der Welt ist so ein Kind in der Lage, die Befriedigung irgendwelcher Bedürfnisse auch aufzuschieben, weil es ganz sicher weiß, daß es immer eine Gelegenheit zur Befriedigung geben wird, so wie das Zuhause und die Eltern immer da sind, wenn man sie braucht.

Aber viele Kinder sind nicht in dieser glücklichen Lage. Eine ganz beachtliche Reihe von Kindern werden in ihrer Kindheit tatsächlich von ihren Eltern verlassen – durch deren Tod, indem beide auf und davon gehen, durch schiere Nachlässigkeit oder – wie im Falle der Finanzberaterin – schlicht durch einen Mangel an emotionaler Fürsorge.

Andere sind zwar nicht verlassen worden, aber ihnen fehlt die Sicherheit seitens ihrer Eltern, daß sie nicht verlassen werden. So gibt es beispielsweise Eltern, die gern leicht und schnell für Disziplin sorgen möchten und darum ganz offen oder versteckt damit drohen, das Kind zu verlassen, um dieses Ziel zu erreichen. Dann geben sie ihren Kindern zu verstehen: «Wenn ihr nicht genau das tut, was wir wollen, dann lieben wir euch nicht mehr, und ihr könnt euch selbst ausrechnen, was das bedeutet.» Es bedeutet natürlich Verlassenheit und Tod. Diese Eltern opfern ihre Liebe dem Bedürfnis nach Kontrolle und Herrschaft über ihre Kinder – und dafür bekommen sie Kinder, die übertriebene Angst vor der Zukunft haben. Daher treten diese psychisch oder tatsächlich verlassenen Kinder ins Erwachsenenleben ein, ohne jenen tiefen Sinn dafür zu haben, daß die Welt ein sicherer und geschützter Ort ist. Vielmehr halten sie die Welt für gefährlich und erschreckend, und sie sind nicht bereit, auf eine Befriedigung oder Sicherheit in der Gegenwart zu verzichten, wenn ihnen eine größere Befriedigung oder Sicherheit in der Zukunft versprochen wird, da sie diese Zukunft für eher fragwürdig halten.

Abschließend können wir sagen, daß Kinder, die die Fähigkeit zur Verschiebung von Bedürfnissen entwickeln sollen, unbedingt selbstdisziplinierte Rollenvorbilder, ein Selbstwertgefühl und ein gewisses Vertrauen in die Sicherheit ihrer Existenz haben müssen. Dieser «Grundbestand» wird am besten durch die Selbstdisziplin und die ständige aufrichtige Fürsorge ihrer Eltern erworben – es ist das Kostbarste, was Mütter und Väter weitergeben können.

Wenn einem diese Gaben nicht durch die eigenen Eltern zuteil wurden, kann man sie auch aus anderen Quellen beziehen, aber das kann zu einer oft lebenslangen und häufig erfolglosen Sisyphusarbeit werden.

Dritter Teil

Ewige Jugend und Narzißmus: Das Dilemma des Kindes

Einführung

Nur einem Kind ist reines Glück möglich. Später ist das Glück immer durch das Wissen getrübt, daß es nicht von Dauer sein wird.

CHINESISCHES SPRICHWORT

Im Leben eines Kindes gibt es bestimmte Umstände, die sein ganzes weiteres Leben negativ beeinflussen können. Auf einem derart gefährlichen Feld bewegt sich das Kindheitsselbst schon früh, wenn es sich von der Mutter oder von beiden Eltern zu trennen beginnt. Das ist das narzißtische Problem, wie es im Symbol des *puer aeternus* zum Ausdruck kommt, dem Archetypus der ewigen Jugend. Diese Störung kann das Kind spalten, da es entweder den Eltern zu gefallen oder dem sich entwickelnden kindlichen Selbstgefühl zu folgen versucht. Man hat den Narzißmus die psychische Störung unserer Zeit genannt. Dieser Teil des Buches ist dem Problem der narzißtischen Beziehung zum Selbst sowie deren Folgen für das Innere Kind gewidmet.

Im allgemeinen kann diese Störung mangelnder Elternliebe zugeschrieben werden: Da die Eltern in ihrem eigenen verarmten Selbstgefühl befangen und außerstande sind, das Kind vom Eltern-Ich zu trennen, blockieren sie im Kind das sich entwickelnde Selbst. Durch die Unfähigkeit der Eltern, die Bedürfnisse des

Kindes wahrzunehmen oder zu befriedigen, entsteht im Kind ein «Als ob»-Selbst, das den Eltern gefallen will. Das werdende wirkliche Selbst des Kindes wird damit abgespalten oder versteckt, und daraus entsteht schließlich das verlorene Innere Kind.

Infolge dieser auf eine falsche Trennung zurückzuführenden Verletzungen kommt es schließlich zu einer Reihe komplexer Irritationen bei der erwachsenen Persönlichkeit, die unter den allgemeinen Begriff der narzißtischen Störungen fallen, so benannt nach dem griechischen Mythos von Narkissos, den sein eigenes Spiegelbild in einem Tümpel derart faszinierte, daß er sich nicht mehr von der Stelle rühren konnte und verhungerte. Dieser Mythos verweist symbolisch darauf, daß das Kind auf einer bestimmten Entwicklungsstufe stehenbleiben kann, wobei es sich zwar bemüht, ein Gefühl von seinem wahren Selbst zu konsolidieren, aber außerstande ist, die Trennung zu vollziehen – aus Angst, von seinen Eltern abgelehnt zu werden. Diese ungelöste Situation kann das Kind später zu einem reduzierten Leben verurteilen, in dem es von seinem Selbst (dem Inneren Kind) abgeschnitten und nicht in der Lage ist, mit den beunruhigenden Seiten des Lebens fertigzuwerden.

Dieses «Dilemma des Kindes» ist die Verewigung des «Familienfluchs», wie Joel Covitz das in seinem Beitrag nennt. Da bereits die Eltern als Kinder narzißtische Verletzungen erlitten haben, sind sie nicht in der Lage, das wahre Selbst ihres eigenen Kindes zu bestätigen. Vielmehr *nötigen sie unbewußt* wiederum das gleiche Schicksal ihren Kindern auf, indem sie von ihnen Vollkommenheit erwarten und ihnen zugleich ein Gefühl der Unzulänglichkeit vermitteln, so daß ihre Kinder glauben, sie könnten nur dann geliebt werden, wenn sie dem Vollkommenheitsideal der Eltern entsprechen. Der Schmerz darüber, daß es nicht *um seiner selbst willen* wahrgenommen, anerkannt, geliebt und umsorgt wird, veranlaßt das Kind, eine Reihe von Schutzverhaltensweisen zu entwickeln, um seine angsterregende Lage in den Griff zu bekommen.

Daher lautet das Dilemma des Inneren Kindes so: *«Wie kann ich mich mit meinem wahren Kindheitsselbst identifizieren und zugleich die schmerzhafte primäre Zurückweisung vermeiden?«* Für das unentwickelte Ich eines Kindes bedeutet das oft, daß es sich mit dem falschen, dem «Als ob»-Selbst identifizieren muß, um fürsorgliche Aufmerksamkeit auf sich zu lenken. Hier also, in der daraus entstehenden Angst des Kindes, daß niemand es um seiner selbst willen lieben will, liegen die Wurzeln der narzißtischen Störungen. Das wahre Selbst oder Innere Kind wird als minderwertig oder widerwärtig zurückgewiesen. Um sich vor diesen Gefühlen zu schützen, errichtet das narzißtische Kind eine Fassade der Grandiosität, und damit wird das Innere Kind ein Gefangener dieses Dilemmas.

Beim erwachsenen Menschen führt diese Problematik dazu, daß der einzelne große Schwierigkeiten hat, mit anderen oder mit der geistigen Realität des Selbst eine Beziehung einzugehen. Das völlig verborgene Innere Kind steht dem Erwachsenen nicht zur Verfügung. Die narzißtische Persönlichkeit ist schon beim kleinsten Mißerfolg völlig am Boden zerstört und giert nach Lob und Bewunderung, um das falsche Selbst zu stützen, das seine Existenz dem Opfer des Inneren Kindes verdankt. Das Kind im Erwachsenen wird von lauter negativen Gefühlen heimgesucht – von Neid und Zorn, innerer Verzweiflung, Vereinsamung und Depression.

Der narzißtische Erwachsene kann sich nach dem Paradies der Kindheit zurücksehnen und – wie Marie-Louise von Franz in ihrem Essay *Puer aeternus* ausführt – einen provisorischen Lebensstil pflegen, für den dieses Leben nicht «das richtige» ist – denn irgend etwas fehlt immer. Indem sich die narzißtisch verletzte Person mit dem *puer aeternus* identifiziert, kann sie die Lebensfähigkeit des Inneren Kindes verlieren und ihre inneren Reichtümer vergeuden. «Man fühlt, daß eine solche Person inneren Reichtum und Fähigkeiten besitzt», sagt von Franz, «aber es gibt keine Möglichkeit, ein Mittel zu ihrer Verwirklichung zu finden.»

Wer sich mit dem Archetypus des *puer aeternus* identifiziert, kommt aus dem Dilemma des Kindes nicht mehr heraus, gibt sich der Wunschvorstellung einer immerwährenden Jugend hin und verweigert die Erfahrung des realen Verlusts und des Übergangs, die für die Entwicklung und das Wachsen so ungeheuer wichtig ist. Als Erwachsener kann man das nur mit viel Glück und Ausdauer verarbeiten. Der *puer* hat allerdings Schwierigkeiten, in die Welt der Erwachsenen zu gelangen, weil sie für ihn leer und bedeutungslos ist. «Er hat nicht die Brücke gefunden, über die er das, was wir das wahre Leben [das Innere Kind] nennen würden, ins Leben des Erwachsenen mitnehmen könnte», sagt von Franz.

Jeffrey Satinover stellt in seinem Essay «Das Kindheitsselbst und die psychischen Ursprünge des Puer» das Motiv des *puer aeternus* als Symbol der narzißtischen Beziehung zum Selbst dar. Wie Satinover ausführt, kann ein Kind von den grandiosen Phantasievorstellungen des Kindheitsselbst abhängig werden, und zwar infolge der Störung seines Selbstbewußtseins durch die Eltern; damit vermeidet es jene Frustrationen, die sein Gefühl, etwas Besonderes zu sein, beeinträchtigen würden. In der populärwissenschaftlichen Literatur hat man dieses Phänomen das Peter-Pan-Syndrom genannt – eine Wunschvorstellung, die sich in Sätzen wie «Ich möchte nicht erwachsen werden» und «Erwachsenen kann man nicht trauen» äußert. Sie kann dazu führen, daß das heranwachsende Individuum sich im Leben nicht zurechtfindet, sich an die Phantasievorstellung vom Inneren Kind klammert und vom Leben nichts mehr erwartet. Der *puer* hat Angst davor, älter zu werden und das Innere Kind nie wiederzugewinnen.

Für Jung hing der *puer aeternus* eng mit dem Kindarchetypus zusammen – und daß er immer wieder so faszinierend ist, sei auf die Projektion unserer Unfähigkeit, uns zu erneuern, zurückzuführen. Daher hat der *puer* nicht nur eine negative Bedeutung. Er kann einige der positivsten Attribute des Inneren Kindes repräsentieren: Spontaneität des Denkens, kreatives Problembewußtsein und originelle Ausdrucksweise, die Fähigkeit, sich von seinen Wurzeln lösen, sich ständig weiterentwickeln, sich einen Neubeginn vorstellen, Gelegenheiten erkennen und andere mit seinem Charme begeistern zu können. In seinem Buch *Am Anfang war das Bild* hat James Hillman einmal gesagt, solange wir nicht in der Identifikation mit diesem Archetypus befangen wären, könnte uns der *puer aeternus* ein Gefühl für unser Schicksal und unsere Bedeutung vermitteln.

10

Joel Covitz

Narzißmus – die Störung unserer Zeit

Dieser Essay stellt den allgemeinen Kontext des narzißtischen Di-
lemmas dar: Wir leben in einer Zeit, in der die Kunst der Erziehung
offenbar Gefahr läuft, verlorenzugehen. Die gesunden Bedürfnisse
und Rechte der Kinder werden oft nicht verstanden und häufig
zurückgewiesen oder unterdrückt, was sich auf das unreife Ich des
Kindes verheerend auswirkt. Joel Covitz, ein jungianischer Analyti-
ker aus Boston, hält dieses fahrlässige Verhalten der Eltern für einen
psychologischen Kindesmißbrauch. «Eltern verfügen über eine un-
geheure Macht», sagt er. Kein Wunder, daß die der kindlichen Seele
zugefügten Verletzungen Konsequenzen für das ganze Leben ha-
ben, wie die anderen Beiträge in diesem Teil aufzeigen.

Jede Zeit scheint ihre typischen Störungen zu haben: Für Freud
war die Hysterie ein zeittypisches Leiden, während heutige Therapeuten eher von Patienten aufgesucht werden, die unter Depressionen oder Zwangsneurosen leiden und die das Gefühl haben,
daß es in ihrem Leben zuwenig Zuneigung, Beachtung und erfüllte
Beziehungen gibt.

Wenn wir die Ursachen narzißtischer Störungen untersuchen,
wird klar, daß sie meist in der Kindheit liegen. Vereinfacht gesagt,
hat ein Kind, dessen frühe, gesunde narzißtische Bedürfnisse
(nach Beachtung, Zuneigung, Respekt ebenso wie nach Nahrung
und Schutz) nicht befriedigt werden, Schwierigkeiten, Stärke, innere Freiheit und Selbstachtung zu entwickeln. Eltern, die immer
wieder diese frühen Bedürfnisse ignorieren, mißbrauchen ihre
Kinder psychisch und emotional. Fast immer ist das genau das
Gegenteil dessen, was die Eltern beabsichtigen – sie wollen für-

sorglich und behütend sein, aber so funktioniert das eben nun mal nicht. Zuweilen wissen sie einfach nicht, wie sie sich als Eltern verhalten sollen. In anderen Fällen sind sie selbst so schlecht dran – weil ihre eigenen frühen narzißtischen Bedürfnisse vernachlässigt wurden –, daß sie die Bedürfnisse ihrer Kinder gar nicht befriedigen können. Wenn solche Eltern einfach nicht in der Lage sind, diese Kette des Mißbrauchs zu durchbrechen, wird sich das auf ihre Kinder verheerend auswirken, und wahrscheinlich wird dieses destruktive Grundmuster sich auch in künftigen Generationen wiederholen.

Angesichts der Häufigkeit von physischem Kindesmißbrauch in unserer Gesellschaft muß man sich ernsthaft fragen, in was für einer Kultur wir eigentlich leben. Mißhandelte Kinder, die die Notaufnahmestationen der Krankenhäuser füllen und die Wunden des Zorns und der Frustration ihrer Eltern aufweisen, werden noch jahrelang diese Narben tragen. Aber auch Kinder, die emotional und psychisch mißbraucht worden sind, tragen Narben davon – sie sind zwar nicht gleich auf den ersten Blick zu erkennen, stellen aber keine geringere Beeinträchtigung dar und sind nicht weniger schwer zu heilen.

Dieses Problem ist natürlich schon deswegen nicht leicht zu lösen, weil diese Kinder im allgemeinen nicht imstande sind, sich auf wirkungsvolle Weise zur Wehr zu setzen. Darauf hat bereits Maria Montessori hingewiesen: Kein soziales Problem ist so universal wie die Unterdrückung des Kindes. Kein Sklave war je so sehr das Eigentum seines Herrn, wie es beim Kind der Fall ist. In unserer Gesellschaft gelten Kinder als Eigentum der Eltern. Eltern haben eine ungeheure Macht, und Kinder haben kaum Möglichkeiten, mit Erfolg gegen ihren Mißbrauch zu protestieren, wenn sie noch klein sind. Am Ende aber wird die nächste Generation den Preis für diesen Mißbrauch zu zahlen haben. Alice Miller hat in ihrem Buch *Das Drama des begabten Kindes* geschrieben: «... aus diesen Kindern werden in zwanzig Jahren Erwachsene, die ihren eigenen Kindern alles das zurückzahlen müssen.»[1]

Wenn die narzißtischen Bedürfnisse eines Kindes frustriert werden, wird es diese Frustration gewöhnlich im Zorn gegenüber den Eltern oder in einer Depression zum Ausdruck bringen. Aber wenn das Kind älter und »sozialisierter« ist, neigt es dazu, den Zorn zu unterdrücken, und versucht sich so zu verhalten, daß es die Zuneigung seiner Eltern gewinnt oder behält (was sich freilich zuweilen als unmöglich erweist). Die verdrängte Wut und Verletztheit muß sich schließlich doch in irgendeiner Form äußern, sei es in einer Entwicklungsstörung, einem schwachen Selbstbild, in selbstzerstörerischen Neigungen oder in einer Übernahme der gleichen Zerstörungsmechanismen, wie sie von den Eltern angewandt wurden: Tyrannei, Promiskuität, Unangemessenheit. Worin auch immer dieses Anpassungsverhalten besteht – die zugrundeliegende Frustration wird doch nicht von selbst verschwinden. Nur wenn ein Kind sein eigenes Abwehrverhalten zu überwinden und bis zu den Ursachen des Problems vorzustoßen vermag, kann es mit dem mißbräuchlichen Verhalten seiner Eltern fertig werden. Fast immer allerdings stellt sein eigenes Verhalten einen Reflex des elterlichen Verhaltens dar. Es ist unmöglich, diese Familienkette des Mißbrauchs völlig zu zerbrechen und sich vollständig von seinem emotionalen Erbe (von seinen guten wie von seinen schlechten Seiten) abzuschneiden. Aber das Wissen, worauf jenes mißbräuchliche Verhalten beruht, kann Eltern wie Kindern gleichermaßen helfen, es zu modifizieren – mit dem Ziel, daß jede Generation einen Schritt weiterkommt.

Vor dem Unbewußten eines Kindes gibt es keine Geheimnisse, auch wenn Eltern manchmal so handeln, als ob ihre bewußten Worte und Taten die einzigen Botschaften wären, die sie ihren Kindern übermitteln. Die Kommunikation der Eltern mit ihren Kindern findet großenteils auf der nonverbalen Ebene statt. All diese unterschwellig von den Eltern an das Kind weitergegebenen Botschaften werden vom Unbewußten des Kindes wahrgenommen, das die Persönlichkeit der Eltern ziemlich genau erkennt. Oder wie Jung es in seinem Werk *Über die Entwicklung der Persönlichkeit* gesagt hat:

> Das Kind ist so außerordentlich verbunden und verwachsen mit der psychologischen Einstellung der Eltern, daß es nicht wunder nimmt, wenn die meisten nervösen Störungen im Kindesalter auf eine gestörte seelische Atmosphäre der Eltern zurückzuführen sind ... Unzweifelhaft ist es für die Eltern von größtem Nutzen, die Symptome ihres Kindes im Lichte

ihrer eigenen Probleme und Konflikte zu betrachten. Dies zu tun, ist Elternpflicht. Ihre Verantwortung in dieser Hinsicht reicht so weit, als es in ihrer Macht steht, ihr eigenes Leben so zu gestalten, daß es für die Kinder keine Schädigung bedeutet. Es wird im allgemeinen viel zu wenig betont, wie wichtig die Lebensführung der Eltern für das Kind ist, denn auf das Kind wirken Tatsachen und nicht Worte. Darum sollten die Eltern immer im Bewußtsein halten, daß sie selber gegebenenfalls die erste und hauptsächliche Quelle für die Neurose ihrer Kinder sind.[2]

Man darf aber auch nicht vergessen, daß nicht nur die Eltern allein für den Familienfluch verantwortlich sind. Nach Jung sind eben «nicht die Eltern, sondern vielmehr deren Stammbäume, die Groß- und Urgroßväter und -mütter die wahren Erzeuger der Kinder»[3].

Ein Kind kann so weit gebracht werden, daß es schließlich genauso unzulänglich ist wie sein Vater oder seine Mutter. Katherines Mutter beispielsweise hatte sich immer für intelligent, aber nicht für schön gehalten. Statt jedoch selbst mit dieser Situation fertig zu werden, vermittelte sie ihren Kindern die Vorstellung, daß es im Leben nur auf Intelligenz ankomme – nicht auf Attraktivität oder Freundschaften. Ihre Söhne und ihre Tochter waren zwar vielseitig begabt, aber kontaktarm. Katherine wurde beigebracht, auf ihre Kleidung oder ihr Aussehen keinen Wert zu legen. Sie war zwar immer sauber, aber sie beschrieb sich selbst als jene Art von Kind, dessen Kniestrümpfe immer rutschten und dessen Haar zerzaust war. Sie trug die Kleider ihrer Kusinen auf. Bei ihr zu Hause war jedes Make-up verpönt. Diese Kinder wuchsen in dem Bewußtsein auf, intelligent, aber häßlich zu sein, was eigentlich gar nicht der Fall war. Besonders Katherine hatte Mühe, sich gesellschaftlich anzupassen. Sie war das Opfer des Familienfluchs.

Zwar ist es fast unmöglich, sich völlig von einem solchen Familienfluch zu befreien, aber Eltern können ja die Auswirkungen dieses Fluchs an ihren Kindern feststellen und sich bemühen, die Bedingungen zu verändern, die ihn am Leben halten. Sie haben die Chance, all das zu ändern, wozu sie imstande sind, damit sie es einmal besser haben im Leben. Denn wie Jung schon sagte:

«...gegen die Natur gilt die Ausrede vom Nichtgewußthaben nicht.»[4]

Die Ursachen des Problems

Wie kann schon so früh im Leben eines Kindes so viel schiefgehen? Im Grunde gibt es dafür zwei Ursachen: die unzulängliche Persönlichkeitsentwicklung der Eltern, die fast immer selbst schon als Kinder Mißbrauch erleiden mußten, und die Frustrationen, die Eltern empfinden, wenn sie versuchen, Kinder in einer Kultur aufzuziehen, in der die häusliche Erziehung wenig gilt.

Unsere Kinder sind Opfer der zunehmend vorherrschenden Anschauung, daß Erziehung eine fürchterlich frustrierende Angelegenheit ist, die einem bei der eigenen Entwicklung und im Leben nur im Wege steht, statt diese zu bereichern. Das Fehlen einer kreativen, funktionierenden Kultur der Kindererziehung wiegt noch schwerer, wenn wir feststellen müssen, wie heutzutage das traditionelle Familienleben auseinanderbricht. Allein gelassene Kinder und Scheidungswaisen; Kinder, teilweise unter zehn Jahre alt, die von zu Hause weglaufen und lieber auf der Straße leben, als sich weiterhin von ihren Eltern mißbrauchen zu lassen; Kinder, die Eltern werden, während sie selbst noch Teenager sind; Kinder, die sich selbst hassen und dies an anderen auslassen – sie alle sind Opfer, und zwar nicht nur von Eltern, die sie mißbrauchen, sondern auch von einer Kultur, für die die Kunst der Erziehung keinen Wert mehr darstellt.

Wer eine junge Frau, die zwei kleine Kinder allein erzieht, fragt: «Aber was haben Sie eigentlich vom Leben?», gibt dieser Mutter zu verstehen, daß das, was sie tut: Kinder zu erziehen, keinen Respekt verdient. Wenn eine Kultur den Status der Mutter- oder Vaterrolle herabsetzt, verbindet man mit der Übernahme dieser Rolle auch nicht mehr so viel Selbstachtung. Man hat den Eindruck, die Gesellschaft bestraft Eltern, statt sie dafür zu schätzen, daß sie sich auf eine so ungeheuer wichtige Aufgabe einlassen. Respekt scheinen nur Tätigkeiten im «richtigen Leben» zu verdienen. Eine junge Frau, die für Tausende steht, beschloß, wieder arbeiten zu gehen, als ihr Kind erst zwei Monate alt war – obwohl die Kosten für die Unterbringung des Kindes tagsüber und andere Ausgaben ihr Einkommen so sehr belasteten, daß sie im Grunde weniger als einen Dollar netto pro Stunde verdiente. Als sie gefragt wurde, was sie denn zu ihrem Entschluß bewogen habe, erwiderte sie: «Ich möchte einfach nicht, daß meine Selbstachtung davon abhängt, daß mein Mann mir sagt, was für eine gute Köchin ich sei.»

Natürlich ist dieses Verlangen nach Selbstachtung an sich nicht negativ – genausowenig wie der Wunsch, auch als Elternteil arbeiten zu wollen. Aber leider sorgt unsere Kultur nicht mehr dafür, daß Menschen Selbstachtung empfinden, weil sie sich die Mühe machen, eine Familie zu gründen. John Bowlby hat die Rolle der Eltern einmal sehr positiv dargestellt:

«Ein Kind muß fühlen, daß es seiner Mutter Freude und Stolz bereitet – und eine Mutter muß das Gefühl haben, daß sich ihre eigene Persönlichkeit in der Persönlichkeit ihres Kindes erweitert: Beide müssen sich aufs engste mit dem anderen verbunden fühlen. Die Beziehung zwischen Mutter und Kind kann nicht auf mechanische Weise herbeigeführt und aufrechterhalten werden – dies ist eine lebendige menschliche Beziehung, die den Charakter beider Partner verändert.

. . . Kontinuität ist wichtig für die Entwicklung einer Mutter. Genauso wie ein Säugling das Gefühl haben muß, daß er zu seiner Mutter gehört, muß auch eine Mutter das Gefühl haben, daß sie für ihr Kind da ist, und erst wenn sie dieses Gefühl als eine Befriedigung empfindet, ist es leicht für sie, sich ihrem Kind zu widmen. Zu dieser ständigen Zuwendung . . . ist nur eine Frau imstande, die eine tiefe Befriedigung daraus bezieht, wenn sie sieht, wie ihr Kind vom Säugling über die vielen Phasen der Kindheit zu einem unabhängigen Mann oder einer unabhängigen Frau heranwächst, und weiß, daß erst ihre Fürsorge dies ermöglicht hat.»[5]

Aber statt daß unsere Kultur *beiden* Eltern Mut macht, diese «tiefe Befriedigung» zu verspüren, frustriert sie sie mit der Behauptung, sie seien durch den Anspruch des Kindes auf «ständige Zuwendung» überfordert.

Aus diesem Grund wollen viele Paare keine Kinder haben. Sie meinen, sie sollten Kinder nur bekommen, wenn sie sie wirklich wollen, und sie sehen im Aufziehen von Kindern nur eine unerwünschte Belastung. Wenn sie das wirklich so sehen, dann haben sie für sich und ihre ungeborenen Kinder vermutlich die richtige Entscheidung getroffen. Aber was sagt das über unsere Kultur aus? Und welche Gründe stehen hinter dieser Entscheidung?

Warum ein Mensch sich entscheidet, keine Kinder haben zu wollen, hängt gewöhnlich ziemlich direkt mit den eigenen Kindheitserfahrungen zusammen. In erster Linie hat der Verzicht auf Kinder sehr viel damit zu tun, daß Kinder in einem so negativen, chaotischen häuslichen Umfeld aufwachsen, daß sie instinktiv dagegen sind, auch für eine künftige Generation ein derartiges Umfeld zu schaffen. Viele dieser Kinder haben am eigenen Leib erlebt, was es heißt, Eltern zu haben, die ihre Kinder nicht wollen. Eine Patientin erzählte mir, sie habe deshalb keine Kinder haben wollen, weil sie es nicht hätte ertragen können, wenn ihre Kinder sie genauso ablehnen würden, wie sie ihre Mutter und wie ihre Mutter ihre Großmutter abgelehnt hätte.

Menschen, die keine Kinder haben wollen, haben diesen Entschluß schon vor langer Zeit gefaßt, jedenfalls so lange sie zurückdenken können. Diese Menschen haben ihre eigene Kindheit als unglücklich empfunden, und darum haben sie keine Lust, sich an der Verlängerung dieses Lebenszyklus zu beteiligen. Angesichts ihrer eigenen Erfahrungen mag diese Entscheidung verständlich sein. Aber da immer häufiger derartige Entscheidungen getroffen werden, wirft dies ein trübes Licht auf die Entwicklung des modernen Familienlebens. In einem Zeitalter des Individualismus hat ein Mensch das Recht, keine Kinder haben zu wollen – aber es kann auch ein tragischer Irrtum sein.

Die besonderen Umstände

Wenn man Wesen und Ausmaß des emotionalen Mißbrauchs ermitteln will, muß man jede Familie im Hinblick auf ihre besondere Situation betrachten und zwischen der Familie als Institution und der individuellen Familie unterscheiden. So ist auch jedes Element der Eltern-Kind-Beziehung etwas Individuelles. Wenn wir uns irgendeine Familie ansehen, haben wir es mit einer einzigartigen Kombination von Hoffnungen, Bildungsvoraussetzungen, Besitztümern und Zielvorstellungen zu tun. Das Kind bemerkt und berücksichtigt die besonderen Umstände, unter denen es aufwächst. So ist es beispielsweise schon ein sehr großer Unterschied, ob reiche Eltern ihr Kind «armselig» aufziehen oder ob Eltern wirklich kein Geld für ihre Kinder haben.

Keith' Vater, ein Collegeprofessor, sagte zu ihm: «Als ich so alt war wie du, mußte ich nebenbei arbeiten, solange ich aufs College ging. Ich mußte mir mein Schulgeld selbst verdienen, und das erwarte ich auch von dir.» Keith erkannte natürlich, daß das Argument seines Vaters falsch war. Da Keith' Großvater gestorben war, als Keith' Vater erst sechs war, mußte dieser schon in frühester Jugend zur Arbeit gehen und wuchs in der unteren Mittelschicht auf. Aber als Keith aufs College gehen sollte, gehörte sein Vater der oberen Mittelschicht an, in der Eltern im allgemeinen zu den Kosten der Ausbildung eines Kindes beitragen. Keith' Vater tat gerade so, als befände er sich noch immer auf einer niedrigeren sozioökonomischen Ebene – er weigerte sich, die besonderen Bedürfnisse und Erwartungen seiner Familie wahrzunehmen. Er konnte einfach nicht verstehen oder erkennen, daß es ganz wesentlich zur Kunst der Erziehung gehört, die Fähigkeit zu entwickeln, mit der Familiensituation so umzugehen, wie sie nun einmal ist – und nicht, wie man sie in der Vergangenheit erlebt hat oder wie man sie sich vielleicht wünscht.

Die Entwicklung des echten Selbst

Der griechische Mythos berichtet, Narkissos habe sein Spiegelbild unaufhörlich angestarrt. Er hatte kein Verlangen, sein echtes Selbst zu entwickeln – er hatte sich in sein sogenanntes «falsches Selbst» verliebt, jenes Selbst, das sich nur mit der schönen, angenehmen, glücklichen Seite des Lebens abgeben will. Diese Fixierung schnitt ihn von einer ganzen Reihe von Lebenserfahrungen und Gefühlsreaktionen wie Neid, Eifersucht und Zorn ab. Diese Weigerung, sich mit der beunruhigenden Seite des Lebens auseinanderzusetzen, ist charakteristisch für das narzißtisch gestörte Individuum. Es gibt einen Teil des Lebens, der nicht bewußt ist, sondern verborgen und unerreichbar. Man kann diese unbekannte

Seite den Schatten nennen, da diese unbekannten – guten oder schlechten – Eigenschaften im dunkeln bleiben.

Oder um es mit Jungs Worten zu sagen: «Die Kindheit ist nicht nur darum von Bedeutung, weil dort einige Instinktverkrüppelungen ihren Anfang genommen haben, sondern auch darum, weil dort jene weitausschauenden Träume und Bilder, welche ein ganzes Schicksal vorbereiten, erschreckend oder ermutigend vor die kindliche Seele treten...»[6]

Die Verantwortung, die Eltern in dieser Zeit haben, ist ungeheuer groß. Das echte Selbst ist ein Schatz, den jeder von uns für sich heben muß. Wenn Eltern ihre Rolle durch ihr Verhalten mißbrauchen, können sie verhindern, daß sich das echte Selbst des Kindes entwickelt.

Marie-Luise von Franz

Puer aeternus

Dies ist ein Auszug aus der klassischen Untersuchung Der ewige Jüngling, *in der es um die Auseinandersetzung des Erwachsenen mit dem Paradies der Kindheit geht. Ursprünglich als Vorlesungen am Jung-Institut in Zürich gehalten, haben Marie-Luise von Franz' Arbeiten eine ganze Generation in ihrem Denken über das Thema des* puer *und die narzißtischen Störungen beeinflußt. Das ist eine besondere – und ziemlich diffizile – Spielart des Motivs vom Inneren Kind, das ja nach Jung immer ein Agent des Schicksals ist. Jeder, der sich mit ihren Ausführungen über diesen speziellen Archetypus beschäftigt, wird fasziniert sein davon. Marie-Luise von Franz ist Mitbegründerin des C.-G.-Jung-Instituts und als Analytikerin und Autorin weltweit angesehen für ihre Arbeiten auf dem Gebiet der Traumforschung.*

Puer aeternus ist der Name eines antiken Gottes. Er stammt aus Ovids Metamorphosen [IV, 18–20] und ist dort dem Kind-Gott der Eleusinischen Mysterien beigegeben. Ovid redet den Gott Iakchos als *puer aeternus* an. Später wurde dieser Kind-Gott auch mit Dionysos und dem Gott Eros gleichgesetzt. Er ist der göttliche Jüngling, der bei den Mutterkult-Mysterien von Eleusis in heiliger Nacht als Erlöser geboren wird. Er ist ein Gott des Lebens, des Todes und der Auferstehung – der göttliche Jüngling, der orientalischen Göttern wie Tammuz, Attis und Adonis entspricht. Der Titel «puer aeternus» bedeutet «ewiger Jüngling»; wir gebrauchen ihn heute auch, um einen bestimmten Typ junger Männer zu bezeichnen, die einen ausgeprägten Mutterkomplex haben und damit auch typische Verhaltensweisen zeigen, die ich hier beschreiben will.

Im allgemeinen verbleibt ein solcher Mann, der sich mit dem Archetypus des *puer aeternus* identifiziert, zu lange in der Adoleszentenpsychologie, das heißt alle Charakterzüge, die für einen Jugendlichen von siebzehn, achtzehn Jahren normal sind, werden ins spätere Leben übernommen, und dies ist zumeist mit einer zu großen Abhängigkeit von der Mutter gepaart. Die beiden typischen Störungen des Mannes, der einen ausgeprägten Mutterkomplex hat, sind nach Jung[1] Homosexualität und Don-Juanismus. Im letzteren Fall wird in jeder Frau das Bild der Mutter gesucht – das Bild der vollkommenen, fehlerlosen Frau, die dem Mann alles gibt. Er sucht nach einer Göttin, und jedesmal muß er in der Beziehung zu einer Frau entdecken, daß sie nur ein gewöhnliches menschliches Wesen ist. Nach dem ersten sexuellen Kontakt mit ihr verschwindet die ganze Faszination, und er wendet sich enttäuscht ab, um sein Idealbild auf eine andere Frau zu projizieren. Er sehnt sich ständig nach der mütterlichen Frau, die ihn in ihre Arme schließt und alle seine Bedürfnisse befriedigt. Das Ganze ist oft von romantischem, jünglingshaftem Verhalten begleitet.

Ein solcher Mann hat im allgemeinen große Schwierigkeiten, sich an die Gesellschaft anzupassen. Manchmal tritt eine Art asozialer Individualismus auf: weil er sich für etwas Besonderes hält, glaubt er sich nicht anpassen zu müssen, denn das wäre von einem verborgenen Genie zu viel verlangt! Die damit verbundene Arroganz beruht auf falschen Überlegenheitsgefühlen und zugleich auf einem Minderwertigkeitskomplex. Solche Menschen haben meistens auch große Mühe, den richtigen Beruf zu finden, denn was sich ihnen auch anbietet, es ist nie ganz das richtige, nie genau das, was sie sich vorstellen. Immer ist ein Haar in der Suppe. Auch die Frau ist nie ganz die richtige; sie ist eine nette Freundin, aber . . . Immer gibt es ein Aber, das vor der Heirat oder einer sonstigen Verpflichtung steht.

Das alles führt zu einer Form von Neurose, die als «provisorisches Leben» beschrieben worden ist (H. G. Baynes). Es handelt sich um die merkwürdige Einstellung bzw. Phantasie, daß irgendwann in der Zukunft das wirklich richtige kommt, zum Beispiel die richtige Frau oder die Erfüllung dessen, was man wirklich will. Diese Haltung bedeutet eine konstante innere Weigerung, sich dem Augenblick hinzugeben. Oft wird sie in größerem oder kleinerem Maße von einem Heilands- oder Messiaskomplex begleitet, der um den geheimen Gedanken kreist, eines Tages die Welt retten zu können oder in Philosophie, Religion, Politik, Kunst oder anderem das letzte Wort zu sagen. Das kann bis zum pathologischen Größenwahn gehen. Eine Spur davon ist in dem Gedanken zu finden, daß «seine Zeit noch nicht gekommen ist». Am meisten fürchtet sich ein solcher Mann davor, an etwas gebunden zu sein. Er hat schreckliche Angst davor, festgenagelt zu werden, vollständig in Raum und Zeit einzutreten und das menschliche Wesen zu sein, das er ist. Immer ist die Angst da, in einer Situation gefangen zu sein, aus der es kein Entfliehen geben könnte. Deshalb ist jede momentane Situation die Hölle. Symbolisch drückt sich diese Ungebundenheit und Realitätsferne des *puer aeternus* im häufigen Fasziniertsein von gefährlichen Sportarten wie Fliegen und Bergsteigen aus: So hoch wie möglich möchte er kommen, also weg von der Mutter, von der Erde und vom gewöhnlichen Leben. Wenn dieser Komplex sehr ausgeprägt ist, sterben diese jungen Männer häufig bei Flugzeugabstürzen oder Bergunfällen. Es handelt sich um eine nach außen verlegte spirituelle Sehnsucht, die sich in dieser Form zeigt.

Eine dramatische Darstellung dessen, was Fliegen für den *puer* tatsächlich bedeutet, findet sich [in folgendem] Gedicht von John Magee[2], der übrigens bald nachdem er dieses Gedicht geschrieben hatte, starb – bei einem Flugzeugunglück.

> Höhenflug
> Den zähen Fesseln der Erde
>   bin ich entronnen,
> die Himmel hab' ich durchtanzt
>   auf silbernen, lachenden Schwingen,
> zur Sonne bin ich gestiegen
>   im fröhlichen Taumel lichter Wolken –
> hundert Dinge hab' ich getan,
>   die keiner wagt zu träumen:
> mich geschaukelt, gewirbelt, gedreht
>   in sonnheller Stille hoch oben.
> So schwebend hab' ich gejagt
>   den lärmenden Wind
> und gestürzt mein gierig Gefährt
>   durch endlos luftige Räume.

Hoch, hoch im weiten, rasend brennenden Blau,
 wo Lerche nicht noch Adler flog,
hab' ich die Höhe leicht bezwungen.
Und während ich, mit still erhobenem Geist,
 das nie betretene Heiligtum des Alls
durchmaß – da streckt' ich aus die Hand,
 das Antlitz Gottes zu berühren.

Die sogenannten *pueri* mögen keine Sportarten, die Geduld und langes Training erfordern, denn der *puer aeternus* im negativen Sinn des Wortes ist von Natur aus sehr ungeduldig. Ich kannte einen jungen Bergsteiger, der ein klassisches Beispiel des *puer aeternus* war; er trug derart ungern einen Rucksack, daß er sich lieber abhärtete, um in Schnee oder Regen draußen schlafen zu können. Dafür entwickelte er sogar eine bestimmte Art von Yoga-Atmung, und so überlebte er, nur in einen seidenen Mantel gewikkelt, selbst Frostnächte in einem Schneeloch. Damit er keinerlei Gewicht schleppen mußte, trainierte er sich dahin, praktisch ohne Essen loszugehen. Jahrelang durchstreifte er alle Gebirge in Europa und anderen Kontinenten ohne Ausrüstung. In gewisser Hinsicht führte er ein heroisches Leben, um nicht in einer Hütte übernachten oder einen Rucksack tragen zu müssen. Symbolisch drückt sich darin das Ziel dieses jungen Mannes aus, dem wirklichen Leben nicht zu begegnen und von keinerlei Gewicht belastet zu sein. Das ist eine absolute Weigerung, für irgend etwas Verantwortung zu übernehmen oder die Schwere einer bestimmten Situation zu tragen.

Die positive Eigenschaft solcher junger Männer ist eine Art von Spiritualität, die durch ihren relativ engen Kontakt zum kollektiven Unbewußten bedingt ist. Sie besitzen den Charme der Jugend und die anregenden Eigenschaften eines Glases Champagner. *Pueri aeterni* sind meistens sehr angenehme Gesprächspartner, weil sie die Zuhörer durch interessante Themen und Spritzigkeit beleben. Sie stellen unkonventionelle, tiefe Fragen und steuern direkt auf die Wahrheit zu, immer auf der Suche nach echter Religiosität, was sonst eigentlich für die späte Teenagerphase typisch ist. Beim *puer aeternus* erstrecken sich diese Eigenschaften jedoch bis in die Lebensmitte hinein, manchmal auch darüber hinaus.

Es gibt aber noch einen anderen Typ des *puer aeternus*, der weder den Charme des ewigen Jünglings entfaltet noch den Archetyp des göttlichen Jünglings durchscheinen läßt. Er lebt im Gegenteil in dauernder schläfriger Benommenheit, die ebenfalls ein typisches Kennzeichen des Heranwachsenden ist, wie wir es bei verschlafenen, undisziplinierten, langbeinigen jungen Männern beobachten können, die nur herumhängen mit wahllos umherwandernden Gedanken, so daß man ihnen manchmal einen Eimer kaltes Wasser über den Kopf schütten möchte. Diese Benommenheit ist aber nur äußerlich, denn wenn man durch sie hindurchdringen kann, findet man dahinter ein reiches Phantasieleben.

Mit dieser Beschreibung habe ich die Hauptmerkmale junger Männer zusammengefaßt, die im Mutterkomplex gefangen und dadurch mit dem Archetyp des *puer aeternus* identifiziert sind. Wenn man sie oberflächlich betrachtet, erscheinen sie hauptsächlich negativ. Wir werden noch zu klären haben, was dahintersteckt; vor allem möchte ich der Frage nachgehen, warum dieser Typus des muttergebundenen jungen Mannes in unserer Zeit so ausgesprochen häufig vorkommt. Bekanntlich nimmt die Homosexualität immer mehr zu – der Don-Juanismus dagegen scheint mir weniger verbreitet zu sein –, und damit wird das Problem des *puer aeternus* zunehmend aktuell. Zweifellos haben die Mütter immer versucht, ihre Söhne bei sich zu behalten, und einige Söhne hatten immer Schwierigkeiten, von ihnen loszukommen und blieben lieber im warmen Nest mit all seinen Annehmlichkeiten. Dennoch ist nicht ganz klar, warum dieses an sich natürliche Problem heute ein so ernstes Zeitproblem zu werden droht. Ich meine, das ist die wesentliche und tiefere Frage, die wir uns stellen müssen; die übrigen psychologischen Zusammenhänge sind mehr oder weniger offensichtlich. Ein Mann, der einen Mutterkomplex hat, wird immer mit seiner Neigung, ein *puer aeternus* zu bleiben, zu kämpfen haben. Welches Heilmittel gibt es dagegen? Was kann ein Mann tun, wenn er entdeckt, daß er einen Mutterkomplex hat? Er hat ihn ja nicht selbst verursacht, es ist etwas, das ihm geschehen ist. In seinem Werk «Symbole der Wandlung» spricht Jung von der Arbeit als dem Heilmittel, zögert aber dann und fragt sich: «Ist es wirklich so einfach? Ist das das einzige Heilmittel? Kann man das sagen?» Und doch ist «Arbeit» das eine unangenehme Wort, das kein *puer aeternus* gern hört, und Jung kam zu dem

Schluß, daß Arbeit die richtige Antwort ist. Auch meiner Erfahrung nach kann sich ein Mann aus dieser kindlichen Neurose durch Arbeit herausziehen. Wir dürfen dieses Problem jedoch nicht mißverstehen, denn der *puer aeternus kann* arbeiten, wenn er fasziniert und voller Enthusiasmus ist. Dann ist er imstande, vierundzwanzig Stunden hintereinander oder noch länger zu arbeiten, bis er zusammenbricht. Was er aber nicht kann, ist, sich an einem öden, regnerischen Morgen zu einer langweiligen Arbeit aufraffen. Damit wird der *puer aeternus* meistens nicht fertig und gebraucht jede Art von Entschuldigung, um sich zu drücken. Die Analyse eines *puer aeternus* wird früher oder später immer auf dieses Problem stoßen. Erst wenn sein Ich genügend gestärkt ist, kann er es überwinden und hat dann die Möglichkeit, bei der Arbeit zu bleiben. Persönlich habe ich es nie gut gefunden, den Leuten einfach zu predigen, daß sie arbeiten sollen, weil sie dann ärgerlich werden und aus der Analyse weglaufen.

Soweit ich gesehen habe, versucht das Unbewußte, einen Kompromiß vorzuschlagen, indem es die Richtung zeigt, in der eine gewisse Begeisterung liegen könnte und in die die psychische Energie ganz natürlich fließen würde – denn es ist gewiß leichter, sich zu der Art von Arbeit zu bringen, die vom eigenen Instinkt unterstützt wird. Das ist nicht ganz so hart, als wenn man völlig gegen den eigenen Energiefluß arbeiten müßte. Deshalb ist es ratsam, eine Weile zu warten, um herauszufinden, wohin die Interessen und Energien fließen. Dann kann man versuchen, den betreffenden Mann dort zum Arbeiten zu motivieren. Aber in jedem Arbeitsbereich kommt mit der Zeit ein Aspekt von Routine. Sogar kreative Arbeit bringt ein gewisses Maß an langweiliger Wiederholung mit sich, und gerade diesem Punkt will der *puer aeternus* entfliehen. Er kommt dann zu dem Schluß, daß dies doch wieder «nichts für ihn ist». In solchen Momenten zeigen oft die Träume, wie man durch das Hindernis hindurchstoßen kann, und dann ist die Schlacht gewonnen.

In einem Brief sagt Jung über den *puer aeternus*: «Ich halte den *Puer aeternus*-Standpunkt für ein unvermeidliches Übel. Identität mit dem *puer* bedeutet eine psychologische Puerilität, welche nichts Besseres kann, als sich überwachsen. Sie führt regelmäßig in äußere Schicksalsschläge hinein, die die Notwendigkeit einer anderen Einstellung dartun. Mit Vernunft läßt sich aber nichts ausrichten, denn der *puer aeternus* hat es immer mit dem Schicksal zu tun.»[3] . . .

Das Kindmotiv stellt ein Stück Spontaneität dar, und das große Problem – in jedem Falle ist es ein individuelles ethisches Problem – besteht darin, zu entscheiden, ob es nun ein infantiler Schatten ist, der erzogen werden muß, oder etwas Kreatives, das sich auf eine zukünftige Lebensmöglichkeit hinbewegt. Das Kind ist immer beides, hinter uns und uns voraus. Hinter uns ist es der infantile Schatten, den wir zurücklassen, und eine Kindlichkeit, die geopfert werden muß – das, was uns immer zurückzieht in Infantilität und Abhängigkeit, so daß wir träge und verspielt sind und den Problemen, der Verantwortung und dem Leben ausweichen. Wenn andererseits das Kind uns voraus ist, bedeutet dies Erneuerung, die Möglichkeit ewiger Jugend, Spontaneität und neue Lebensmöglichkeiten – das Leben fließt in eine schöpferische Zukunft. Das große Problem besteht darin, in jeder Situation zu entscheiden, ob es sich um einen infantilen Impuls handelt, der uns nur zurückzieht, oder um einen Impuls, der dem eigenen Bewußtsein zwar infantil erscheint, in Wirklichkeit jedoch angenommen und gelebt werden sollte, weil er vorwärts führt.

Manchmal ist die Antwort auf dieses Dilemma ganz offenkundig, denn der Kontext des Traumes kann sehr klar zeigen, was gemeint ist. Sagen wir, ein Mann vom Typ des *puer aeternus* träumt von einem kleinen Jungen: Der Erzählung des Traumes können wir entnehmen, ob die Erscheinung des Kindes eine fatale Wirkung hat, und in diesem Falle behandle ich es als infantilen Schatten. Erscheint dieselbe Figur jedoch positiv, so kann man sagen, daß sie etwas ist, das kindisch dumm aussieht, aber akzeptiert werden muß, weil darin eine neue Lebensmöglichkeit steckt. Wenn sich das immer so verhielte, wäre die Analyse dieses Problems sehr einfach. Leider sind die destruktive und die konstruktive Seite, der Zug nach rückwärts und der Drang nach vorwärts, wie alle Inhalte des Unbewußten sehr eng verbunden und vollkommen ineinander verwoben. Darum ist es, wenn solche Figuren erscheinen, sehr schwierig, sich zu entscheiden, manchmal sogar praktisch unmöglich . . .

Wenn Sie den *puer aeternus* im negativen Sinne betrachten, können Sie sagen, daß er dem Mutterproblem nicht entwachsen will. Er will in seiner Jugend oder seinem jugendlichen Zustand verbleiben, aber das Wachstum geht trotzdem weiter, bis es ihn zerstört, und er wird dann gerade von demjenigen Faktor in seiner Seele getötet, durch den er seinem Problem hätte entwachsen können. Wenn Sie im wirklichen Leben mit einem solchen Problem zu kämpfen haben, dann sehen Sie, wie die Leute sich weigern, zu wachsen, reif zu werden und das Problem anzupacken, und wie sich mehr und mehr ein destruktives Unbewußtes aufbaut. Dann müssen Sie sagen: «Um Gottes willen, tu etwas, denn das Ganze wendet sich gegen dich und wird über deinem Kopf zusammenschlagen!» Doch kann, wie der Sternen-Prinz im Buch sagt, der Augenblick kommen, wo es zu spät ist, weil das destruktive Wachstum alle Kraft aufgesaugt hat.

Das üppige Wachstum ist auch ein Bild für ein reiches Phantasieleben, für inneren schöpferischen Reichtum. Sehr oft findet man beim *puer aeternus* solch reiches Phantasieleben, aber dieser Reichtum ist gestaut und kann nicht ins Leben einfließen, weil der *puer* sich weigert, die Realität zu nehmen, wie sie ist, und dadurch das Leben blockiert. Er dämmt sein inneres Leben ein. So steht er erst um halb elf auf, hängt bis zum Mittag, Zigaretten rauchend, herum und gibt seinen Gefühlen und Phantasien nach. Am Nachmittag hat er vor, einige Arbeit zu erledigen, aber zuerst geht er mit Freunden aus und dann mit einem Mädchen, und der Abend wird mit langen Diskussionen über den Sinn des Lebens verbracht. Um ein Uhr nachts geht er dann zu Bett, und am nächsten Tag wiederholt sich das Ganze. Auf diese Weise werden Lebensfähigkeit und innerer Reichtum vergeudet, denn sie können nicht zu etwas Sinnvollem verwendet werden, sondern überwuchern langsam die wirkliche Persönlichkeit. Der Betreffende geht in einer Wolke von Phantasien umher, Phantasien, die in sich interessant und voll von reichhaltigen Möglichkeiten sind, voller ungelebtem Leben. Man fühlt, daß eine solche Person inneren Reichtum und Fähigkeiten besitzt, aber es gibt keine Möglichkeit, ein Mittel zu ihrer Verwirklichung zu finden. Dann wird der Baum, das innere Wachstum, negativ und tötet am Ende die Persönlichkeit. Deshalb ist der Baum oft mit dem negativen Muttersymbol verbunden, denn der Mutterkomplex bringt diese Gefahr mit sich, seinetwegen kann der Individuationsprozeß in diesem Sinne negativ werden.

. . . [Das Kind hat] eine naive Lebensanschauung. Wenn Sie sich

Ihre eigene Kindheit ins Gedächtnis zurückrufen, dann erinnern Sie sich, wie intensiv Sie lebten. Das Kind ist, sofern es nicht schon neurotisch ist, ständig an etwas Neuem interessiert. An was das Kind auch leiden mag, es leidet normalerweise nicht an Lebensferne – außer wenn es von der Neurose seiner Eltern vergiftet ist. Sonst ist es voller Leben, und darum sehnen sich die Leute danach, diese naive Vitalität, die sie beim Erwachsenwerden verloren haben, wieder zu erlangen, und denken an ihre Kindheit zurück. Das Kind ist eine innere Möglichkeit, die der Erneuerung. Die Frage ist aber, wie sie ins tatsächliche Leben des Erwachsenen hineinkommt.

12

Jeffrey Satinover

Das Kindheitsselbst und die psychischen Ursprünge des Puer

Jeffrey Satinovers Beitrag knüpft gewissermaßen an Marie-Louise von Franz' Ausführungen an. Er sieht die psychischen Ursprünge des puer vor allem in der frühkindlichen Entwicklung und zeigt Gemeinsamkeiten zwischen der Psychologie des puer aeternus und den verschiedenen narzißtischen Störungen auf. Satinover, Psychiater und jungianischer Analytiker, sieht die Quellen für das Dilemma des puer in den beiden Extremen möglichen elterlichen Verhaltens dem Kind gegenüber: Vernachlässigung oder übertriebene Nachsicht während der Zeit, in der das Kind das sich entwickelnde Selbst zum erstenmal erfährt. Die Eltern narzißtisch gestörter pueri aeterni erkennen nicht die beiden Grundbedürfnisse des Kindes «nach Anerkennung seiner Großartigkeit und Besonderheit, so unrealistisch diese auch sein mögen, sowie nach den gemäßigten Frustrationen durch die Wirklichkeit, so schmerzlich diese auch sein mögen». Der Autor behauptet, daß Eltern, die ihren Kindern die heilsamen Formen der Grandiosität bzw. die üblichen schmerzlichen Erfahrungen der Wirklichkeit vorenthalten, selbst ein unbewältigtes Puer-Dilemma haben und daß sie viel zu sehr mit der Befriedigung der Bedürfnisse des eigenen Inneren Kindes beschäftigt sind, um sich dem Selbst ihres Kindes ausreichend zu widmen.

Wie entsteht der *puer*? Um diese Frage beantworten zu können, müssen wir zuerst in aller Kürze darstellen, wie sich das Selbst bildet und welche Konsequenzen seine richtige Bildung für die sich entwickelnde Persönlichkeit hat. Die Formung des Selbst in der Kindheit wirkt sich gezielt auf das Ich aus, genauso wie spätere, bewußtere Erfahrungen des Selbst: Es fördert den Zusammenschluß von Ich-Fragmenten zu einer funktionalen Einheit. Dieser Zusammenschluß bringt es mit sich, daß das kindliche Ich wesentlich besser funktioniert als zuvor, genauso wie später im Leben ein Verlust des Identitätsgefühls mit einer ernsten Minderung der Fähigkeiten des Ich einhergeht, da es in einen Zustand zurückfällt, der jenem entspricht, der in der Kindheit vor dem Erscheinen des Selbst geherrscht hat.

Ein Beispiel: Eine Frau erinnerte sich daran, wie sie im Alter von zweieinhalb Jahren aus dem Mittagsschlaf erwacht war und erkannt hatte, wer sie war, und plötzlich hätte sie gewußt, daß sie allein entscheiden konnte, ob sie einen Mittagsschlaf brauchte oder nicht. Sie rief die Eltern ins Zimmer und verkündete ihnen, daß sie von nun an keinen Mittagsschlaf mehr brauche.

Diese frühe, abrupte Erfahrung der Identität wird von bestimmten Gefühlen begleitet. Darin drückt sich etwas ganz Besonderes und Wichtiges aus: Größe oder Gottähnlichkeit, Allwissenheit und Allmacht. Diese Gefühle geben unmißverständlich zu verstehen, daß sich das Selbst unter der Oberfläche wirklich geformt hat.

Den Kern der späteren Identität des Erwachsenen bildet daher etwas, was wir eine notwendige Grandiosität nennen könnten. Als Teil der normalen Bildung des Selbst braucht das Kind eine grandiose Ausweitung seines Selbstgefühls. Daher konnte die Zweieinhalbjährige ihre Eltern mit der Stimme des Selbst rufen und sich ihnen gegenüber durchsetzen.

Auf diese Weise also wird das Selbst in der Kindheit erlebt. Das «Kindheitsselbst», wie ich es fortan nennen werde, bildet den Kern der späteren Identitätserfahrung, indem es – über jedes rationale Argument und alle Relativierungen angesichts der sozialen und physischen Wirklichkeit hinaus – einen tiefen Glauben an den eigenen Selbstwert vermittelt. Diese frühe Erfahrung des Selbst bildet später auch die Basis für eine heilsame Introversion. Das heißt, das Kind, das dieses Gefühl der Einheit und Größe zutiefst erlebt hat, weiß, daß es in Zeiten der Frustration und des Versagens immer in sich hineinschauen und sich seines eigenen Wertes vergewissern kann. Dieser Akt, in sich zu gehen und zu lernen, wie man sich auf sich selbst verlassen kann, wird zur Gewohnheit.

Normalerweise wirkt sich das Kindheitsselbst auf die kindliche Identität im Laufe der Entwicklung ganz unterschiedlich aus. Während es sich herausbildet, erlebt das Kind sich als viel stärker, als es wirklich ist. In dieser Phase der Kindheit befindet sich die Einbildungskraft auf ihrem Höhepunkt – hier kann das Kind mit selbstverständlicher Leichtigkeit einen König oder eine Königin, einen Krieger, Vater oder Mutter, einen Abenteurer oder einen Schurken spielen. Es ist, als ob in der Imagination dem Kind die ganze Bandbreite dessen zur Verfügung steht, was es bedeutet, ein Mensch zu sein. Keine Möglichkeit des Menschen ist zu groß oder zu niedrig, als daß sie nicht im Phantasieleben und im Spiel umgesetzt werden könnte. Allerdings sieht das Kind sich vor die Aufgabe gestellt, sich der gewöhnlichen Wirklichkeit immer mehr anzupassen, und dafür sind seine Fähigkeiten noch ganz unentwickelt, während die Vorstellungskraft des Kindheitsselbst so reich ist.

Da seine grandiosen Phantasievorstellungen mit der Wirklichkeit kollidieren, kommt es unvermeidlich zur Frustration. Diese Frustration ist notwendig und gut. Wenn das Kind sie langsam, nach und nach erlebt, werden die vom Selbst erzeugten Vorstellungen von dem, was es ist, allmählich modifiziert und reduziert. Gleichzeitig werden die Fähigkeiten und Funktionen des Ich durch Übung größer und effizienter. Im Idealfall wird dann in der späten Jugend ein Punkt erreicht sein, an dem die selbstverherrlichenden Tendenzen und die vom Selbst erzwungene Grandiosität so weit zurückgegangen sein werden, daß sie den zunehmenden Fähigkeiten entsprechen.

An diesem Punkt kann ein neuer, mehr extrovertierter Prozeß beginnen. Der junge Erwachsene empfindet noch tief in sich selbst seine Besonderheit und seinen Wert, das Erbe des Kindheitsselbst also, aber seine Vorstellungen über das, was er ist, sind doch schon bescheidener. Das Gefühl der Besonderheit verleiht seinen Zielvorstellungen und seinen Wünschen eine kaum bewußte Aura der Numinosität und sorgt dafür, daß es sich lohnt, sie auch weiterhin zu verfolgen. Aber statt der Frustration, die er früher erfahren hatte, als seine Phantasien noch seine Fähigkeiten übertrafen, erlebt er nun eine Bestätigung seines Selbstbildes. Nun entspricht seine Vorstellung von dem, was er ist, von seinen Gaben und Grenzen, seinen realen Fähigkeiten. Er lernt, daß er tatsächlich der ist, der zu sein er gehofft hat, und aus dieser Bestätigung bezieht er ein neues Gefühl der Befriedigung. Auf diese Weise gelangt er zu einer stabilen Identität, die er weiter ausbauen kann.

Es gibt zwei Möglichkeiten, wie dieser Prozeß schiefgehen und später im Leben zum *puer* führen kann. Zum einen kann die Bildung des Selbst ständig behindert werden; zum andern kann das Selbst, das sich gebildet hat, vor den Einschränkungen der Wirklichkeit beschützt werden, die das grandiose Identitätsgefühl modifizieren und reduzieren.

Die Psychologie des *puer* im Mann ist bisweilen (von Franz, *Der ewige Jüngling*) auf frühe Erlebnisse zurückgeführt worden, bei denen die Mutter die sich entwickelnde Männlichkeit des Knaben bekämpft hat. Aus der Sicht der klassischen Psychoanalyse würde die gleiche Entwicklung auf exzessive Ängste vor der Kastration durch den Vater zurückgeführt werden (wobei diese Ängste proportional der Bindung an die Mutter entsprächen). Beide Ansichten siedeln den Ursprung der *Puer*-Psyche viel später (im Alter von drei bis fünf) an, als ich es tue, wobei sie ihm eine sexuelle Bedeutung unterstellen und als Erklärung eigentlich eher auf die männliche Psyche ausgerichtet sind. Das Phänomen des *puer* kommt jedoch genauso häufig bei Frauen wie bei Männern vor. Das sowie die Tatsache, daß der *puer* beiderlei Geschlechts eher eine etwas verschwommene sexuelle Identität aufweist, legen es nahe, den Ursprung des *puer* früher zu sehen, nämlich bevor sich die Identität geschlechtsspezifisch weiter differenziert.

Ich meine, daß der *puer* sich aus einem elterlichen Milieu ergibt, das in einem etwa 18 Monate bis zwei Jahre alten Kind ständig jede Form von Selbstbewußtheit, in Handlungen oder Phantasien, unterdrückt, die nicht als typisch männlich gilt, sondern ein Zeichen von Besonderheit und Größe ist. Diese Art von Selbstbewußtheit ist in einem gewissen Alter bei Jungen wie Mädchen anzutreffen. Wenn man sie unterdrückt, wird das später zu Identitätsstörungen führen, die von Problemen mit der Männlichkeit bzw. der Weiblichkeit überlagert sind. Ich denke dabei an eine ganz bestimmte Form der Unterdrückung, die der Gewohnheit verwandt ist, die wir alle mehr oder weniger haben, nämlich jede Grandiosität zu attackieren, die wir bei anderen verspüren (und natürlich hat diese

Gewohnheit ihren Ursprung in unseren frühen Erfahrungen, als man mit uns so umgesprungen ist).

Die Unterdrückung des sich bildenden Kindheitsselbst wird das Kind immer wieder auf ein davorliegendes Stadium zurückwerfen, das wir Fragmentierung nennen – es sei denn, es findet Zuflucht bei jemandem, der oder die seine Grandiosität akzeptiert: die Großeltern, ein anderer erwachsener Freund oder ein Therapeut.

Wenn dieser Unterdrückung nichts entgegenwirkt, dann wird das Kind die elterliche Mißbilligung des Kindheitsselbst verinnerlichen und später selbst die Rolle übernehmen, seine selbstverherrlichenden Tendenzen zu unterlaufen. Hält diese innere Selbstkritik bis ins Erwachsenenalter an, wird sie sich immer dann einstellen, wenn eine neue Idee, eine Begeisterung, ein Hoffnungsstrahl oder eine selbstzufriedene Phantasievorstellung auftaucht. Jede erwartungsvolle Antwort auf die Frage «Wer bin ich?» wird sofort durch ein «Ach, das ist nichts weiter als eine maßlose Übertreibung» unterdrückt. Im Kind wird sich das Selbst auch weiterhin zu bilden versuchen, weil es an dem angeborenen Drang zur Entwicklung teilhat. Damit entsteht ein innerer Teufelskreis: Auf jede Bildung des Selbst, die mit einem Schwall grandioser Vorstellungen einhergeht, folgt im Gegenzug ein Schwall von Selbstkritik und Refragmentierung.

Dieses Hin und Her zwischen Phasen der Grandiosität, in denen sich das Selbst bildet, und Phasen der Verzweiflung, in denen das Selbst wieder fragmentiert wird, ist ein typisches Merkmal für den *puer* und die Ursache für seine Überempfindlichkeit. Wenn er sich schon nicht selbst den Schlag verpaßt, der zur Fragmentierung führt, dann genügt schon die leiseste Kritik eines anderen.

Auch wenn ein hartnäckiger Zustand der Fragmentierung zuweilen durch äußere Ereignisse herbeigeführt werden kann, beruht er doch nicht auf ihnen. Das Selbst wird sich schon wieder bilden, wenn es an der Zeit ist. Daher bewirken Entschuldigungen und vernünftige Erklärungen, die an das Ich appellieren, nur wenig. Ein Mensch, der unter einer derartigen Fragmentierung leidet, wird weiterhin deprimiert, mißmutig und ärgerlich sein, ungeachtet jeden Versuchs, alles wiedergutzumachen – was oft dazu führt, daß dann der vermeintlich Schuldige verärgert, frustriert und zerknirscht ist.

Wenn sich das Selbst im *puer* wieder bildet, befindet es sich in seiner Kindheitsform und ist daher besonders anfällig für eine Refragmentierung. Da es sich nicht auf die Wirklichkeit eingelassen hat, ist es noch nicht «wohltemperiert» und reagiert heftig wie bei einem Kind. Diese Empfindlichkeit erklärt, warum Kinder von unterbehütenden Eltern und Kinder von überbehütenden Eltern einander so ähnlich sind. Bei letzteren darf sich das Selbst uneingeschränkt bilden, aber es bleibt vor den Frustrationen des wirklichen Lebens «bewahrt», die dazu führen, daß die Identität weniger grandios als kohäsiv ist. In diesem Fall also werden die Grandiositätsphantasien nicht nur akzeptiert, sondern sogar gefördert. Die Eltern unterstützen das Gefühl des Kindes, etwas Besonderes zu sein, allzu sehr und nötigen es, sich erwachsener, als es ist, zu verhalten. Diese übertriebene Liebe und Bewunderung vergilt es mit Frühreife.

Ein solches Kind kann von seinem Kindheitsselbst völlig abhängig werden. Später wird es einen Großteil seines Lebens darauf verwenden, Erfahrungen zu machen, die die Grandiosität seines Selbst aufrechterhalten oder wiederherstellen, während es Frustrationen aus dem Weg geht, die sein Gefühl, etwas Besonderes zu sein, beeinträchtigen könnten.

Jeder *puer*, ganz gleich wie er aufgewachsen ist, wird anderen Menschen narzißtisch vorkommen: Seine Introversion drückt sich stets darin aus, daß er sich ständig bemüht, den Erlebnisraum des Kindheitsselbst aufrechtzuerhalten und durch entsprechende äußere Umstände – Drogen, kurze Affären, intensive physische oder geistige Aktivitäten – zu bekräftigen. Beide Typen von *pueri* wirken ungeheuer empfindlich, und beide neigen zu radikalen und plötzlichen Umschwüngen in ihrem Selbstwertgefühl.

Es gibt aber noch eine Ursache für die psychische Verfassung des *puer*: die große Begabung. Je nachdem, wie groß sie ist, kann sie zu verschiedenen Formen des *puer* führen, und daher wird man vielleicht im Laufe der Selbstexploration ziemlich vergeblich die Ursachen für seine Neurose in der Beziehung zu den Eltern suchen. Andererseits ist die Vorstellung, begabt zu sein, eine der am häufigsten vom Kindheitsselbst erzeugten Selbstdefinitionen, die dazu führt, daß man seine Schwächen zum Preis umdeutet, den das Genie nun einmal zu zahlen hat. Da dieses Problem allerdings sowohl beim wirklich begabten Individuum auftaucht wie bei einem relativ unbegabten, kann es hier zu Verwirrungen kommen.

Daher ist es wichtig, daß man unterscheidet zwischen einer objektiv festzustellenden Fähigkeit und dem Bedürfnis, sich selbst für besonders begabt zu halten.

Und so führt Talent zum Typus des *puer*: Wie beim unbegabten Kind erzeugt das sich heranbildende Selbst auch im begabten Kind Allmachts- und Grandiositätsphantasien – allerdings wird es bei seinen Versuchen, diese Phantasien zu realisieren, weit weniger frustriert als das unbegabte Kind. So kann es beispielsweise dem musikalisch begabten Kind möglich sein, ein Instrument mit wenig oder fast ohne Übung auf diese magische Art zu spielen, wie man sie immer wieder bei Kindern erlebt. Die proteische Vielfalt des Selbst ist beim vielseitig begabten Kind mehr als nur ein leeres Versprechen. Es ist tatsächlich nahezu imstande, alles zu können.

Infolgedessen steht das begabte Kind nicht so sehr unter Druck, sein grandioses Selbstbild modifizieren zu müssen, wie das unbegabte Kind. Seine Fähigkeiten entsprechen seinen Phantasien, und es sieht sich selbst nicht erst in später Jugend, sondern schon sehr früh bestätigt, wenn dieses Selbstbild noch viel von seinem ursprünglichen Glanz besitzt. Seine staunend stolzen Eltern sind ihm ein wahrer Spiegel seiner selbst und eben nicht der künstliche Zerrspiegel, wie es die überbehütenden Eltern sind.

Allerdings gleicht die Entwicklung des begabten Kindes der Entwicklung des Kindes in einem überbehütenden Milieu. Auch beim begabten Kind ist der Grundzug des *puer*: die instabile Identität, festzustellen, weil es sich auf ein weniger modifiziertes Selbst stützt als das normale Kind und folglich sein Identitätsgefühl labiler ist. Auf ganz natürliche Weise vermag das begabte Kind die Fragmentierung hinauszuzögern und ein Hochgefühl auf dem Gebiet aufrechtzuerhalten, das es am besten beherrscht: in der Ausübung seiner Talente. Daher ist es gerade auf diesem Gebiet besonders anfällig für Kritik, und darum führt die Kritik an den Werken eines kreativen Menschen auch so häufig zur Fragmentierung seiner Persönlichkeit.

Der erwachsene puer

Einige der charakteristischen Eigenschaften des Puer-Syndroms können von dem vorstehenden Modell abgeleitet werden. Der allgemeinste Grundzug dieses Modells besteht ja darin, daß beim *puer* das Identitätsgefühl eng mit den Zyklen des Selbst verbunden ist und daß dieses Gefühl relativ wenig aus den Leistungen des Ich in der physischen oder sozialen Wirklichkeit bezogen oder daran gemessen wird. Es gibt zwei große Kategorien, die wir unter diesem Blickwinkel untersuchen können. Die eine ist das Gebiet der Ziele und Leistungen, die andere betrifft den Bereich der persönlichen Beziehungen. Auf beiden Gebieten gibt es zwei grundlegende Ursachen für typische *Puer*-Eigenschaften: Einige dieser Eigenschaften beruhen unmittelbar auf der Fragmentierung oder der Übersteigerung, andere auf Abwehrhaltungen gegenüber diesen Zuständen.

Auf dem Gebiet der Ziele und Leistungen können wir uns mit zwei Phänomenen befassen: mit den Problemen beim Setzen und Erreichen realistischer Ziele und mit den Vorstellungen über die eigene Besonderheit. Eine charakteristische Eigenschaft des *puer* besteht darin, daß er intensiven, häufigen Grandiositätsphantasien ausgesetzt ist. Diese Phantasien stellen die Übertragung der Identität ins Bewußtsein dar sowie eine Art der Definition dieser Identität, die auf dem Kindheitsselbst beruht. Je nachdem, wie weit diese Phantasien durch Erfahrung modifiziert sind, entsprechen sie mehr oder weniger dem reinen Bild des Selbst.

Von den heutzutage am häufigsten anzutreffenden Phantasievorstellungen kann man eine Rangfolge entsprechend der darin zum Ausdruck gebrachten Grandiosität aufstellen: 1. messianische Phantasievorstellungen, in denen die persönliche Identität dem Selbst gleichwertig ist; 2. Phantasien über ein spirituelles Auserwähltsein oder über den Besitz großer geistiger Kräfte; 3. Phantasien, ein Genie oder zumindest begabt und besonders kreativ zu sein; 4. der Wunsch, sehr berühmt oder mächtig zu sein; 5. der Wunsch, sehr reich zu sein; 6. der Wunsch, beruflich erfolgreich zu sein.

Angesichts der Tatsache, daß es in all diesen Phantasien um das Selbst geht, können wir eines feststellen: Sobald der vom Kindheitsselbst ausgeübte Druck nachläßt und die realen Fähigkeiten wachsen, wird ein Punkt erreicht, an dem diese Vorstellungen realistisch werden. Wann dies der Fall sein wird, hängt natürlich davon ab, was der einzelne wirklich kann. Im Laufe einer erfolgreichen Analyse werden die Grandiositätsvorstellungen in gewisser Weise abnehmen.

Man übersieht oft, daß diese Phantasievorstellungen nicht nur erfreulich, sondern auch quälend sind. Der *puer* erlebt sie als einen Appell zu handeln, und je nachdem wie weit er die Realität und ihre Grenzen einzuschätzen vermag, wird er sein Versagen gegenüber diesem Appell als inneren Vorwurf erleben, der wiederum zur Fragmentierung führt und ihm ein Gefühl der Wertlosigkeit vermittelt. Der *puer* «weiß» zwar oft, daß seine Phantasievorstellungen unrealistisch sind, aber er ist außerstande, sich mit weniger zufriedenzugeben. Daher fühlt er sich entweder zu immer größeren Anstrengungen genötigt (die er oft zur Schau stellt, weil er dann ein starkes und unmittelbares Feedback hat), oder er entzieht sich dem Druck völlig und verliert jede Motivation (er fühlt sich «zurückgeworfen»). Eine echte Befriedigung vermögen seine Leistungen ihm freilich nie zu vermitteln, weil sie niemals den Anforderungen des Kindheitsselbst gerecht werden können.

Wenn derartige Menschen genügend begabt sind, werden sie häufig einen kometenhaften Aufstieg in einem Beruf erleben, bei dem sie sich im Beifall der Öffentlichkeit sonnen können – daher gibt es heutzutage jede Menge Superstars, und so mancher kämpft verzweifelt darum, berühmt zu werden, «jemand zu sein». *Pueri* malen sich in ihrer Phantasie aus oder träumen davon, zu fliegen. Ich halte dies für die wesentliche innerpsychische Darstellung des durch das Kindheitsselbst ausgeübten Drucks, etwas Besonderes und Großartiges zu sein. Solche Träume und Phantasien (und allgemeiner noch die Erfahrung oder symbolische Repräsentation, «high zu sein») werden oft so gedeutet, daß das Individuum den Kontakt zur Wirklichkeit verloren hat. Andere hingegen verstehen sie als Anzeichen eines spirituellen Aufstiegs. Wenn wir mit «Wirklichkeit» die äußere Welt und ihre Anforderungen meinen, dann stimmt diese Deutung zuweilen, wenn auch erst in zweiter Linie. Entscheidender nämlich ist, daß das Motiv des Fliegens die Art und Weise darstellt, wie das Gefühl der Besonderheit einen Menschen über seine Grenzen hinausträgt. Der uralte Menschheitstraum vom Fliegen hat schon immer auf prototypische Weise den Drang ausgedrückt, den Beschränktheiten der irdischen Existenz zu entfliehen. Es ist kein Zufall, daß solche Träume vom Selbst ausgehen. Nicht minder häufig übrigens wie das Motiv des Fliegens kommt in den Phantasievorstellungen des *puer* das Motiv des Absturzes vor – beide stehen für die konträren Zustände des Selbst: Bildung und Fragmentierung.

In therapeutischer Hinsicht kommt es vor allem darauf an, daß der *puer* erkennt, wie diese beiden Zustände miteinander zusammenhängen, und daß er erlebt und versteht, daß hinter jedem Hochgefühl die Verzweiflung lauert und jede Depression ein Streben nach Ruhm verdeckt. Träume signalisieren oft das Aufscheinen dieser Erkenntnis. Ein Beispiel: «Ich werde von einem riesigen Fallschirmsimulator hochgehoben, aber ohne Fallschirm. Wenn ich ganz oben bin, werde ich fallengelassen und schlage auf der Erde auf. Dort werde ich wieder aufgelesen und hochgehoben. Das geschieht immer wieder.»

Ein häufiges Merkmal solcher Träume ist – wie in diesem Beispiel – eine Art mechanischer Zyklus. Das entspricht einem introspektiven Wesenszug des *puer*, den das Individuum – sofern ihm sein Wesen zumindest teilweise bewußt ist – so ausdrücken wird: «Ich muß einfach nach oben kommen, aber ich kann auch nichts gegen den Absturz tun.» Daraus folgt, daß es wenig hilfreich ist, wenn man einem solchen Menschen seinen tatsächlich vorhandenen Hang zur Grandiosität vorwirft. Vielmehr vergrößert es nur noch das dahinterstehende Gefühl der Frustration, der Isolation und der Hilflosigkeit angesichts dessen, was er längst als Problem erkannt hat.

Weil es inzwischen alle möglichen okkulten und spirituellen Gruppen gibt, wird die messianische Phantasievorstellung – ein Guru mit einer größeren oder kleineren Anhängerschaft zu sein – immer mehr akzeptiert und tritt auch häufiger auf als früher. Diese Ambition kommt ebenso wie die etwas weniger hochfliegende Phantasievorstellung, vollkommen erleuchtet zu sein, häufig beim *puer* vor und wird auch oft von ihm in die Tat umgesetzt. Warum ist das so?

Auch hier gilt die kaum beachtete Tatsache, daß die Grandiosität der Vorstellung, vollkommene Spiritualität erlangt zu haben, den *puer* ungeheuer fasziniert. Indem er in die Rolle des Meisters oder Schülers schlüpft, nimmt er eine Identität an, die das Numinose des Selbst in seiner absolut unverfälschten konkreten Form enthält. Mehr noch: Das allgemeine Gefühl, daß spirituelle Erleuchtung über die irdische Welt erhebt, besonders wenn man sich dem Geist auf eine gewisse hermetische Weise nähert, befreit das entwickelte Kindheitsselbst von seinen täglichen Frustrationen und bewahrt es in seiner ursprünglichen, unmodifizierten Form. Hartnäckig klammert sich der *puer* an derartige Kulte, weil er für den Verzicht auf seine Zugehörigkeit einen hohen Preis zahlen müßte: die Fragmentierung seiner Identität.

In ihrem Buch über den *puer* [siehe den vorhergehenden Beitrag] weist Marie-Louise von Franz darauf hin, daß sich der *puer* oft auf die Suche nach einer Geistigkeit begibt, wie sie für die späte Adoleszenz typisch ist. Ich möchte dem hinzufügen: In der späteren Jugend wird die spirituelle Suche oft stillschweigend aufgegeben. Das geschieht genau an dem Punkt, an dem der abnehmende Druck, etwas Besonderes zu sein, und die zunehmend realer werdenden Fähigkeiten einander entsprechen. Oft kann man nämlich feststellen, daß sich hinter der adoleszenten Spiritualität eine Identitätssuche verbirgt, die als solche nicht bewußt akzeptiert wird (allerdings kann der Betreffende nach vielen Jahren lächelnd zugeben, daß sie genau das war). Sobald diese Identität gefunden ist, kann man die spirituellen Interessen unbesorgt fallenlassen. Das gleiche gilt auch für die ältere *Puer*-Persönlichkeit. Deren intensive spirituelle Interessen verschleiern oft nur die fehlende Identität. Wenn die persönliche Identität sich erfolgreich gebildet hat, kann die spirituelle Sinnsuche wieder aufgegeben werden.

Natürlich ist das nicht immer der Fall. Es gibt Menschen, die über besondere geistige Gaben verfügen. Bei ihnen wird die Loslösung von der *Puer*-Struktur zu einer persönlichen Identität führen, die sich um eine komplexe und realistische Orientierung an dringlichen geistigen Fragen gebildet hat – Jung ist für diese Konstellation ein gutes Beispiel. Aber die Spiritualität solcher Menschen ist eine hochmodifizierte Form des vom Kindheitsselbst geschaffenen Ideals. Aufgrund der Auseinandersetzung mit der Realität fehlt ihr die intensive, versteckte persönliche Grandiosität der Spiritualität des *puer*, außerdem macht sie sich nichts aus perfektionierten, geschlossenen Systemen mit garantierten Ergebnissen. Für solche Menschen sind Geist und Sinn stets die großen offenen Fragen – sie lassen sich eher vom Zweifel als vom Glauben leiten, eher von dem, was sie nicht wissen, als von dem, was sie wissen. Weil dem *puer* und der *puella* die Identität fehlt, sind sie außerstande, diese Art von Offenheit aufrechtzuerhalten. Das Fehlen einer inneren Gewißheit hat zur Folge, daß sie narzißtisch abhängig sind von dem, was sie als äußere Wahrheiten erkennen.

In diesem Zusammenhang stellt sich die interessante Frage, warum die Psychologie Jungs für den *puer* eine solche Anziehungskraft besitzt, zumal Jung selbst sich in seinem Werk vornehmlich mit Problemen des späteren Lebens befassen wollte. Ich glaube, den Grund zu kennen: Jungs Psychologie ermöglicht eine enge Beziehung zum Selbst und zu den Archetypen, und genau daran ist der *puer* interessiert – allerdings aus anderen Gründen, und die enge Beziehung, die er zum Selbst sucht, unterscheidet sich doch sehr von der, die Jung beschäftigt hat. Während Jung versuchte, eine *objektive* Beziehung zwischen dem Selbst und einem Ich festzustellen, das bereits über ein gesichertes Identitätsgefühl verfügte (wobei ich mit «objektiv» genaugenommen ein Objekt des Bewußtseins meine), bemüht sich der *puer* um das Selbst als Subjekt, um eine persönliche Identität zu gewinnen. Jung und seine frühen Studenten beschritten den Weg der Individuation, weil sie ihn als notwendig erachteten – den *puer* interessiert an der Individuation nur der Reiz.

Eine andere Phantasievorstellung, die sich mit dem Wunsch nach Individuation verbindet und heutzutage häufig beim *puer* anzutreffen ist, bezieht sich aufs Kreativsein. Wie zuvor möchte ich klar unterscheiden zwischen der Kreativität an sich und dem Bedürfnis, sich für kreativ zu halten, das sowohl in kreativen wie in relativ unkreativen Menschen vorhanden ist. Die Vorstellung, kreativ zu sein, gehört zum entwickelten Kindheitsselbst.

Kreativ zu sein war nicht immer das Kennzeichen der persönlichen Identität, wie es das heute geworden ist. Im Mittelalter waren überaus kreative Werke großenteils anonym (wie die illuminierten Klosterhandschriften) oder das Ergebnis kollektiven Schaffens (wie die großartigen Kathedralen, an denen oft drei und mehr Generationen von Steinmetzen gearbeitet haben).

«Kreativität» oder «Schöpfung» war, wie schon der Begriff sagt, Gott vorbehalten. Heute aber tritt sie im psychologischen Sinne als eine vom Selbst erzeugte Phantasievorstellung auf.

In der Renaissance kam die Idee des Menschen als Schöpfer auf und damit das große Interesse an einer Auflistung der Merkmale des Genies. Die Romantiker, die genauso an die Renaissance anknüpften, wie die Renaissance an die klassische Antike anknüpfte, sorgten für eine weitere Verbreitung des Geniekults, wobei die Dichter nach einem Wort Shelleys als «die verkannten Gesetzgeber der Menschheit» betrachtet wurden. Wir nun, die Erben und kommerziellen Vermarkter der romantischen Tradition, brauchen unbedingt kreatives Schreiben und kreative Fußbekleidung, kreative Ehen und kreative Scheidungen. Paradoxerweise kann ausgerechnet die Phantasievorstellung, kreativ zu sein, jemanden ernsthaft daran hindern, wirklich kreativ zu agieren. Der Druck, den diese Phantasievorstellung auf den *puer* ausübt, beeinträchtigt oder schwächt oft seine Ausdrucksmöglichkeiten. Damit sind wir bei einem allgemeineren Thema angelangt: dem Ehrgeiz.

Trotz ihrer großartigen geistigen, kreativen, auf Ruhm oder sonst was ausgerichteten Ambitionen gelten viele *pueri* als faul. Der Begriff »Faulheit« ist in diesem Fall jedoch nicht zutreffend. Es ist zwar richtig, daß *pueri* unter ganz bestimmten Arbeitsstörungen zu leiden haben, aber ich glaube nicht, daß diese Störungen auf Arbeitsunwilligkeit beruhen. Das heißt, es sind keine Störungen des Ich oder des Willens. Tatsächlich wissen viele *pueri* sehr wohl, daß sie hochfliegende Ambitionen haben, aber nicht in der Lage sind, sie wirklich umzusetzen. Meiner Erfahrung nach beklagen sie sich am häufigsten ausschließlich über die schmerzliche Spannung zwischen ihren Zielen und der Unfähigkeit, sie zu verwirklichen.

Schließlich neigen einige *pueri* sogar dazu, sich zu überanstrengen, so daß sie nicht mehr aufhören können zu arbeiten oder die Früchte ihrer Mühe nicht mehr ernten können. Solche Menschen sind weniger häufig an einer Analyse interessiert, weil sie – zumindest für einige Zeit – genügend Befriedigung daraus beziehen, daß sie sich selbst für hart arbeitende Menschen halten – und damit bleibt ihnen die Leere dahinter verborgen.

Die Unfähigkeit zu arbeiten, die mit ihren großartigen Ambitionen einhergeht, bereitet vielen *pueri* Kummer. Oft kommen sie zur Analyse, weil sie bei einer kreativen Arbeit versagt haben: Sie leiden unter Schreibblockaden oder Lampenfieber oder können ihre Doktorarbeiten nicht abschließen. Häufig scheinen sie sich bewußt selbstzerstörerisch zu verhalten: Sie geben ihr Studium ein Semester vor dem Abschluß auf; sie lernen nicht für ein Examen oder für einen Aufnahmetest der Berufsschule (obwohl sie zuvor ausgezeichnet gearbeitet haben oder allen sonstigen Anforderungen gerecht worden sind); sie schieben wichtige Aufgaben bis zur letzten Minute vor sich her, auch wenn es sich nur um einen einzigen Telefonanruf handelt, oder sie zögern ein großes Projekt so lange hinaus, daß sie das Ganze schließlich in großer Eile erledigen müssen und damit zwar eine beeindruckende Leistung zustande bringen, aber nur ein mittelmäßiges Produkt.

Häufiger noch werden *pueri* Projekte, die sie bereits angefangen haben, einfach nicht abschließen, indem sie die Sache überhaupt hinwerfen oder das, was sie bereits erledigt haben, immer wieder überarbeiten, so daß es nie fertig wird. In diesen und ähnlichen Fällen kann das Problem auf den Druck zurückgeführt werden, den das entwickelte Kindheitsselbst ausübt. Das Problem heißt Versagensangst – genauer: die Angst, da zu versagen, wo man *per definitionem* garantiert versagen muß. Der *puer* wird häufig um diese Angst wissen und daß sie ihn lähmt oder zunichte macht, was er bereits vollbracht hat. Am leichtesten ist das beim Lampenfieber festzustellen – hier sind Angst und Lähmung akut, intensiv und offenkundig. Weniger leicht erkennt man es bei langfristigen Projekten wie einer Doktorarbeit. In allen Fällen ist man sich am wenigsten der Tatsache bewußt, daß das Projekt einfach scheitern muß, wie groß auch immer der gegenwärtige Erfolg sein mag: Denn kein Erfolg kann vor der innersten Phantasievorstellung des Kindheitsselbst bestehen.

In diesem innersten Kern ist der Archetypus des göttlichen Kindes angesiedelt. Das um seiner Identität willen diesem Vorstellungsbild narzißtisch verpflichtete Individuum kann durch eine konkrete Leistung nur dann Befriedigung erlangen, wenn diese Leistung der Grandiosität des archetypischen Bildes entspricht. Sie muß großartig, absolut einmalig, die beste überhaupt sein, vor allem aber muß sie so früh wie möglich erbracht werden.

Das erklärt die ungeheure Faszination, die Wunderkinder ausstrahlen, und es erklärt auch, warum selbst ein großartiger Erfolg dem *puer* keine anhaltende Befriedigung verschafft: Als Erwachsener kann er keine frühreife Leistung erbringen, außer er bleibt künstlich jung oder vergleicht seine Leistungen mit denen älterer

Menschen (daher bemüht er sich eifrig darum, so weise zu sein wie jene, die viel älter sind).

Der *puer* lebt mit dem ständigen, vagen Gefühl, versagt zu haben, da er der archetypischen Forderung nie ganz gerecht wird. Da er das auf seine Umgebung projiziert, meint er, daß seine Umwelt genauso versagt hat. Was waren das noch für Zeiten, in seiner Kindheit oder in den Anfängen der Kultur. In der Gegenwart, in seiner ebenso wie in der der Gesellschaft, gibt es nichts, was diesen Mangel jemals wettmachen kann, und darum wird die Vergangenheit nostalgisch verklärt. Diese Einstellung wirkt sich besonders auf das ästhetische Urteil des *puer* aus, der einen ausgesprochen antiquierten Geschmack hat. Diese rückwärts gewandte Sehnsucht gilt nicht so sehr der Mutter oder dem *mundus imaginalis* (der imaginären Welt), wie man verschiedentlich erklärt hat, sondern dem Selbst und der Zeit im Leben, als das Selbst noch nicht mit der Realität konfrontiert worden war.

Zu Beginn wird ein Projekt von Phantasievorstellungen über seine Größe und Besonderheit begleitet – vor allem aber von Phantasievorstellungen über die Größe und Besonderheit des Machers. Dann wird dieses Projekt mit einem starken Identitätsgefühl angegangen, dessen Ursache das wiederhergestellte Kindheitsselbst ist. Doch im weiteren Verlauf schwindet die Begeisterung, und wenn der Abschluß bevorsteht, sieht das Ganze auf einmal nur noch wie jedes andere Buch, wie jede andere Doktorarbeit oder wie irgendeins von Tausenden von Musikstücken aus. Sobald diese Erkenntnis dem *puer* dämmert, fällt das wiederhergestellte Identitätsgefühl in sich zusammen, und es kommt zu Depressionen. Dann wird das Projekt entweder zugunsten eines neuen aufgegeben, welches das Selbst wieder «rekonstruiert», oder die Fragmentierung wird hinausgezögert, indem man das Ganze nach einem unerreichbar hoch angesetzten Maßstab endlos überarbeitet.

Oder es werden beim Herannahen des Abschlusses Mittel und Wege ersonnen, wie man aus einem banalen Sieg noch eine grandiose Niederlage machen kann. Die Aufnahmeprüfung gerade noch schaffen, ohne eine Zeile gelernt zu haben, läßt einen eher als Wunderkind erscheinen, als wenn man nach einer fürchterlich anstrengenden Vorbereitung hervorragend abschneidet. Man gilt lieber bei anderen wie bei sich selbst als ebenso brillant wie ungleichmäßig in seinen Leistungen denn als erfolgreicher Streber. Der *puer* gibt seinen eingebildeten Möglichkeiten den Vorzug vor seinen tatsächlichen Fähigkeiten, weil ersteren mehr vom Flair des Kindheitsselbst anhaftet als letzteren.

Werfen wir noch einmal einen Blick zurück auf die Zeit der frühen Kindheit, als sich die ursprüngliche Bildung des Selbst entschied. Eine der wichtigen Funktionen der Eltern, in diesem Alter gewöhnlich der Mutter, besteht, wie gesagt, darin, das sich bildende Selbst des Kindes widerzuspiegeln. Indem die Eltern dem Kind seine Besonderheit und Größe bestätigen, sorgen sie dafür, daß eine Art von notwendiger Grandiosität aufrechterhalten wird. Diese Größenphantasien werden das Kind motivieren, sich mehr und mehr in die Welt hinauszuwagen, wo durch erträgliche Niederlagen diese Größenphantasien modifiziert werden und die persönliche Identität nach und nach durch die realen Fähigkeiten des Ich stabilisiert wird.

Wo diese Widerspiegelung versagt – weil sie entweder nicht vorhanden ist oder weil sie übertrieben wird –, findet die Interaktion zwischen dem Kindheitsselbst und der Welt nicht statt, und die normale Entwicklung wird unterbrochen. Bis in sein Erwachsenenleben hinein steht dann das Individuum unter dem ständigen Druck, wieder zum Zustand des Kindheitsselbst zurückzukehren, so daß die Entwicklung wieder von neuem einsetzen kann. Die Manifestationen der Seelenlage des *puer* sind daher weniger pathologisch, sondern im Erwachsenenleben Ausdruck eines normalen, wenn auch lange hinausgezögerten Prozesses, der auf den archetypisch vorgegebenen Gang der Entwicklung zurückgeht. Daß sich dieser Prozeß oft nicht durchsetzt und zu einer Selbstheilung führt, liegt daran, daß der Betreffende aus seinen Kindheitserfahrungen eine falsche Introversion verinnerlicht hat – sie greift entweder automatisch das Selbst an, sobald es sich gebildet hat, oder bewahrt es vor der Modifikation, sobald eine Frustration auftaucht.

Das Wesen der Beziehungen des *puer* besteht darin, daß er solche Beziehungen sucht, die ihm jene Widerspiegelung bieten, die er selbst nicht leisten kann. Was beim *puer* wie Extraversion aussieht, ist alles andere als das. Im Grunde hat der *puer* überhaupt keine Objektbeziehungen (im psychoanalytischen Sinne) – statt dessen bezieht er sich auf einen fehlenden Teil seiner selbst, den er entweder in einem anderen sieht oder den er sich von einem anderen vorspielen läßt. Für den *puer* sind Objekte in erster Linie Mittel zur Introversion.

Wenn ein Mensch eine Art von *Puer*-Beziehung eingeht, dann soll damit eine auf dem Kindheitsselbst basierende Identität aufrechterhalten werden, wobei ein oder mehrere Bewunderer gesucht werden, die ihm seine Besonderheit und Grandiosität widerspiegeln. Am häufigsten kommt das zwar in Freundschaften oder Ehen vor, aber auch bei der Psychoanalyse.

Die Wiederherstellung des Selbst

Wir wollen uns nun der letzten Frage dieses Essays zuwenden: Wie können wir mit alldem umgehen? Ich glaube, daß es eine ganz konkrete und praktische Methode gibt, die man in alltäglichen Beziehungen genauso anwenden kann wie in der Therapie. Die Entwicklung des *puer* ist eine Folge der Reaktion der Eltern auf die Bildung des kindlichen Selbst. Wir können uns daher nun fragen, warum die Eltern die beiden Grundbedürfnisse des Kindes einfach nicht erkennen: nach Anerkennung seiner Großartigkeit und Besonderheit, so unrealistisch diese auch sein mögen, sowie nach den gemäßigten Frustrationen durch die Wirklichkeit, so schmerzlich diese auch sein mögen. Die Antwort sollte inzwischen klar sein: Die Eltern können dies einfach nicht verstehen, weil sie aufgrund ihrer eigenen psychischen Probleme mit dem *puer* viel zu sehr mit ihrem eigenen inneren Zustand beschäftigt sind, als daß sie das Selbst ihres Kindes erkennen und darauf reagieren könnten.

Das Interaktionsschema bei *Puer-puella*-Dyaden – ein Schema, das für jeden Beteiligten die unangemessene Bildung des Kindheitsselbst wiederholt – muß durchbrochen werden. Ganz allgemein geschieht dies dadurch, daß man die Aufmerksamkeit vom Inhalt auf den Prozeß der Interaktion verlagert.

Konkret bedeutet das, daß die Partner es vermeiden müssen, den Ärger, die Wut oder den Zorn auszuleben, Gefühlsregungen also, die in ihnen durch die überstürzte Fragmentierung ihres Selbst ausgelöst wurden. Statt dessen sollten sie in sich gehen und sich fragen, welches Gefühl diese Wut hochkommen ließ. Allgemein gesprochen hat die Bemerkung, die den Ärger auslöst, bewirkt, daß man sich klein, wertlos, verletzt fühlt. Die spontane Reaktion ist eine Reaktion auf diesen inneren Zustand, nicht auf die andere Person. Die Tatsache, wie man sich fühlt – wertlos zum Beispiel –, kann man einfach und neutral mitteilen, ohne den anderen anzugreifen.

Der direkte Austausch von Gefühlen bewirkt eine ganze Reihe von Dingen. Zum ersten ist er ein Akt der Intimität, selbst wenn es sich um negative Gefühle handelt. Die Tatsache, daß man bereit ist, seine Verletzlichkeit seinem Partner zu offenbaren, ist ein Vertrauensbeweis, der die weitere Fragmentierung des anderen unterbindet. Er stellt deshalb eine implizite Form der Widerspiegelung dar, deren der andere bedarf. Zweitens bedeutet die Tatsache, daß jemand in der Lage ist, neutral über einen Schmerz zu sprechen, den er erlebt, daß es etwas gibt, das beobachtet und kommentiert wird und sich damit außerhalb des Teufelskreises von Übersteigerung und Fragmentierung befindet. Drittens sieht ein Partner, wie der andere relativ leicht mit schmerzlichen Gefühlen umgeht, wie er bereit ist, sie zu akzeptieren, und wie er davon nicht zerstört wird. Daher nimmt er weniger den impliziten Vorwurf wahr, an den Gefühlen des Partners schuld zu sein, und wird auf diese Weise weiter stabilisiert.

Im allgemeinen sollte es daher in persönlichen Beziehungen wie in der Therapie darum gehen, daß *ein dritter Standpunkt geschaffen wird,* der weder von den Zyklen der Übersteigerung und Fragmentierung abgespalten noch völlig entweder im ausgeformten oder im fragmentierten Selbst ruht. Dieser äußere Standpunkt ist der Kern, um den sich eine neue Identität bilden kann, die nicht mehr von den Zyklen des Selbst abhängig ist.

Sobald die Abwehrhaltungen des Selbst verarbeitet werden und das Individuum die angemessene Widerspiegelung erfährt, wird sich das Selbst wiederherstellen. Angemessene Widerspiegelung bedeutet, daß das göttliche Kind vom andern und damit schließlich auch von einem selbst akzeptiert wird. Im Anschluß an die unvermeidlich folgende, aber genauso angemessen reflektierte Frustration wird das Selbst auf eine Art und Weise modifiziert, die es so in der Kindheit nicht gegeben hat.

Vierter Teil

Das verletzte Kind

Einführung

*Die Verletzung der natürlichen Schwäche und
Schlichtheit des kleinen Kindes, das noch nicht in der
Lage ist, über sich selbst zu bestimmen, kann in einen
Schutzinfantilismus umschlagen, der einen das ganze
Leben nicht mehr verläßt. Diese Wunden können
durch die natürliche Schlichtheit der Liebe wieder
geschlossen werden – ja, sie sind vielleicht das Tor,
durch das die Liebe Zugang finden kann.*

JEAN HOUSTON

Unsere moderne Informationsgesellschaft ist mit den Bildern miß-
brauchter Kinder leider nur allzu vertraut. Dieses äußere verletzte
Kind ist aus unserem Bewußtsein nicht mehr wegzudenken, denn
tagtäglich erfahren wir neue Horrorgeschichten von kindlichen
Opfern, die in allen Schichten unserer Gesellschaft zu finden sind.
Diese Vorfälle, die von geringfügigen Vernachlässigungen und
Unfällen bis zur moralisch verwerflichen Ausbeutung und zum
sexuellen Mißbrauch junger Menschen reichen, sind bedauerns-
werte Manifestationen einer mehr und mehr um sich greifenden
sozialen und mentalen Epidemie.

Die Angst, die aus der Mißhandlung resultiert, verleitet Kinder
oft dazu, sich in ihr Schicksal zu fügen und sich um ihrer Sicherheit
willen mit einem falschen Selbst in ihrer äußeren Persönlichkeit zu
identifizieren. Diese Ängste können auch eine übertriebene Grandiosität begünstigen (wie wir dies beim Phänomen des *puer aeternus* gesehen haben), wobei Selbstgefälligkeit und Überlegenheit

nur die tieferen Gefühle der Verletztheit und des Unwertseins verschleiern. In beiden Fällen wird das echte und verletzliche Kindheitsselbst verleugnet und das Leben beeinträchtigt. Wenn man sich mit seiner Verletzlichkeit identifiziert, empfindet man einen Schmerz, der für das zerbrechliche sich entwickelnde Ich des Kindes so erschreckend ist, daß es sich dadurch offenbar in seiner ganzen Existenz bedroht fühlt.

Durch diese Kindheitsverletzungen, die der Seele zugefügt werden, entsteht im Erwachsenen ein Kind, das sich nach Verständnis, Liebe, Achtung und möglicherweise auch nach Gerechtigkeit sehnt. Die Wiederentdeckung des Inneren Kindes ist oft eine schmerzhafte Angelegenheit, da es die Erinnerung an die Kindheitswunden und die damit verbundenen Gefühle wieder ins Bewußtsein ruft. Typischerweise haben diese Verletzungen in der Familie stattgefunden. Wenn wir also mit dem verletzten Kind wieder in Verbindung treten, geraten wir auch in Kontakt mit unseren Eltern, denen wir zu gefallen und die wir zufriedenzustellen versuchten. Außerdem müssen wir uns unserem ärgerlichen, traurigen und verletzten Selbst stellen. Das mindeste, was wir für dieses Innere Problemkind tun können, ist, ihm auf eine Weise Eltern zu sein, wie wir uns einst gewünscht haben, geliebt, umsorgt und genährt zu werden.

Wenn wir das verletzte Kind in uns heilen wollen, müssen wir als Erwachsene auch lernen, Verständnis für das Leiden unserer Eltern zu haben. Da wir diese beschädigten Eltern genauso verinnerlicht haben, müssen wir auf ein hartes Urteil oder gar auf Rache verzichten. Denn wenn wir diesen mißbräuchlichen Familienschemata Einhalt gebieten und sie nicht mehr an die nächste Generation weitergeben wollen, müssen wir erkennen, daß auch das verinnerlichte Elternbild verletzt ist. Ein derartiges sympathetisches Bewußtsein entwickelt sich zunehmend im Leben jener mutigen Erwachsenen, die ihre Scham und ihren Schmerz überwinden, um das verletzte Innere Kind zu akzeptieren und zu heilen.

Das verletzte Innere Kind tritt als Symbol für dieses sympathetische Bewußtsein auf. Es stellt das blockierte Potential des Inneren Kindes dar. Es ist das Opfer, das Tausende von Verletzungen erlitten hat und das tief in uns begraben liegt, um vor weiteren Erniedrigungen und Verletzungen geschützt zu sein. Dieses echte

Wesen in uns – unser verletzliches Kindheitsselbst – ist in einem unseligen Netz von reaktivem Selbstschutzverhalten gefangen und oft durch eine aus Angst, Hoffnungslosigkeit, Verletztheit und Zorn resultierende Gefühlsverwirrung geschwächt.

Die Beiträge in diesem Teil handeln alle von den Verletzungen des Inneren Kindes: In jedem der Kapitel geht es um ein bestimmtes psychologisches Modell der Verletzung und Heilung des Inneren Kindes.

Charles L. Whitfields Beitrag «Wie können wir das Kind in uns heilen?» bezieht sich auf das zwölfstufige Heilungsmodell, das von Selbsthilfegruppen angewendet wird, deren Mitglieder aus nicht-funktionierenden Familien stammen und die (oder deren Partner) sich von Alkohol-, Drogen- und Tablettensucht befreien wollen. Bei diesem Modell ist das Innere Kind identisch mit dem verletzten Kind.

Das Innere Kind ist das wirkliche oder wahre Selbst, das unter der Verdrängung durch ein falsches oder mitabhängiges Selbst leidet. Nach diesem Modell stellt das falsche Selbst einen Verleugnungs- und Verteidigungsmechanismus in der Persönlichkeit dar, der das wahre Selbst unterdrückt und beeinträchtigt, indem er verhindert, daß das Innere Kind zum Ausdruck kommt. Die Verletzung, die in diesem Modell dargestellt wird, ist die völlige Vereinnahmung des Inneren Kindes.

Alexander Lowen erzählt von der persönlichen Entdeckung der Verletztheit und des Verrats, die er in seiner Therapie bei dem berühmten Psychoanalytiker Wilhelm Reich gemacht hat. Seine Geschichte liefert das körperliche Modell des verletzten Inneren Kindes, dessen unausgedrückte Verletztheit und Qual in der Muskulatur des Erwachsenenkörpers eingeschlossen ist. «Die Wahrheit unserer Kindheit ist in unserem Körper gespeichert», hat Alice Miller in ihrem Buch *Du sollst nicht merken*[1] gesagt, und das faßt auf treffende Weise Lowens bioenergetisches Modell des verletzten Inneren Kindes zusammen.

Robert M. Steins tiefenpsychologisches Modell bezieht den äußeren Mißbrauch explizit auf die innere Verletzung: «Die Tiefenpsychologie geht davon aus, daß die äußere und die innere Welt einander widerspiegeln . . . Wir müssen uns also fragen: Was verbirgt sich hinter dem zwanghaften Bedürfnis, das äußere Kind zu mißbrauchen und sexuell zu belästigen?» Steins verletztes Inneres

Kind leidet unter den Polarisierungen im Individuum wie in der Kultur, unter den gespaltenen Einstellungen und Anschauungen, die das natürliche, elementare Wesen des Kindes leugnen und seine Instinktverbundenheit kappen.

13

Charles L. Whitfield

Wie können wir
das Kind in uns heilen?

Menschen, die sich von Suchtabhängigkeiten befreien wollen, vor allem die Mitglieder der immer größer werdenden Bewegung in Amerika, die sich Adult Children of Alcoholics (ACoA) nennt, bedienen sich der Sprache des Inneren Kindes, um den Teil in uns zu erreichen, der unser wirkliches Selbst ist. Menschen, die in Alkoholikerfamilien oder sonstwie gestörten Familien aufgewachsen sind, haben höchstwahrscheinlich ihr wirkliches Selbst verleugnet und als Reaktion darauf sich mit einem falschen oder mitabhängigen Selbst identifiziert. So entsteht also das Bedürfnis, diesen Verleugnungsprozeß zu durchkreuzen und das Innere Kind zu heilen und wiederzugewinnen.

Der Therapeut Charles L. Whitfield hat sich intensiv mit der Wiedergewinnung des wirklichen Selbst befaßt. Sein Buch Healing the Child Within, *aus dem dieser Auszug stammt, gilt heute schon als Standardwerk zum Thema des Inneren Kindes.*

Um unser wahres oder wirkliches Selbst zu entdecken und unser Inneres Kind zu heilen, können wir uns einem Prozeß unterziehen, der aus den folgenden vier Schritten besteht:

> 1. Wir entdecken unser *wirkliches Selbst* oder Inneres Kind und üben, es zu sein.
> 2. Wir stellen fest, welche laufenden physischen, mental-emotionalen und geistigen *Bedürfnisse* wir haben. Wir üben, wie wir zu diesen Bedürfnissen *im*

Umgang mit vertrauenswürdigen und hilfreichen Menschen gelangen.

3. Wir identifizieren, erleben noch einmal und *bedauern* den Schmerz unserer unbetrauerten *Verluste* oder Traumata in Gegenwart vertrauenswürdiger und hilfreicher Menschen.

4. Wir ermitteln und verarbeiten unsere *Kernfragen* (davon später mehr).

Diese Schritte hängen eng miteinander zusammen, sind aber hier in einer beliebigen Reihenfolge aufgeführt. Im allgemeinen werden sie alle zusammen nacheinander absolviert, wodurch das Innere Kind geheilt wird, wobei das, was wir auf einem Gebiet erarbeiten und entdecken, mit einem anderen Gebiet verbunden ist.

Die einzelnen Stufen im Genesungsprozeß

Weiterleben

Um an den Punkt der Genesung zu gelangen, müssen wir weiterleben. Wer weiterlebt, hängt notwendigerweise von anderen ab. Dabei greifen wir auf verschiedene Techniken und Abwehrmechanismen zurück. Kinder von Alkoholikern und aus anderen gestörten oder nichtfunktionierenden Familien leben weiter, indem sie ausweichen, sich verstecken, verhandeln, sich um andere kümmern, sich etwas vormachen, sich verleugnen sowie lernen und sich anpassen, um am Leben zu bleiben – und dabei ist ihnen jede Methode recht, die funktioniert. Sie lernen auch andere oft ungesunde Abwehrmechanismen, wie sie Anna Freud[1] beschrieben und George Valliant[2] zusammengefaßt hat. Dies sind: Intellektualisierung, Verdrängung, Dissoziation, Verschiebung und Reaktionsbildung (wobei alle diese Mechanismen bei übermäßiger Anwendung als neurotisch gelten können) sowie Projektion, passiv-aggressives Verhalten, Durchspielen, Hypochondrie, Grandiosität und Verleugnung (wobei all diese Mechanismen bei übermäßiger Anwendung als unreif und zuweilen als psychotisch gelten können).

Während diese Abwehrmechanismen in unseren nichtfunktionierenden Familien eine Funktion haben, funktionieren sie im allgemeinen in unserem Erwachsenenleben nur schlecht. Wenn wir eine gesunde Beziehung eingehen wollen, pflegen sie unseren wahren Interessen eher im Wege zu stehen. Wenn wir sie anwenden, wird unser Inneres Kind unterdrückt und verkümmert, und unser falsches oder mitabhängiges Selbst wird gefördert und gestärkt.

Ginny (21) war in einer Alkoholikerfamilie aufgewachsen. Als ihr Genesungsprozeß einsetzte, schrieb sie das folgende Gedicht. Es drückt auf exemplarische Weise etwas von dem Schmerz aus, der mit dieser Stufe des Weiterlebens einhergeht.

Angst vor der Nacht

Wie das Kind, das in der Nacht wartet
Auf warme Hände und Arme, die sich
Um seine Einsamkeit schließen:
Sich Tränen von plötzlicher Sicherheit zu überlassen –
Und von Liebe.

Auch ich, im dunklen Alleinsein des Selbst ungeliebt,
Unverankert, verlassen und verleugnet,
Beschwöre noch mit stummen Kinderrufen
Die uralte Hoffnung –
Den alten sicheren Zauber der Erwünschtheit.

Das Kind lebt noch in mir,
Von dieser eifrigen Verletzung der Unschuld verwirrt
Und betrogen. Ach, dieses schmerzliche Paradox.
Die Rettung spüren
Und wissen, es gibt keine.
Aber getrieben von alten Träumen, so blaß und doch so mächtig,
Erinnerungen an die weiche, süße Berührung der Liebe,
Warte ich.
Man wartet. Immer wartet man.
Es ist vergessen – dieses namenlose Bedürfnis

Haben die Jahre aus meinem verwüsteten Herzen
geschlagen.
Aber wie eine ungeschlachte urzeitliche Kraft
Winkt es, drängt es sich in meine Wirklichkeit,
Nimmt es dem scharfen Verstand die Spitze.

Und ich bin so lächerlich mit meinem hilflosen Wollen,
Wende meine Seele nach innen, zurück.
Dumpf ist auch der Schmerz von jungen Erinnerun-
gen,
Die schwächer werden und sich widersetzen,
Nachgeben, dann sterben.
Ich lebe nicht:
Ich warte mit solcher Nichthoffnung.

Ginny erzählt uns von ihrem Schmerz, ihrer Benommenheit, Isolation und Hoffnungslosigkeit. Und doch spiegelt sich in ihrem
Gedicht ein Hoffnungsstrahl wider – das Kind lebt noch in ihr. Es
gehört zur Genesung, daß wir uns selbst *entdecken,* unser Kind,
und wie wir diese untauglichen Mittel verwenden, mit uns, mit
anderen und mit dem Universum in Beziehung treten. Das kann
auf höchst produktive Weise während der aktiven Stadien der
Genesung erreicht werden.

Während uns klar ist, daß wir weiterleben, erleben wir auch viel
Leid und Schmerz. Oder wir stumpfen ab. Oder wechseln zwischen Leiden und Abstumpfen. Langsam werden wir uns bewußt,
daß gerade diese Tricks und Abwehrhaltungen, die es uns als
mißhandelten Säuglingen, Kindern und Jugendlichen ermöglicht
haben weiterzuleben, gar nicht so gut funktionieren, wenn wir als
Erwachsene gesunde intime Beziehungen eingehen wollen. Gerade weil uns dieses Mißhandeltwerden so frustriert, weil wir unter
dem Abhängigsein von anderen so leiden, unsere Beziehungen
nicht funktionieren und wir darin versagen, sehen wir uns gedrängt
und zuweilen sogar gezwungen, uns nach etwas anderem als nach
diesen unzulänglichen Methoden umzuschauen. Und durch dieses
Umschauen kann unsere Genesung ausgelöst werden.

Gravitz und Bowden haben beschrieben, wie diese Genesung
bei ihren ACoA-Patienten in sechs Stufen abläuft: 1. Weiterleben,
2. erwachendes Bewußtsein, 3. Kernfragen, 4. Verwandlungen,

5. Integration und 6. Genese (oder Spiritualität).[3] Diese Stufen verlaufen parallel zu den vier Entwicklungs- und Verwandlungsstufen, wie sie Ferguson[4], und den drei Stufen der klassischen Fahrt des mythischen Helden oder der mythischen Heldin, wie sie Campbell[5] und andere beschrieben haben.

Die folgende schematische Übersicht zeigt die Ähnlichkeiten zwischen diesen Entwürfen auf:

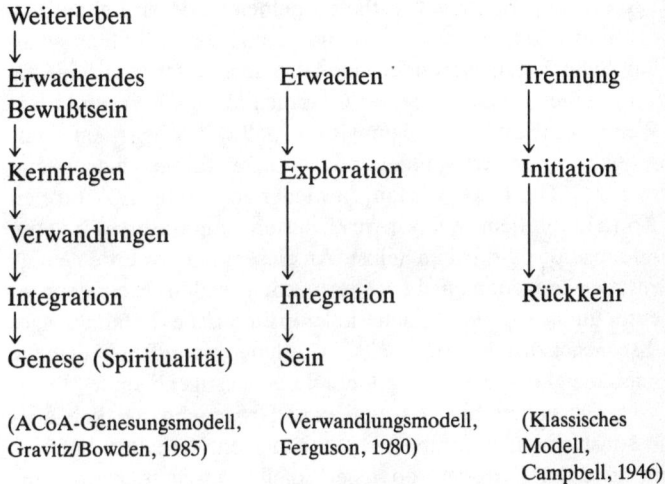

Weiterleben
↓
Erwachendes Bewußtsein   Erwachen   Trennung
↓   ↓   ↓
Kernfragen   Exploration   Initiation
↓
Verwandlungen
↓   ↓   ↓
Integration   Integration   Rückkehr
↓   ↓
Genese (Spiritualität)   Sein

(ACoA-Genesungsmodell, Gravitz/Bowden, 1985)   (Verwandlungsmodell, Ferguson, 1980)   (Klassisches Modell, Campbell, 1946)

Auf jeder dieser Stufen kann unser Inneres Kind geheilt werden. Oft nimmt man diese Stufen erst rückblickend wahr. Wenn wir uns *auf* einer Stufe befinden, erkennen wir nicht immer, daß wir dort sind. Auch darum ist es hilfreich, während der Genesung einen Förderer, Führer, Berater oder Therapeuten zur Seite zu haben.

Erwachen (erwachendes Bewußtsein)
Das Erwachen vermittelt eine erste Ahnung davon, daß «die Dinge» oder «die Wirklichkeit» nicht das sind, wofür wir sie gehalten haben. Das Erwachen ist ein Prozeß, der während der ganzen Genesung weiterläuft. Am Anfang brauchen wir im allgemeinen einen *Ausgangspunkt* oder Auslöser – irgend etwas, das unser altes Verständnis oder Glaubenssystem hinsichtlich der Wirklichkeit, der Art, wie wir über die Dinge gedacht haben, wachrüttelt.[6]

179

Da unser wahres Selbst so verborgen ist und unser falsches oder mitabhängiges Selbst so sehr im Vordergrund steht, wird es nicht so leicht zum Erwachen kommen. Und doch geschieht es oft. Ich habe diesen Prozeß bei Hunderten von traumatisierten Kindern erlebt. Der Ausgangspunkt oder Auslöser kann ein weites Spektrum umfassen. Das kann damit beginnen, daß man hört oder liest, wie jemand seine eigene Genesung oder sein eigenes wahres Selbst schildert, oder daß wir unser Leiden «einfach leid» sind oder in der Beratung oder Therapie ernsthaft an einem anderen Lebensproblem zu arbeiten beginnen. Für andere mag es die Teilnahme an einem Selbsthilfetreffen oder eine lehrreiche Erfahrung sein, die Lektüre eines Buches oder das Gespräch mit einer Freundin.

Wenn es soweit ist, erleben wir oft, daß wir verwirrt sind, uns ängstigen, begeistert, aufgeregt, traurig, niedergeschlagen und zornig sind. Das heißt, wir fangen wieder an zu *fühlen*. Wir treten in Kontakt mit dem, was wir wirklich sind – mit unserem Inneren Kind, unserem wirklichen Selbst. An diesem Punkt werden einige Menschen aufgeben, nicht weitermachen wollen. Sie finden es leichter und «bequemer», sich wieder in ihr falsches mitabhängiges Selbst zurückzuziehen (das heißt, sie erleben einen Rückfall in die Mitabhängigkeit), weil diese Gefühle beängstigend sind.

Wer sich von seiner Alkohol- oder Drogenabhängigkeit oder von sonst einem unproduktiven abhängigen Verhalten befreien will, etwa der Freßsucht oder der Spielleidenschaft, kann einen Rückfall erleben. Oder er kann sich aus Scham auf ein anderes zwanghaftes Verhalten stürzen – zum Beispiel Geld ausgeben, das er gar nicht hat. Aber dieses Erwachen kann zugleich eine Chance sein, ein Risiko einzugehen oder mit einem Sprung ins Wasser unser ganzes Selbst, unsere Lebendigkeit und schließlich sogar unser Glück zu entdecken.

Mit Kernfragen umgehen

Eine *Frage* ist jeder Konflikt, jede Sorge oder jedes potentielle Problem, ganz gleich ob bewußt oder unbewußt, etwas, das für uns nicht abgeschlossen ist oder wofür man etwas tun oder das man ändern muß.

Es gibt mindestes 14 *Kernfragen* bei der Genesung unseres Inneren Kindes, die wir durcharbeiten können. Acht davon sind von Klinikern und Autoren wie Gravitz und Bowden[7], Cermak und Brown[8] sowie Fischer[9] beschrieben worden. Diese Kernfragen sind: Kontrolle, Vertrauen, Gefühle, überverantwortlich sein, unsere eigenen Bedürfnisse vernachlässigen, das Alles-oder-nichts-Denken und -Verhalten, hohe Toleranz gegenüber unangemessenem Verhalten und niedriges Selbstwertgefühl. Ich füge dem noch hinzu: natürlich sein, unsere unbetrauerten Verluste bedauern, Angst vor Verlassenheit, die Schwierigkeit, einen Konflikt zu lösen, sowie die Schwierigkeit, Liebe zu geben und zu empfangen.

Wenn in unserem Leben Probleme, Sorgen, Konflikte oder bestimmte Schemata auftauchen, können wir sie mit ausgewählten sicheren und hilfreichen Menschen besprechen. Zunächst mag es vielleicht einfach noch nicht klar sein, welche dieser Kernfragen – oder vielleicht mehr als eine – auf uns zutrifft. Kernfragen stellen sich uns nicht als «Frage» dar, sondern vielmehr als Probleme im täglichen Leben. Wenn wir jedoch ständig darüber nachdenken und beschreiben, wie wir uns fühlen, wird uns im allgemeinen klar, um welche Frage oder Fragen es sich handelt. Dieses Wissen wird uns dabei helfen, uns allmählich von unserer Verwirrung, unserer Unzufriedenheit und unseren unbewußten negativen Lebensmustern (Wiederholungszwängen) zu befreien.

Verwandlung

Auf verschiedene Art und Weise – durch Natürlichsein, Selbstreflexion, Therapiegruppen, Selbsthilfegruppen und Beratung – verwandeln viele Menschen ihr Leben, um freier, ganz und erfüllt zu sein.

Verwandlung ist eine Veränderung der Form, ein Umformen, ein Neustrukturieren. Letzten Endes ist das eine Veränderung unserer Lebensweise: Wir leben nicht mehr, um irgendwohin zu gelangen, sondern um unser Wesen zum Ausdruck zu bringen. Wenn wir uns verwandeln, verwandeln wir unser Bewußtsein. Wir wechseln von einem Bereich der Wirklichkeit und des Seins zu einem anderen über. Durch eine derartige Veränderung entwickeln wir uns weiter und gelangen auf höhere Ebenen des Seins, die uns zu mehr befähigen, friedlicher und kreativer sind. Und während wir mehr persönliche Kraft und mehr Möglichkeiten und eine größere Entscheidungsfreiheit erfahren, fangen wir zugleich an, uns mit mehr Verantwortungsbewußtsein darum zu kümmern, daß unser Leben funktioniert.

Auf der Verwandlungsstufe des Genesungsprozesses bemühen wir uns darum, die verletzlichen Teile unseres Inneren Kindes *freizulegen,* beanspruchen zugleich aber fast paradoxerweise die Kraft, die unserem Inneren Kind *innewohnt.* Wir verwandeln die beschwerlichen und oft nichtfunktionierenden Teile unseres Lebens in etwas Positives und Funktionierendes. Wenn wir beispielsweise unsere Kernfragen ermitteln, sie durcharbeiten und verändern, können wir einige der sich anschließenden Verwandlungen herbeiführen.

Solche Veränderungen in unserem Leben werden sich vielleicht nicht so leicht einstellen. Wir müssen uns darum bemühen, indem wir ein Risiko eingehen und unsere Geschichte nahestehenden Menschen erzählen, die vertrauenswürdig und hilfreich sind. Wenn wir uns jedoch verwandeln, ist es im allgemeinen nicht einfach so, daß wir zunächst ein mangelndes Selbstwertgefühl haben und uns wünschen, daß wir uns besser fühlen, um dann am nächsten Morgen mit einem gesunden Selbstwertgefühl zu erwachen – vielmehr führen zu dieser Art von Lebensverwandlung bestimmte Stufen. Nachdem wir uns unserer Kernfragen bewußt geworden sind, arbeiten wir an ihnen. Indem wir bewußter werden, handeln wir nach dem, was wir erfahren, und nennen die Dinge beim Namen. Wir lernen dabei, unser eigenes inneres Überwachungssystem zu respektieren: unsere Sinne und Reaktionen. Daß wir einmal diesen wichtigen Teil von uns ignoriert und vernachlässigt haben, gehört inzwischen der Vergangenheit an. Nun sind wir offen für unsere Gefühle, Sinne und Reaktionen, die alle wichtigen Teile unseres wirklichen Selbst sind.

14

Alexander Lowen

«Warum bist du so böse auf mich?»

In diesem Kapitel berichtet Alexander Lowen von seiner Therapie bei Wilhelm Reich, dem Begründer der Psycho-Körper-Therapie. Das starke Erlebnis des Inneren Kindes, von dem Lowen hier erzählt, hat sich eindeutig nachhaltig auf seine eigene kreative Entwicklung zu einem innovativen Therapeuten und Lehrer ausgewirkt. Diese Seiten sind ein Ausschnitt aus seinem Buch Bioenergetik, *das seine gleichnamige psycho-körper-therapeutische Methode beschreibt, die er – aufbauend auf Reichs bahnbrechendem Werk – gemeinsam mit John Pierrakos entwickelt hat.*

Meine persönliche Therapie bei Reich fing im Frühling 1942 an. Im Jahr davor hatte ich sein Labor ziemlich häufig besucht. Eines Tages sagte er: «Lowen, wenn Sie sich wirklich für meine Arbeit interessieren, gibt es nur einen Weg, um richtig hineinzukommen – die Therapie.» Ich war überrascht, denn diesen Schritt hatte ich noch nie erwogen. Halb im Scherz antwortete ich ihm: «Ich interessiere mich sehr dafür, aber ich möchte vor allem berühmt werden.» Reich nahm die Bemerkung ernst, denn er erwiderte: «Ich werde Sie berühmt machen.» Und seine Worte erwiesen sich als prophetisch. Sie waren der Anstoß, den ich brauchte, um meinen inneren Widerstand zu überwinden und meine Lebensaufgabe in Angriff zu nehmen.

Meine erste Sitzung mit Reich war ein Erlebnis, das ich nie vergessen werde. Ich ging in der naiven Annahme hin, bei mir wäre alles in Ordnung. Es würde sich lediglich um eine Analyse zu Ausbildungszwecken handeln. Ich legte mich mit einer Badehose bekleidet auf das Bett. Reich benutzte keine Couch, da seine

Therapie körperorientiert war. Er befahl mir, die Knie anzuziehen, mich zu entspannen und mit offenem Mund und entkrampften Kinnbacken durchzuatmen. Ich befolgte die Anweisungen und wartete ab, was passieren würde. Nach einer ganzen Weile sagte Reich: «Lowen, Sie atmen ja gar nicht.» Ich behauptete: «Selbstverständlich atme ich, sonst wäre ich doch schon tot.» Darauf er: «Ihre Brust bewegt sich aber nicht. Fühlen Sie dagegen meine Brust!» Ich legte eine Hand auf seinen Brustkorb und stellte fest, daß er sich bei jedem Atemzug merklich hob und senkte. Meiner tat es eindeutig nicht. Ich legte mich wieder zurück und atmete erneut tief ein und aus; diesmal bewegte sich mein Brustkorb auf und ab. Nach einiger Zeit befahl Reich: «Lowen, lassen Sie den Kopf nach hinten fallen, und machen Sie die Augen weit auf!» Ich tat es, und ... mußte plötzlich laut aufschreien.

Es war ein wunderschöner Frühlingstag, und die Fenster des Zimmers gingen zur Straße. Um keine Scherereien mit seinen Nachbarn zu bekommen, forderte Reich mich auf, den Kopf wieder zu heben – und sogleich erstarb der Schrei. Ich fuhr fort, tief durchzuatmen. Seltsamerweise hatte mich der Schrei nicht beunruhigt. Ich hatte keine emotionale Beziehung zu ihm. Ich fühlte keine Furcht. Nachdem ich abermals eine Weile geatmet hatte, bat mich Reich, den Vorgang zu wiederholen. Ich ließ den Kopf nach hinten fallen und machte die Augen weit auf. Der Schrei «kam» abermals. Ich möchte nicht sagen, daß *ich* schrie, denn ich hatte nicht den Eindruck, daß ich es tat. Der Schrei «passierte» mir einfach. Ich hatte auch diesmal eigentlich gar nichts mit ihm zu tun. Als die Sitzung beendet war und ich Reich verließ, hatte ich das Gefühl, daß mit mir doch nicht alles so in Ordnung war, wie ich gedacht hatte. Es gab «Dinge» – Bilder, Emotionen – in meiner Persönlichkeit, die meinem Bewußtsein verborgen waren, und damals begriff ich, daß sie herauskommen mußten.

Zu jener Zeit bezeichnete Reich seine Behandlung als «charakteranalytische Vegetotherapie». Sein großer Beitrag zur psychoanalytischen Theorie war die Charakteranalyse gewesen, und ihr verdankte er sein enormes Ansehen unter Psychoanalytikern. Mit Vegetotherapie bezeichnete er die Mobilisierung von Empfindungen durch Atmen und andere Körperfunktionen, die die vegetativen Zentren – die Ganglien des autonomen Nervensystems – aktivierten und «vegetative Energien» freisetzten.

Die Vegetotherapie stellte einen Durchbruch von der rein verbalen Analyse zur unmittelbaren Arbeit mit dem Körper dar. Ihre Fundamente hatte Reich ungefähr neun Jahre vorher gelegt. Seither bestand deshalb der erste Schritt der Behandlung für ihn darin, den Patienten leicht und tief durchatmen zu lassen. Anschließend mobilisierte er den emotionalen Ausdruck, der sich im Gesicht oder Verhalten des Patienten am deutlichsten abzeichnete. In meinem Fall war es Furcht. Wir haben gesehen, was für eine durchschlagende Wirkung seine Methode bei mir hatte.

Die nächsten Sitzungen verliefen nach demselben allgemeinen Schema. Ich lag auf dem Bett und atmete so frei, wie ich konnte, wobei ich versuchte, möglichst tief auszuatmen. Ich sollte meinem Körper nachgeben und keinen spontan auftauchenden Impuls oder Ausdruck unterdrücken oder steuern. Es geschahen Dinge, die frühe Erinnerungen und Erlebnisse in mir wachriefen. Zunächst führte das tiefere Atmen, an das ich nicht gewöhnt war, zu starkem Kribbeln oder Jucken in den Händen – Empfindungen, die sich zweimal zu regelrechten karpopedalen Spasmen, also schweren Krämpfen, steigerten. Diese Reaktion trat nicht mehr auf, nachdem mein Körper sich auf die vermehrte Energie eingestellt hatte, die das tiefere Atmen produzierte. Wenn ich meine Knie langsam aneinanderlegte und wieder voneinander entfernte, zitterten meine Beine, und meine Lippen zuckten, sobald ich, einem Impuls nachgebend, die Beine ausstreckte.

Es folgten Gefühlsausbrüche und damit assoziierte Erinnerungen. Einmal, als ich auf dem Bett lag und durchatmete, begann ich plötzlich am ganzen Körper zu beben. Das Beben wurde stärker, bis ich mich aufsetzte. Dann erhob ich mich wie ein Automat, betrachtete das Bett und fing plötzlich an, es mit den Fäusten zu bearbeiten. Während ich das tat, erschien das Gesicht meines Vaters auf dem Bettlaken, und da wußte ich, daß ich *ihn* schlug, weil er mir als kleiner Junge einmal eine Tracht Prügel verabreicht hatte. Einige Jahre später fragte ich meinen Vater nach diesem Vorfall. Er sagte, es seien die einzigen Prügel gewesen, die ich je von ihm bekommen hätte, und erklärte mir, ich sei damals zu spät nach Haus gekommen, und meine Mutter sei außer sich vor Sorge gewesen. Er habe mich verprügelt, damit ich es nicht wieder täte. Interessant war, daß dieses Erlebnis – wie der Schrei – völlig spontan und instinktiv kam. Irgend etwas veranlaßte mich, zu schreien und das Bett zu schlagen – kein bewußter Gedanke, sondern eine Kraft, die mich in Besitz genommen hatte und mich beherrschte.

Bei einer anderen Gelegenheit bekam ich ein Erektion, während ich auf dem Bett lag und durchatmete. Ich hatte den Drang, meinen Penis zu berühren, unterdrückte ihn jedoch. Dann erinnerte ich mich wieder an ein Ereignis aus meiner Kindheit. Ich war fünf Jahre alt und urinierte auf den Fußboden unserer Wohnung. Meine Eltern waren ausgegangen. Ich wußte plötzlich, daß ich es tat, um mich an meinem Vater zu rächen, der mich einen Tag vorher ausgeschimpft hatte, weil ich meinen Penis angefaßt hatte.

Erst nach neunmonatiger Therapie fand ich heraus, was den Schrei bei der ersten Sitzung ausgelöst hatte. Seitdem hatte ich nicht mehr geschrien. Ich hatte jedoch immer mehr den Eindruck, es müsse ein bestimmtes Bild geben, vor dem ich mich fürchtete. Wenn ich auf dem Bett lag und zur Zimmerdecke sah, spürte ich, daß es eines Tages erscheinen würde... Und dann erschien es tatsächlich: das Gesicht meiner Mutter, die zornig auf mich herunterblickte. Ich wußte sofort, daß ich mich vor diesem Gesicht gefürchtet hatte. Ich hatte das entsprechende Erlebnis noch einmal, erlebte es wie in der Gegenwart. Ich war ein Baby von etwa neun Monaten und lag vor unserem Haus im Kinderwagen. Ich hatte laut nach meiner Mutter geschrien. Sie hatte offensichtlich im Haus zu tun gehabt, und mein hartnäckiges Geschrei hatte sie enerviert. Sie kam heraus und war wütend auf mich. Und nun lag ich dort, ein zweiunddreißigjähriger Mann, auf Reichs Bett, betrachtete ihr Bild und sagte mit Worten, die ich als Baby nicht gekannt haben konnte: «Warum bist du so böse auf mich? Ich schreie doch nur, weil ich dich bei mir haben möchte.»

Damals benutzte Reich auch noch eine andere therapeutische Methode. Er forderte seine Patienten zu Beginn jeder Sitzung auf, ihm alle negativen Gedanken zu sagen, die sie im Zusammenhang mit seiner Person hatten. Er glaubte, daß die Patienten nicht nur eine positive, sondern auch eine negative Übertragung (Transferenz) zu ihm hatten, und verließ sich erst dann auf die positive Übertragung, wenn sie ihm vorher alle negativen Gedanken und Vorstellungen mitgeteilt hatten. Mir fiel das außerordentlich schwer. Als ich Reich und die Therapie akzeptiert hatte, glaubte ich alle negativen Gedanken aus meinem Geist verbannt zu haben.

Ich war der Ansicht, ich hätte keinerlei Einwände mehr. Reich war sehr großzügig zu mir gewesen, und ich zweifelte nicht an seiner Offenheit, seiner Integrität oder an der Stichhaltigkeit seiner Theorie. Also war ich entschlossen, die Therapie zu einem Erfolg zu machen, und öffnete mich Reich erst in dem Augenblick ganz, als sie fehlzuschlagen drohte.

Auf das Angsterlebnis, bei dem ich das Gesicht meiner Mutter gesehen hatte, folgten lange Monate, in denen ich keine Fortschritte machte. Damals suchte ich Reich dreimal wöchentlich auf, war aber blockiert, weil ich ihm nicht sagen konnte, was ich ihm gegenüber empfand. Ich wünschte mir insgeheim, daß er sich nicht nur als Therapeut, sondern auch wie ein Vater für mich interessierte, wußte jedoch, daß dieses Verlangen unangemessen war, und mochte es deshalb nicht zum Ausdruck bringen. Ich kämpfte innerlich mit dem Problem und geriet in eine Sackgasse. Reich schien meinen Konflikt nicht zu bemerken. Ich gab mir alle Mühe, tiefer und intensiver durchzuatmen, aber es wollte einfach nicht mehr funktionieren.

Ich war, nach einem Jahr Therapie, in eine Sackgasse geraten. Da wir keinen Ausweg sahen, schlug Reich vor, die Behandlung abzubrechen. «Lowen», sagte er, «Sie sind einfach nicht imstande, Ihren Empfindungen nachzugeben. Wollen Sie nicht lieber aufhören?» Seine Worte waren ein Verdammungsurteil. Aufhören hätte das Ende meiner Träume bedeutet. Ich brach zusammen und heulte. Es war seit meiner Kindheit das erstemal, daß ich schluchzte. Ich konnte meine Gefühle nicht länger verbergen. Ich sagte Reich, was ich mir von ihm wünschte, und er hörte aufmerksam zu.

Ich weiß heute noch nicht, ob Reich die Therapie tatsächlich beenden wollte oder ob sein Vorschlag nur ein Manöver war, um meine innere Sperre zu durchbrechen, aber ich hatte damals jedenfalls den Eindruck, daß er es wirklich ernst meinte. Und das Ergebnis war, daß die Therapie wieder anschlug.

Reich wollte mit seiner Behandlung die Kapazität des Patienten wecken, den spontanen und instinktiven Körpererregungen, die zum Atmungsprozeß gehörten, freien Lauf zu lassen. Er legte also in erster Linie Wert darauf, daß man voll und tief durchatmete. Wenn das der Fall war, verursachten die Atmungswellen eine wellenförmige Bewegung des Körpers, die Reich als *Orgasmusreflex* bezeichnete.

Im Herbst 1945 nahm ich die Therapie bei Reich wieder auf – eine Sitzung pro Woche. In dem behandlungsfreien Jahr hatte ich mich nicht mehr vorrangig darum bemüht, Reich zu gefallen und sexuell gesund zu werden, und deshalb mehr Gelegenheit gehabt, meine bisherige Arbeit mit Reich innerlich zu bewältigen. In jener Zeit behandelte ich auch meinen ersten Patienten nach den Reichschen Methoden, was meinem Selbstvertrauen gewaltigen Auftrieb gab. Ich konnte endlich das machen, was ich seit langer Zeit vorgehabt hatte, und wurde mir bewußt, daß ich sehr zuversichtlich in die Zukunft blickte. Die Hingabe an meinen Körper – zugleich also die Hingabe an Reich – fiel mir dadurch leicht. Schon nach wenigen Monaten wurde uns beiden klar, daß die Therapie nach seinen Kriterien erfolgreich abgeschlossen werden konnte. Jahre später begriff ich allerdings, daß viele meiner entscheidenden persönlichen Probleme ungelöst geblieben waren. Meine Furcht, Unbilliges zu verlangen, also um Dinge zu bitten, die mir eigentlich nicht zustanden, war nicht diskutiert worden. Meine Angst zu versagen und mein Erfolgsbedürfnis waren nicht durchgearbeitet worden. Wir hatten nicht das Phänomen untersucht, daß ich nur dann weinen konnte, wenn man mich mit den stärksten Geschützen dazu zwang. Diese Probleme löste ich erst viele Jahre später mit der Bioenergetik.

Ich möchte nicht sagen, daß die Therapie bei Reich ineffektiv gewesen war. Sie hat zwar meine Probleme nicht völlig gelöst, aber sie mir mehr ins Bewußsein gerückt. Vor allem jedoch eröffnete sie mir eine Möglichkeit zur Selbsterkenntnis und half mir, mich diesem Ziel zu nähern. Sie hat mein Bekenntnis zum Körper als der Grundlage der Persönlichkeit vertieft und bestärkt – und sie hat mir eine positive Identifikation mit meiner Sexualität vermittelt, was sich als Dreh- und Angelpunkt meines Lebens erwiesen hat.

15

Robert M. Stein

Über Inzest und Kindesmißbrauch

In diesem kurzen Beitrag vertritt der jungianische Analytiker Robert M. Stein die These: «Der Art und Weise, wie ich mit meinem Inneren Kind umgehe, entspricht die Art und Weise, wie ich mit meinem Äußeren Kind umgehen werde.» Der Kindesmißbrauch hat in unserer Gesellschaft nahezu epidemische Ausmaße angenommen, was eine alarmierende Trennung vom Inneren Kind signalisiert, und zwar in individueller wie kollektiver Hinsicht. Auf gründliche und einfühlsame Art befaßt Stein sich mit dem Phänomen des Kindesmißbrauchs sowie mit den Möglichkeiten, Abhilfe zu schaffen. Er wendet sich gegen Alice Millers Bild vom «immer unschuldigen» Kind und legt dar, daß eine derartige Idealisierung des äußeren Kindes an der Wahrheit vorbeigeht und auf eine gefährliche Weise zu einer unbewußten Komplizenschaft mit dem zornigen, verletzten Inneren Kind führen kann.

Tatsächlicher Kindesmißbrauch spiegelt stets eine mangelnde Verbundenheit mit dem Inneren oder psychischen Kind und eine fehlende Achtung vor ihm wider. Als Archetypus ist das Bild des Kindes mit einem sich neu entwickelnden Aspekt der Psyche verbunden, der noch sehr der Natur verhaftet ist. Oder wie Kerényi es ausgedrückt hat: Eine wesentliche Eigenschaft des Kindarchetypus ist es, in der vorzeitlichen Welt zu Hause zu sein.[1] Die Einstellung gegenüber dem Kind, die wir aus dem 19. Jahrhundert oder aus noch früheren Epochen übernommen haben, beruht darauf, daß wir die Psyche eines Neugeborenen für eine Tabula rasa halten und unterstellen, daß die Entwicklung des Kindes völlig davon abhängt, wie wir es erziehen und bilden. Und die wahre psychologische Ursache des Kindesmißbrauchs besteht eben gerade darin, daß wir das Kind als ein Objekt behandeln, das wir ummodeln können, statt in ihm ein intelligentes Wesen zu sehen, das Absichten haben und Entscheidungen treffen kann. Untersuchungen über einschlägig aktive Eltern zeigen, daß die Mehrheit von ihnen behauptet, selbst als Kinder mißbraucht worden zu sein. Der Mißbrauch ist somit von einem lieblosen, kritischen Über-Ich, das kein Verständnis für das Innere Kind und keine Achtung vor ihm hat, innerlich perpetuiert worden.

Die Tiefenpsychologie geht davon aus, daß die äußere und die innere Welt einander widerspiegeln. Wenn die derzeit zu beobachtende Welle von inzestuösen Taten und von Kindesmißbrauch unsere kollektive Einstellung gegenüber dem Kind in uns widerspiegelt, müssen wir uns also fragen: Was verbirgt sich hinter dem zwanghaften Bedürfnis, das Äußere Kind zu mißbrauchen und sexuell zu belästigen?

Der Art und Weise, wie ich mit meinem Inneren Kind umgehe, entspricht die Art und Weise, wie ich mit meinem Äußeren Kind umgehen werde. Warum aber sollte ich mein Inneres Kind mißbrauchen wollen? Und wie mißbrauche ich es? Wenn mein Kind mir entgleitet, möchte ich es zurückhalten, und das kann dann bis zum Mißbrauch führen. Zum Beispiel mag mein Kind nichts lieber als spielen, es hat Stundenpläne nicht so gern und mag auch nicht den Druck, den ich auf es ausübe, damit es arbeitet, diesen Aufsatz schreibt oder irgend etwas tut, was ihm keinen Spaß macht. Ich mißbrauche also mein Kind in erster Linie dadurch, daß ich es nur selten sich selbst überlasse und es herabsetze, weil es so faul und unproduktiv ist. Und wenn es sich in sich selbst zurückzieht und niedergeschlagen ist, tue ich alles mögliche, um es auf Trab zu bringen, damit es etwas Sinnvolles tut. Je mehr unsere Einstellungen und Ziele ich-bestimmt und kollektiv sind, desto größere Probleme werden wir wahrscheinlich mit dem Inneren Kind haben, weil das archetypische Kind das Wissen über seine eigenen entwicklungsgemäßen Bedürfnisse besitzt, und dieses Wissen läuft oft unserer Ich-Orientierung zuwider. Und wer nicht so gescheit ist, das Kind mit Worten manipulieren und steuern zu können, greift dann oft zu den physischen Mitteln des Mißbrauchs, um es zurechtzuweisen.

Paradoxerweise mag das zwanghafte Bedürfnis eines Erwachsenen nach sexueller Intimität anfangs aus einem tiefen Gefühl des Mitleids mit dem vernachlässigten, mißbrauchten Kind entstanden sein. Ich will damit sagen, daß die Kehrseite des Hasses auf das schwierige Kind eine tiefe Liebe und ein Mitgefühl für diesen verletzlichen, vernachlässigten, verlassenen und mißbrauchten Aspekt der Seele ist. Das Bedürfnis der Seele nach Vereinigung drückt sich oft in Bildern sexueller Intimität aus. Wenn ein Erwachsener Geist und Fleisch, Seele und Körper, Liebe und Sex zutiefst als getrennt empfindet, wird er den Sexualtrieb oft als so zwanghaft empfinden, daß er diese Bilder beim Wort nehmen möchte. Die Heilung besteht dann nicht darin, daß man dieses «perverse» Verlangen überwindet, sondern daß man imstande ist, die inzestuösen Begierden emotional und in der Einbildungskraft voll auszuleben. Auf diese Weise wird der Sexualtrieb allmählich umgewandelt, und das (Innere und äußere) Kind kann als ein einzigartiges Wesen geliebt, geehrt und geachtet werden.

Das Bild des Kindes als eines unschuldigen, hilflosen und ungeschützten Wesens ohne jeden Sexualtrieb scheint mir eher im Archetypus der unschuldigen göttlichen Jungfrau (Kore) verwurzelt zu sein als in der empirisch erfahrbaren Realität der Kindheit. Persephone, die unschuldig-jungfräuliche Göttin, die von Hades vergewaltigt und in die Unterwelt verschleppt wird, stellt eine bezaubernde, verführerische seelische Eigenschaft dar, die sicher auch für das Kind typisch ist. Diese Unschuld, Schutzlosigkeit, Jungfräulichkeit der Seele, die so leicht zu verletzen ist – und die Verletzung durch die dunklen Kräfte der Unterwelt geradezu herausfordert –, hat etwas mit dem Bedürfnis der Seele zu tun, durchdrungen und vertieft zu werden. Diese psychische Durchdringung von unten, die oft als Vergewaltigung erlebt wird, muß als ein für die Seelenbildung wesentlicher psychischer Prozeß erkannt werden, denn sonst wird dieser Prozeß in einem buchstäblichen Sinne gelebt, das heißt durch Identifikation mit dem unschuldigen Opfer oder durch die Zuneigung zu anderen, auf die der Archetypus projiziert wird. Vielleicht ist die derzeit zu beobachtende Häufigkeit von Kindesmißbrauch und sexueller Belästigung zum Teil auch auf die Tatsache zurückzuführen, daß der Kore-Archetypus auf unsere Kinder projiziert worden ist, die dann dazu neigen, diese Projektion für uns auszuleben.

Ich glaube, Alice Miller hat in ihrem Buch *Das Drama des*

begabten Kindes[2] das mit der Kore-Projektion identifizierte Kind beschrieben, dem wiederholt Gewalt angetan wird, weil es keinen Zugang zum Urgrund seines instinktiven Wesens hat. Kein gesundes junges Tier würde sich darauf einlassen, sich in der Nähe von jemandem aufzuhalten, von dem es befürchten muß, mißbraucht zu werden – noch würde es auch nur einen Augenblick lang jemanden ertragen, der sein Vertrauen mißbraucht und seine Verletzlichkeit ausnutzt. Warum also sollte ein gesundes Kind weniger imstande sein, sich selbst zu schützen? Meine dreijährige Enkelin ist zwar auch so verletzlich und verführerisch wie ein verspieltes Kätzchen, aber zugleich ist sie so entschlossen, unabhängig und stark wie eine Tigerin, wenn sie sich etwas in den Kopf gesetzt hat. Millers Bild vom Kind als «immer unschuldig» und ihre Ablehnung von Freuds Theorien über die infantile Sexualität als Projektion der viktorianischen patriarchalischen Einstellung gegenüber Kindern[3] scheinen mir da eher ein Rückfall in die vorfreudianische, viktorianische Idealisierung des Kindes zu sein.

Freud hat ja in seinem zukunftweisenden Werk *Drei Abhandlungen zur Sexualtheorie* dieses viktorianische Bild des Kindes als eines unschuldigen, reinen, hilflosen und asexuellen Wesens zerstört. Indem er uns bewußt gemacht hat, wie ungeheuer wichtig die psychische Entwicklung des frühkindlichen und kindlichen Sexualtriebs ist, hat Freud paradoxerweise bewiesen, daß der sexuelle Instinkt und vermutlich andere grundlegende menschliche Instinkte eine Intelligenz und Intentionalität beinhalten, die über das bloße physische Überleben der Art hinausgehen. Das heißt also, wenn ein Kind infolge eines Ödipuskomplexes oder infolge der Inzestwunde, wie ich es genannt habe, von seinen sexuellen Instinkten abgeblockt oder abgeschnitten ist, dann verliert es den Kontakt zu einer instinktiven Kraft und Intelligenz, die ihn vor Mißbrauch und Manipulation schützen könnten.

Freud ließ seine Traumatheorie nicht deswegen fallen, weil er glaubte, daß diese Kindheitserinnerungen sich auf Verführungen bezögen, die nie stattgefunden hätten, sondern weil er erkannte, daß die Frage, ob diese sexuellen Erinnerungen auf Wahrheit beruhten oder nicht, psychologisch weniger relevant war als die psychische Realität der Vorstellungsbilder. In meinem Buch *Incest and Human Love*[4] habe ich auf die psychologischen Funktionen des Inzesttabus hingewiesen: Es soll die sexuelle Vorstellungskraft stimulieren und das Bild von der Ehe als einer geheiligten Vereinigung, als *hieros gamos,* entstehen lassen; die Sexualität humanisieren und transformieren; uns unsere Unvollkommenheit bewußt machen und unsere Sehnsucht nach Vollkommenheit wecken, zunächst durch die Vereinigung mit einem anderen Menschen, letztlich jedoch durch eine innere Vereinigung. Ich habe in diesem Buch auch ausgeführt, *daß in der Polarität des Inzest-Archetypus sowohl das Verlangen wie die Hemmung enthalten ist und daß die Spannung zwischen diesen Gegensätzen wesentlich ist für die psychische Entwicklung.* Ich habe angemerkt, daß die Unterdrückung oder Hemmung des Verlangens in der kindlichen Psyche zu einer Spaltung zwischen Liebe und Sex, Seele und Leib, Geist und Fleisch führt, und habe zur Beschreibung dieser entwicklungsbedingten Spaltungen den Terminus *Inzestwunde* verwendet. Dabei hängt die Tiefe der Inzestwunde von der Stärke der psychischen Spaltung zwischen Liebe und Sex, Seele und Leib, Verlangen und Hemmung ab. Meiner Ansicht nach können die aus der Unterdrückung der Sexualität herrührenden seelischen Verletzungen genauso schwerwiegend sein wie der tatsächliche sexuelle Kontakt zwischen Eltern und Kind. Die derzeit übliche verkürzte Betrachtungsweise der wirklichen Verletzung des Inzesttabus lenkt bedauerlicherweise ab von den tieferen und relevanteren psychologischen Fragen. Alice Millers antipsychologischer vordergründiger Realismus legt die Vermutung nahe, daß sie sich mit ihrem eigenen zornigen, vernachlässigten, benachteiligten Inneren Kind identifiziert. *Leider aber schadet dem Kind und seinem reichen Phantasieleben nichts so sehr wie vordergründiger Realismus.*

Gibt es vielleicht einen Zusammenhang zwischen der Ausbeutung und dem Mißbrauch von Kindern im 19. Jahrhundert und dem Beginn des industriellen Zeitalters? Und gibt es vielleicht einen ähnlichen Zusammenhang zwischen dem Beginn unseres Computerzeitalters und der Welle von Kindesmißbrauch? Ist uns vielleicht, wie unseren viktorianischen Vorfahren, unsere neu gewonnene Macht, die natürlichen Kräfte des Universums zu verstehen und zu manipulieren, zu Kopf gestiegen? Sind wir vielleicht identisch mit dem allwissenden alten Weisen oder *Senex*-Archetypus, wie Jung das nennen würde?

Die Identifikation mit einem Archetypus führt immer zu Übersteigerung, Einseitigkeit und vordergründigem Realismus. Da er

von der erneuerungsfähigen Vitalität des Kindarchteypus abgeschnitten ist, wird der *senex* zunehmend engstirnig, nüchtern und
starrsinnig. Je größer die innere Spaltung zwischen *Senex*- und
Kindarchetypus ist, desto verzweifelter ist das Bedürfnis des
senex, sich mit Eigenschaften wie unschuldigem Staunen, Offenheit, Verletzlichkeit und jungfräulicher Frische zu vereinen, die
das Kind in sich trägt. Aber auch das Kind bedarf der stabilisieren-
den Kraft, der uralten spirituellen Weisheit, der Grenzen und
Tiefen des *senex*. Daher stellen *senex* und Kind eine Polarität dar,
deren kreative Funktion für die psychische Entwicklung nur dann
gegeben ist, wenn sie ein komplementäres Ganzes statt eine Spaltung in Gegensätze bildet. Diese Art von Spaltung ist vermutlich
ein maßgebender Faktor für das zwanghafte Bedürfnis so vieler
Erwachsener nach sexueller Intimität mit Kindern. Was nun das
Kind betrifft, das vielleicht diese Projektion des unschuldigen,
jungfräulichen Kore-Archetypus auslebt, so ist ihm nicht nur die
instinktive Kraft genommen, sich vor einem derartigen Mißbrauch
zu schützen, sondern es ist auch in die Gewalt einer archetypischen
Macht geraten, die sich um jeden Preis mit ihrer anderen Hälfte
vereinigen will.

Die gegenwärtig zu beobachtende Hysterie im Hinblick auf
Inzest und sexuelle Belästigung verstärkt noch die Angst vor Sinn-
lichkeit und Sexualität zwischen Eltern und Kind, statt daß wir uns
inspirieren ließen, eine neue, kreative Beziehung zum Inzestmy-
sterium zu finden. Ich habe bereits dargelegt, daß die primäre
Funktion des Inzestverbots darin besteht, die sexuelle Vorstellungskraft anzuregen und die Instinkte der Liebe den verwandt-
schaftlichen Bindungen und der Kreativität dienstbar zu machen.
Das bedeutet, daß es ganz wesentlich für die psychische Gesundheit und Reife des Kindes ist, die erotische Qualität der Beziehung
zu Eltern und Geschwistern frei von Angst, Schuldgefühl oder
Gewalt erleben zu können.

Ich möchte diese Überlegungen mit zwei Zitaten aus der hervor-
ragenden Arbeit «Oedipal Love in the Countertransference» von
Harold Searles abschließen. Er hat darin nachgewiesen, daß die
wechselseitige Erfahrung romantischer und erotischer Gefühle
zwischen Analytiker und Analysand einen wesentlichen Aspekt
bei der Lösung des Ödipuskomplexes in der Analyse darstellt[5]:
«Ich habe immer wieder festgestellt, daß ich im Laufe der Arbeit

gegenüber jedem meiner Patienten, der oder die eine gründliche Heilung durch die Anlayse geschafft hat oder kurz davor steht, das romantische und erotische Verlangen hege, ihn oder sie zu heiraten, sowie Phantasievorstellungen erlebe, mit diesem Patienten/ dieser Patientin verheiratet zu sein.»[6]

Searles betont also, daß er dieses Phänomen im Hinblick auf beide Geschlechter erlebt hat.[7] Er stützt seine Thesen, indem er auf seine Erfahrungen als Ehemann und Vater verweist: «Gegenüber meiner Tochter, die inzwischen acht Jahre alt ist, habe ich zahllose Phantasievorstellungen erlebt und Gefühle romantischer Liebe empfunden, die absolut komplementär zu der romantischen Verehrung und dem verführerischen Verhalten waren, die sie oftmals gegenüber ihrem Vater an den Tag gelegt hat, seit sie zwei oder drei Jahre alt war. Früher war ich etwas beunruhigt, wenn sie sich mir gegenüber als höchst selbstbewußte Kokette aufspielte und ich von ihrem Charme ganz bezaubert war; aber dann gelangte ich vor einiger Zeit zu der Überzeugung, daß solche Augenblicke verwandtschaftlicher Nähe für ihre sich entwickelnde Persönlichkeit nur stärkend sein konnten, wie sie für mich entzückend waren. Wenn ein kleines Mädchen nicht das Gefühl haben kann, das Herz seines Vaters zu gewinnen, der es so gut und so lange schon kennt und durch Blutsbande mit ihm verbunden ist, sagte ich mir, wie kann dann die junge Frau, die es später sein wird, wirklich auf die Macht ihrer Weiblichkeit vertrauen.»[8]

Fünfter Teil

Wie wir das Kind in uns zurückgewinnen

Einführung

Kehre zum Anfang zurück –
Werde wieder ein Kind.

TAO-TE CHING

Manche Menschen werden absolut unerträglich, wenn
sie eine schöpferische Idee ausbrüten und sie nicht
herausbringen können. Daher muß man ihnen helfen,
das Kind zur Welt zu bringen.

MARIE-LOUISE VON FRANZ

Die Beiträge dieses Teils bedürfen weiter keiner Einführung, da ihr gemeinsames Thema für sich selbst spricht: Sie gehen die Aufgabe, das Innere Kind zu erkennen, ganz praktisch und direkt an, und zeigen auf, wie man die besonderen Gaben des Kindes wiedergewinnen und sich seine Vitalität zu eigen machen kann.

Joyce C. Mills und Richard J. Crowley beschreiben Techniken, wie man Kontakt zum Inneren Kind aufnehmen kann sowie entsprechende Methoden, die zwei hervorragende Therapeuten angewandt haben: C. G. Jung und Milton Erickson, der Nestor der Hypnotherapie.

Der Psychologe Nathaniel Branden hat sich ein paar sehr praktische Übungen ausgedacht – zum Beispiel das Vervollständigen von Sätzen –, durch die das Bewußtsein für das Kindselbst geweckt und seine Integration ermöglicht wird; ein überaus wirkungsvolles autosuggestives Mittel zur Wiedergewinnung des Kindes.

Auch in dem hier auszugsweise wiedergegebenen Interview mit

dem visionären Mythenforscher Joseph Campbell geht es darum, wie man mit dem Kind, das in uns steckt, Kontakt aufnehmen kann. Der abschließende Essay des jungianischen Analytikers Robert M. Stein untersucht die Befreiung des vernachlässigten Inneren Kindes in Beziehungen: in der Ehe und in der Psychotherapie.

16

Joyce C. Mills/Richard J. Crowley

Wie wir Kontakt zum Kind in uns aufnehmen können

Im Zuge ihrer Arbeit haben die Kindertherapeuten Joyce C. Mills und Richard J. Crowley entdeckt, wie wichtig es ist, sich des Inneren Kindes bewußt zu sein, wenn man mit Kindern kommuniziert. Besonders interessant an ihrem Beitrag ist dabei der Vergleich zwischen den psychologischen Ansätzen Milton Ericksons und C. G. Jungs im Hinblick auf das Innere Kind.

Wer wie wir mit Kindern arbeitet, wird das Motto «Kehre zum Anfang zurück, werde wieder ein Kind» für überaus hilfreich halten. Wir haben es als ungeheuer wichtig empfunden, zu unserem eigenen Inneren Kind zurückzukehren, indem wir uns an angenehme Dinge und Phantasiespiele erinnerten oder Kindern dabei zusahen, wie sie in Parks, an Stränden und auf Schulhöfen spielten. Das ermöglicht es uns, jene Augenblicke der Erinnerung oder Beobachtung wieder gegenwärtig werden zu lassen und später als wichtige therapeutische Instrumente zu nutzen.

Zahlreiche Bücher beschäftigen sich theoretisch mit dem, was alles zu einer effektiven Therapeut-Kind-Beziehung gehört.[1] Die Autoren stimmen darin überein, daß es unerläßlich ist, ein sicheres Umfeld zu schaffen, in dem sich Harmonie, Achtung und Zusammenarbeit entwickeln können. Für uns ist der *Kontakt mit dem Inneren Kind* das zentrale Element beim Aufbau dieser vielen Dimensionen der therapeutischen Beziehung. Ja vielleicht ist es sogar das einzige, was letztlich zählt, wenn man an das Kind wirklich herankommen will. Als Therapeuten haben wir zuweilen die Erfahrung gemacht, daß wir immer dann unsere Grenzen und Frustrationsgefühle erlebten, wenn wir einen Moment lang vergessen hatten, «uns auf die Welt des Inneren Kindes einzulassen».

Mit den Augen eines Kindes

Eines Tages rief mich ein Kollege an und fragte, ob ich wohl so rasch wie möglich eine seiner Patientinnen empfangen könnte: eine Mutter mit ihrem vierjährigen Sohn Mark. Er erklärte mir, Marks Mutter habe ihm berichtet, ihr Sohn sei von seinem Vater wiederholt sexuell mißbraucht worden. Die Mutter kämpfte gerade um das Sorgerecht für Mark und versuchte, das Gericht vom abartigen Verhalten des Vaters zu überzeugen. Im Laufe der letzten Monate war das Kind von vielen sachverständigen Therapeuten befragt und getestet worden. Dennoch war noch immer keine Entscheidung gefallen. Inzwischen hatten sich Marks Verhalten und Gemütszustand rapide verschlechtert. Die Mutter berichtete, daß er mitten in der Nacht schreiend aufwache und tagsüber äußerst ängstlich sei, wobei er immer wieder in Tränen ausbreche.

Ich war bereit, das Kind und seine Mutter am nächsten Vormittag zu empfangen. Als die Frau mein Sprechzimmer betrat, hatte sie einen ganzen Stoß Akten und Fallstudien dabei, die bereits über ihren Sohn angelegt worden waren. Mark, ein kleiner, aschblonder Junge mit strahlend blauen Augen und einem unsicheren Lächeln, klammerte sich mit seiner kleinen Hand an die Hosentasche seiner hübschen Mutter. Obwohl man ihr ihre Erregung und ihren Kummer ansah, setzte sie sich entschlossen auf die Couch und begann so systematisch, wie sie konnte, in ihren Akten zu blättern. Mark saß dicht neben ihr, seine Finger waren noch immer in ihrer Jeanstasche verhakt. Ich bemerkte, wie seine Augen über die vielen Regale mit den Spielsachen, Spielen, Stofftieren, Puppen, Bildern und Malutensilien wanderten, die herumstanden.

Sollte ich zuerst den Bericht des Kollegen lesen oder mir besser den ausführlichen Befund des Gerichtssachverständigen ansehen? In den ersten Minuten dieser Begegnung hielt ich mich an die Vorschläge der Mutter, wobei ich nebenbei immer den kleinen

Mark im Auge behielt. Ich sah die Berichte des Therapeuten durch und blieb immer wieder an den Schlüsselbegriffen hängen. Es gab offenbar endlos lange psychodynamische Erklärungen für das, was zwischen dem Vater und seinem Kind vorgefallen war. Ich blätterte in den umfangreichen Gerichtsprotokollen, und wieder jagte eine Vermutung und Empfehlung die andere. Ich merkte, wie sich in mir eine innere Unruhe auszubreiten begann. Mir war, als ob vor mir Tausende von Fakten auf einmal herumtanzten und jedes meine Aufmerksamkeit auf sich lenken wollte. Je mehr «Informationen» ich aufnahm, desto mehr hatte ich das Gefühl, mich immer weiter von dem Kind zu entfernen.

Die ganze Zeit saß dieser kleine vierjährige Junge, um den sich dieser ganze Wust von Informationen drehte, stumm und bedrückt neben seiner Mutter. Er rührte sich kaum, aber seine Augen wanderten weiter neugierig im Zimmer herum. Mein Überblick über die «sachdienlichen Informationen» hatte zwar nur wenig Zeit von der Sitzung beansprucht, trotzdem war mir klar, daß ich so nicht weitermachen konnte. Schlagartig wurde mir bewußt: Ich hatte zugelassen, daß dieses scheinbar so wichtige Material den wesentlichsten Teil der Behandlung dieses Kindes behindert hatte: mit Mark *in seiner eigenen Welt* Kontakt aufzunehmen.

Ich legte all die Akten und Berichte beiseite und erklärte der Mutter, daß mir sehr daran gelegen sei, mit Mark eine Zeitlang einfach nur zu spielen, damit wir uns kennenlernen konnten. Dann ging ich zu Mark hinüber, nahm seine Hand in meine und sagte aufmunternd zu ihm: «Ich habe bemerkt, wie du dich in diesem Zimmer umgesehen hast, und ich bin sicher, du möchtest dir alles noch viel genauer anschauen.» Seine Augen strahlten, als er zustimmend nickte und sich von der Couch erhob. In diesem Augenblick bemerkte ich, wie mein Unbehagen und das Gefühl, nicht an ihn heranzukommen, zu schwinden begannen.

Während Mark sich im Zimmer umsah, kauerte ich mich neben ihn und versuchte, mich durch seine Augen umzusehen, nicht durch die Augen einer erwachsenen Therapeutin. Ich wiederholte die Worte, mit denen er die Spielsachen und Spiele beschrieb, die er sah. Ich versuchte mich auch seinem kindlichen Tonfall und seiner Aussprache anzupassen, nicht nur damit es so klang, als spräche ich seine Sprache, sondern mehr für mich selbst: um zu spüren, wie sich mein eigenes Inneres vierjähriges Kind im Sprech-

zimmer einer Therapeutin nach so traumatischen Erlebnissen fühlen würde.

Als Therapeuten haben wir gelernt, mit solchen Begriffen wie
Objektivität und Übertragung ständig umzugehen. Allerdings
können wir über etwas erst dann wirklich objektiv urteilen, wenn
wir wissen, was die betreffende Person erlebt. Dieses Kind war so
lange objektiv beurteilt worden, bis sich ein Aktenberg aus psychologischen Gutachten und Gerichtsprotokollen angesammelt
hatte, der fast mehr wog als der ganze Junge! Mit Sicherheit gab es
in diesem Fall Objektivität in Hülle und Fülle. Daher mußte ich
einfach genau das Gegenteil tun: vorübergehend alle Objektivität
beiseite schieben und mich wirklich mit Mark identifizieren, indem ich mich auf das Kind in mir einließ. Ich wußte, daß ich Marks
Welt ein wenig erspüren mußte, ehe ich mit all diesen objektiven
Informationen etwas anfangen konnte.

Mark war von den Therapeuten vor mir als extrem zurückhal-
tend und gleichgültig geschildert worden – aber schon in dieser
ersten Sitzung war er in der Lage, den vielen Schwierigkeiten, die
er erlebt hate, durch Bilder und Geschichten Ausdruck zu verlei-
hen. Dazu kam es aber erst, nachdem wir etwa eine halbe Stunde
lang gemeinsam das Zimmer erkundet hatten und uns auf diese
besondere Weise kennengelernt hatten, auf die sich nur «Kinder»
verstehen.

Zuweilen bemühen wir uns auch herauszufinden, wie wir Eltern
dabei behilflich sein können, ihre eigenen Erwachsenenstand-
punkte zu verlassen, um die ganz reale Welt des Problems ihres
Kindes wahrzunehmen. Dabei ist es automatisch erforderlich, daß
die Eltern zumindest einen minimalen Kontakt zu dem Kind in
sich aufnehmen, denn wenn sie bereit sind, die Situation vom
Standpunkt ihres Kindes aus zu betrachten, sehen sie sie eigentlich
aus dem Blickwinkel ihrer eigenen Kindheitserfahrungen. Durch
diesen Perspektivenwechsel lassen sich zwei wichtige Dinge gewinnen: 1. ein größeres Einfühlungsvermögen gegenüber dem,
was ihr Kind erlebt, und 2. zugleich ein Zugang zu einem möglichen inneren Reichtum, der sich vor Jahrzehnten angesammelt
hat, ihnen aber als Erwachsenen nicht zur Verfügung steht.

Die Monster und der Napfkuchen

Daniele war ein entzückendes achtjähriges Mädchen, das wegen verschiedener Beschwerden – unter anderem war sie nervös und hatte chronische Schlafprobleme – mit ihrer Mutter zur Therapie kam. Seit mehreren Jahren hatte Daniele Angst, abends ins Bett zu gehen, weil sie glaubte, in ihrem Zimmer befänden sich Monster. Ihre Mutter hatte ihr zu erklären versucht, daß es keine Monster gäbe und sie darum keine Angst haben müßte, aber Daniele blieb dabei, daß sie da wären, und versuchte verzweifelt, ihre Mutter von dieser «Tatsache» zu überzeugen. Danieles Angst vor Monstern nahm sogar immer schlimmere Formen an, da sie niemanden von deren Existenz überzeugen konnte.

Während der ersten Sitzung stellte ich ihr Fragen über die Monster und erfuhr dabei, wie sie aussahen, ob sie Krach machten, das kleine Mädchen berührten und so weiter. Daniele wurde ganz lebhaft und aufgeregt, als sie diese Fragen beantwortete, die die Realität ihrer Phantasiewelt akzeptierten. Ihre Mutter war völlig perplex, während Daniele und ich uns unterhielten. Sie nahm mich beiseite und sagte mir, daß ich Daniele nicht noch in ihrem Glauben an Monster unterstützen sollte, schließlich bemühe sie sich ständig, ihrem Kind derartige Vorstellungen auszutreiben. Ich machte der Mutter klar, daß sie Daniele erst dann zu ihrer Denkweise und zu einer anderen Einstellung bewegen könnte, wenn sie zunächst auf die Phantasiewirklichkeit und die Ängste ihres Kindes eingehen würde. Dann schlug ich vor, sich doch einmal vorzustellen, ein achtjähriges Kind zu sein, das sich vor Monstern fürchtet, und daß sie vielleicht etwas Wichtiges dabei lernen könnte, während ich mit meiner Arbeit mit Daniele fortfuhr. In der restlichen Zeit schufen wir eine Metapher, mit der wir gewissermaßen Danieles Monster in ihre Schranken weisen konnten und dem Mädchen ermöglichten, damit umzugehen, so daß ihre Ängste verschwanden.

Daniele schüttelte den Kopf, als ich sie fragte, ob sie schon mal die «Unerhörte Geschichte von den Monstern und dem Napfkuchen» gehört habe. Ich sah ihre Mutter an. «Und Sie?» Sie zuckte mit den Schultern. «Nein.»

Dann erzählte ich Daniele, daß Monster eigentlich als Phantasiegestalten verkleidete unglückliche Kinder seien, die keine

Freunde hätten. Ursprünglich hätten diese unglücklichen und nun als Monster verkleideten Kinder immer wieder versucht, Freunde zu gewinnen, aber die anderen Kinder hätten sie nicht beachtet. Niemand wollte ihnen die Beachtung schenken, die sie sich so wünschten. Die Kinder wurden so traurig, daß sie einfach für sich blieben und sich nicht wohl fühlten. Eines Tages jedoch kamen sie auf die Idee, daß sie vielleicht selbst etwas dafür tun mußten, um die Aufmerksamkeit auf sich zu lenken und die Freundschaft der anderen Kinder zu gewinnen. Also zogen sie sich ganz, ganz seltsam an und begannen sich ganz, ganz seltsam zu benehmen. Dann gingen sie wieder zu den anderen Kindern und erwarteten, daß die sie nun als ihre Freunde willkommen heißen würden. Statt dessen aber liefen die anderen Kinder ängstlich und entsetzt davon, weil sie glaubten, es mit Monstern zu tun zu haben!

Nun waren die unglücklichen Kinder in den Monsterkostümen sehr verwirrt und fürchteten sich sogar selbst. Da Daniele den Film *E. T., der Außerirdische* gesehen hatte, bat ich sie nun, sich daran zu erinnern, wie ängstlich Elliott und E. T. doch gewesen waren, als sie sich zum erstenmal begegneten, und daß Elliott E. T. ein Geschenk gegeben hätte, damit sie Freunde würden. «Reeses Pieces!» rief Daniele stolz dazwischen. «Ja, genau», bestätigte ich begeistert. «Und nun, Daniele, fände ich es toll, wenn du nach Haus gehen und deinen Monstern etwas schenken würdest, das sie zu deinen Freunden macht.»

In dem Moment mußte Daniele dringend aufs Klo. Als sie draußen war, sah mich ihre Mutter lächelnd an und erklärte: «Wissen Sie, ich konnte mir alles, was Sie sagten, lebhaft vorstellen, und auf irgendeine verrückte Art fand ich das ganz vernünftig. Ich hatte völlig vergessen, daß ich mir als Kind solche Geschichten im Radio angehört habe und mir dabei alle möglichen aufregenden Sachen vorstellen konnte. Danke, daß Sie mich wieder daran erinnert haben.»

Eine Woche später berichtete mir Danieles Mutter, daß ihre Tochter einen Napfkuchen extra für die Monster gebacken und ihn vor ihren Kinderzimmerschrank gestellt habe, in dem die Monster «lebten». Abgesehen von einer Nacht habe Daniele in dieser Woche tief und fest geschlafen.

Im Laufe der nächsten drei Wochen fiel Daniele hin und wieder in ihre alten Ängste zurück, bevor sie zu Bett ging. Doch dann erinnerte ihre Mutter sie an den Napfkuchen, an Eliott und E. T. und die Reeses Pieces.

Jung und das Innere Kind

In C. G. Jungs autobiographischem Werk *Erinnerungen, Träume, Gedanken* gibt es eine wunderschöne Passage, in der sich Jung an die unerwartete Begegnung mit seinem eigenen Inneren Kind erinnert und wie diese Begegnung sich auf seltsam nachdrückliche Weise auf sein Leben auswirkte. In dem Kapitel «Die Auseinandersetzung mit dem Unbewußten» beschreibt er eine Reihe von Träumen: Sie «beeindruckten mich, konnten mir aber über das Gefühl der Desorientiertheit nicht hinweghelfen. Im Gegenteil, ich lebte wie unter einem inneren Druck. Zeitweise war er so stark, daß ich annahm, es müsse eine psychische Störung bei mir vorliegen.» In der Hoffnung, auf die Ursache des Problems zu stoßen, ging er seine Kindheitserinnerungen durch. «Aber die Rückschau war ergebnislos, und ich mußte mir meine Unwissenheit eingestehen. Da sagte ich mir: ‹Ich weiß so gar nichts, daß ich jetzt einfach das tue, was mir einfällt.›» Das Ergebnis war die Aktivierung einer lebhaften und bewegenden Vorstellung, die zu einem denkwürdigen Wendepunkt in seinem Leben führte:

> Als erstes tauchte eine Erinnerung aus der Kindheit auf, vielleicht aus dem zehnten oder elften Jahr. Damals hatte ich leidenschaftlich mit Bausteinen gespielt. Ich erinnerte mich deutlich, wie ich Häuschen und Schlösser gebaut und Tore mit Bögen über Flaschen gewölbt hatte. Etwas später verwendete ich natürliche Steine und Lehm als Mörtel. Diese Bauten hatten mich während langer Zeit fasziniert. Zu meinem Erstaunen tauchte diese Erinnerung auf, begleitet von einer gewissen Emotion.
>
> «Aha», sagte ich mir, «hier ist Leben! Der kleine Junge ist noch da und besitzt ein schöpferisches Leben, das mir fehlt. Aber wie kann ich dazu gelangen?»

Es schien mir unmöglich, die Distanz zwischen der Gegenwart, dem erwachsenen Mann, und meinem elften Jahr zu überbrücken. Wollte ich aber den Kontakt mit jener Zeit wieder herstellen, so blieb mir nichts anderes übrig, als wieder dorthin zurückzukehren und das Kind mit seinen kindlichen Spielen auf gut Glück wieder aufzunehmen. Dieser Augenblick war ein Wendepunkt in meinem Schicksal, denn nach unendlichem Widerstreben ergab ich mich schließlich darein zu spielen. Es ging nicht ohne äußerste Resignation und nicht ohne das schmerzhafte Erlebnis der Demütigung, nichts anderes wirklich tun zu können als zu spielen.[2] [Siehe auch die Beiträge von G. Frantz und C. G. Jung.]

Jung «ergab» sich tatsächlich und begann die Steine und Materialien zu sammeln, die er zum Bau seiner Schöpfung brauchte – einem ganzen Dorf mit Schloß und Kirche. Jeden Tag baute er nach dem Mittagessen und am Abend nach der Arbeit.

«Dabei klärten sich meine Gedanken, und ich konnte die Phantasien fassen, die ich ahnungsweise in mir fühlte.

Natürlich machte ich mir Gedanken über den Sinn meines Spielens und fragte mich: ‹Was tust du eigentlich? Du baust eine kleine Siedlung auf und vollführst das wie einen Ritus!› *Ich wußte keine Antwort, aber ich besaß die innere Gewißheit, daß ich auf dem Weg zu meinem Mythus war. Das Bauen war nämlich nur ein Anfang.*»[3] [Hervorhebung durch die Autoren]

Jungs Kontakt zu seinem eigenen Inneren Kind spielte eine wichtige Rolle bei der Freisetzung der außergewöhnlichen schöpferischen Energien, die in seiner Theorie der Archetypen und des kollektiven Unbewußten ihren Höhepunkt fanden.

Jung hat eine ganze Reihe archetypischer Figuren beschrieben: Mutter, Vater, Kind, Held, Bösewicht, Verführerin, Trickster und so weiter. Relevant für uns ist die überaus luzide Darstellung der einzigartigen Bedeutung des Kindarchetyps – des Inneren Kindes – in dem Abschnitt «Die Psychologie des Kindarchetypus»[4]. Für Jung ist der Kindarchetypus das lebendige Symbol künftiger Möglichkeiten, das in der bewußten Persönlichkeit für Ausgleich, Einheit und Vitalität sorgt. Durch das Innere Kind werden in der Persönlichkeit gegensätzliche Eigenschaften miteinander versöhnt und neue Möglichkeiten frei gesetzt:

> Das Kindmotiv stellt nicht nur etwas Gewesenes und längst Vergangenes dar, sondern auch etwas Gegenwärtiges, das heißt, es ist nicht nur Überbleibsel, sondern ein gegenwärtig funktionierendes System... Das entspricht genau den Erfahrungen der Psychologie des einzelnen, welche zeigen, daß das «Kind» eine zukünftige Wandlung der Persönlichkeit vorbereitet. Es antizipiert im Individuationsprozeß jene Gestalt, die aus der Synthese der bewußten und der unbewußten Persönlichkeitselemente hervorgeht. Es ist daher ein die Gegensätze vereinigendes Symbol...[5]

In einem anderen Abschnitt mit der Überschrift «Die spezielle Phänomenologie des Kindarchetypus» hebt Jung diesen Aspekt noch stärker hervor: «Das ‹Kind›... personifiziert Lebensmächte jenseits des beschränkten Bewußtseinsumfanges, Wege und Möglichkeiten, von denen das Bewußtsein in seiner Einseitigkeit nichts weiß... Es stellt den stärksten und unvermeidlichsten Drang des Wesens dar, nämlich den, sich selber zu verwirklichen.»[6]

Für Jung war der Kindarchetypus mehr als nur ein Begriff oder eine Theorie: eine «Lebensmacht», die seine erwachsene Persönlichkeit anleitete und unterstützte. Tatsächlich griff er auf den besonderen Kontakt zu seinem Inneren Kind als «Baumeister» immer dann zurück, wenn er in seinem privaten wie beruflichen Leben vor schwierigen Problemen stand.

Erickson und das Innere Kind

Auch Milton Erickson hatte eine natürliche Achtung vor den Qualitäten der Kindheit, vermutlich weil er ein verspielter und zu Streichen aufgelegter Mensch sein konnte. Eine köstliche Geschichte veranschaulicht sehr schön, wie gern (wenn auch unbewußt) er mit seinem Inneren Kind Kontakt aufnahm, damit es ihm bei der Lösung eines «erwachsenen» Problems behilflich war:

«Ich war einfach nicht imstande, einen bestimmten Abschnitt in einem Bericht zu schreiben. Ich konnte mir nicht vorstellen, wie ich die unlogische Denkweise eines meiner Patienten veranschaulichen sollte. Ich versetzte mich in eine Art Trance und überlegte, ob ich an diesem Fall oder einem anderen weiterarbeiten sollte. Später merkte ich, daß ich in dieser Zeit einen Stapel Comichefte gelesen hatte. Ich hatte die ganze Zeit nichts weiter getan, als Comichefte anzuschauen.

Als ich bei nächster Gelegenheit erneut an dem Bericht arbeitete – nun wieder in hellwachem Zustand – und zu der Problemstelle kam, da – tatsächlich: diese konkrete Situation, diese ganze bestimmte Art von Logik wurde von Tick, Trick, Track und Donald Duck dargestellt! Mein Unbewußtes hatte mich zu der Kiste mit den Comicheften geführt und sie durchwühlen lassen, bis ich exakt die Beschreibung gefunden hatte, die ich suchte.»[7]

Auch in einer weiteren bezaubernden Geschichte demonstriert Erickson, wie eng er mit seinem eigenen Inneren Kind verbunden war. Auf einem Flughafen wartet ein zweijähriges Kind mit seiner Mutter. Auch Erickson wartete auf diesen Flug, und um die Zeit zu nutzen, gab er sich seiner Lieblingsbeschäftigung hin: Menschen beobachten. Das kleine Mädchen war unruhig, aber die Mutter war müde. Da erblickte das Kind ein Spielzeug in einem Laden in der Nähe und sah rasch zur Mutter hin, die in eine Zeitung vertieft war. Methodisch störte das Kind die Mutter nun dabei, indem es auf und ab sprang und herumrannte. Endlich war die Mutter so genervt, daß sie aufstand, um mit dem Kind ein wenig auf und ab zu laufen – und natürlich führte die Kleine sie direkt zu dem Spielzeugladen. Ohne ihren Wunsch mit Worten geäußert zu haben, gelang es ihr, genau das zu bekommen, was sie wollte.

Erickson erzählt die Geschichte voller Respekt und beweist damit, wie sehr er doch die Art und Weise zu bewundern verstand, mit der ein Kind die Welt betrachtet: «Und somit reagierte diese Zweijährige, wie sie es eben verstand – mit all ihrer frühkindlichen Weisheit, die noch nicht von den falschen Lernprozessen getrübt war, die uns die Gesellschaft und die Konvention aufnötigen: ‹Ich möchte dieses Spielzeug haben; Mami sagt oft nein; vielleicht ist es am besten, wenn ich sie ärgere und ihr eine Chance gebe, mich zu beruhigen.› Ich glaube nicht, daß das Kind sich all das völlig klargemacht hat, aber als ich diese Episode beobachtete, fragte ich mich die ganze Zeit, wie das Mädchen an das Spielzeug kommen wollte. Ich glaubte – aber da war ich ganz der Erwachsene –, das Kind würde die Mutter einfach an der Hand nehmen und sie zum Laden ziehen. Aber die Kleine war viel klüger als ich – sie beherrschte die richtige Technik!»[8]

Als Therapeuten können wir sowohl von den persönlichen Erfahrungen Jungs wie Ericksons nur lernen – jeweils auf ihre Weise haben diese beiden Männer in einem nützlichen und schöpferisch verjüngenden Kontakt zu ihrem eigenen Inneren Kind gestanden.

17

Nathaniel Branden

Die Einbeziehung des jüngeren Selbst

Nathaniel Branden hat anhand seiner Forschungsergebnisse eine überaus reizvolle praktische Methode entwickelt, wie man das Innere Kind erkennen und wiedergewinnen kann. «Wir lehnen dieses Kind ab, ebenso wie vielleicht andere es abgelehnt haben», sagt Branden, «und unsere Grausamkeit ihm gegenüber bleibt bestehen...» Als positives Gegenmittel zu dieser negativen Einstellung empfiehlt er spezielle schrittweise Aktivitäten, wie zum Beispiel das Vervollständigen von Sätzen – lauter ganz praktische Dinge, die er in seinem Ratgeber Ich liebe mich auch *aufführt.*

«Als kleines Mädchen habe ich mich so nach der Liebe meiner Mutter gesehnt», sagt eine Zahnärztin (37). «Ich war wie ausgehungert nach jeder Berührung und jeder Zärtlichkeit. Wenn ich daran denke, bin ich immer ganz entsetzt, wie abhängig ich damals war. Ich glaube, deshalb beschäftige ich mich nicht gern mit meiner Kindheit! Ich will gar nichts davon wissen. War ich wirklich so? Ich möchte glauben, daß dieses kleine Mädchen vor langer Zeit aufgehört hat zu existieren und daß ich heute ganz anders bin.» Als ihr Mann sie verläßt, weil sie unfähig zu sein scheint, Liebe zu geben oder zu empfangen, ist sie verzweifelt und versteht ihn nicht.

«Ich mag nicht daran denken, wie ich als Kind war», sagt ein Programmierer (46). «Ich hatte immer Angst. Mein Vater kam betrunken nach Hause und schlug, wer ihm gerade in die Quere kam. Meine Mutter beschützte uns nicht. Ich lief davon, versteckte mich vor ihm und konnte aus lauter Angst kein Wort herausbringen. Es war unerträglich; dieses Kind war unerträglich. Ich fühle keinerlei Verbindung zu ihm.»

Seine Kinder können nicht verstehen, warum er nicht mit ihnen spielen kann. Sie merken aber, daß er gefühlsmäßig keine Verbindung zu ihnen hat, und haben den Eindruck, als hätten sie gar keinen Vater.

«Mutter war immer so sarkastisch», sagt eine Krankenschwester (31). «Sie hatte eine richtig böse Zunge. Als kleines Mädchen fühlte ich mich dem ausgeliefert und weinte viel. Mir wird noch ganz anders, wenn ich daran denke, wie ich mit drei, vier, fünf Jahren war.» Viele ihrer Patienten haben sich über ihre kurze Art und ihre manchmal verletzenden Bemerkungen beschwert. Sie weiß zwar, daß viele sie nicht mögen, hat aber keine Ahnung, warum.

«Als ich zwölf war, gab es einen Jungen in unserer Nachbarschaft, der mich immer schikanierte», erzählt ein Rechtsanwalt (51). «Er schlug mich ein paarmal zusammen, und später brauchte ich ihn nur von weitem zu sehen und zitterte schon vor Angst. Ich mag nicht daran denken. Ich mag eigentlich nicht zugeben, daß ich wirklich ein solcher Angsthase war. Warum bin ich damals mit dieser Situation nicht irgendwie besser fertig geworden? Ich möchte am liebsten vergessen, daß es diesen kleinen Schwächling je gab.» Er ist ein brillanter Anwalt; dennoch mögen ihn nur wenige seiner Klienten. Viele halten ihn für unsensibel und grob. «Er schüchtert jeden ein», sagen sie.

Es gibt viele Gründe, warum ein Mensch dem Kind, das er einst war, nicht verzeihen kann. Wie in den oben erwähnten Fällen leugnet er lieber, daß es jemals dieses Kind gab. Verallgemeinert ausgedrückt, sagt seine Einstellung etwa folgendes aus: Ich kann mir selbst nicht verzeihen, daß . . .

> ich eine solche Angst vor meiner Mutter hatte;
> ich mich so verzweifelt nach einem Lob meines Vaters sehnte;
> ich mir so wenig liebenswert vorkam;
> ich so ausgehungert war nach Zärtlichkeit und Aufmerksamkeit;
> ich nicht durchschaute, was geschah;
> ich meine Mutter irgendwie sexuell erregt hatte;
> ich irgend etwas getan haben muß, auch wenn ich nicht weiß was, das meinen Vater dazu brachte, mich sexuell zu belästigen;

ich mich beim Sport immer so dumm anstellte;

ich mich von meinem Lehrer so einschüchtern ließ;

ich immer so gelitten habe;

ich nicht besonders beliebt war;

ich so ängstlich war;

ich so schüchtern war;

ich mich nicht besser durchsetzen konnte;

ich Angst hatte, meinen Eltern zu widersprechen;

ich alles tat, nur damit man mich mochte;

ich mich so nach einem freundlichen Wort sehnte;

ich immer zornig und feindselig war;

ich auf meinen jüngeren Bruder eifersüchtig war;

ich immer das Gefühl hatte, der letzte zu sein, der etwas begriff;

ich mich nicht wehren konnte, wenn sich jemand über mich lustig machte;

ich mir immer alles gefallen ließ;

ich immer die schäbigsten Kleider in der Klasse anhatte.

Das Kind, das wir einmal waren, kann heute noch dafür verantwortlich sein, daß wir als Erwachsene Leid, Wut, Angst, Verlegenheit oder Demütigung fühlen, Gefühle, die wir lieber unterdrücken, leugnen oder vergessen würden. Wir lehnen dieses Kind ab, ebenso wie vielleicht andere es abgelehnt haben, und unsere Grausamkeit ihm gegenüber bleibt bestehen, denn wir haben es verinnerlicht, das kindliche Selbst ist ein Teil unserer Persönlichkeit geworden.

Ohne zu wissen warum, sind wir dann als Erwachsene der Meinung, daß niemand uns mag, und können nicht erkennen, daß das, was wir subjektiv als Ablehnung erfahren, aus uns selbst statt von außen kommt. Unser ganzes Leben lang sträuben wir uns gegen bestimmte Aspekte unserer Persönlichkeit, lehnen sie ab, unterdrücken sie und sind subjektiv fest davon überzeugt, daß es die anderen sind, die uns ablehnen.

Wenn wir erst dem Kind, das wir einmal waren, verzeihen können, daß es etwas nicht wußte oder nicht tun oder aushalten konnte oder fühlte oder nicht empfand, wenn wir verstehen und akzeptieren, daß das Kind damals versuchte zu überleben, so gut es konnte, dann können das erwachsene Selbst und das kindliche Selbst miteinander Frieden schließen. Unser Verhalten kann dann unserem erwachsenen Selbst angemessener und die Reaktion anderer auf uns verständlicher werden. Das Kind, das wir einmal waren, seine Einstellungen, seine Gefühle, Werte und Perspektiven werden immer als Teil unseres psychischen Selbst vorhanden sein; dieses Kind ist Teil unserer Persönlichkeit und kommt in verschiedenen Situationen mehr oder weniger stark zum Ausdruck, ohne daß wir uns dessen unbedingt bewußt sind.

Wir können uns diesem kindlichen Selbst mehr oder weniger bewußt verbunden fühlen, können ihm wohlwollend oder feindselig begegnen, können es mitfühlend oder streng beurteilen. Die Übungen in diesem Kapitel werden hoffentlich deutlich machen, daß das kindliche Selbst in die Gesamtpersönlichkeit aufgenommen und integriert werden kann, wenn man sich bewußt und positiv um diesen Teil des Selbst bemüht. Wenn man es dagegen ins Unterbewußtsein verbannt oder es gar leugnet, bleibt es immer ein separater Teil unseres Selbst, kann nicht integriert werden, und wir fühlen uns mit unserer Person nicht im Einklang. Wir sind uns selbst entfremdet, und unsere Selbstachtung muß darunter leiden.

Wenn sich das kindliche Selbst verdrängt, nicht verstanden oder abgelehnt und verlassen fühlt, kann es uns Schwierigkeiten machen, uns an der Entwicklung unserer Persönlichkeit hindern und unsere Freude am Leben beeinträchtigen. Äußerlich zeigt sich das daran, daß wir uns manchmal ausgesprochen kindisch verhalten, daß wir uns von anderen Menschen abhängig fühlen, daß sich alles um uns drehen muß oder wir das Gefühl haben, in einer Welt der Erwachsenen zu leben, in die wir nicht recht hineingehören.

Wenn das kindliche Selbst aber akzeptiert und in das gesamte Selbst integriert wird, kann es unser Leben durch Spontaneität, Freude am Spielerischen und die lebhafte Phantasie eines Kindes bereichern.

Bevor Sie sich mit Ihrem kindlichen Selbst anfreunden und es als Teil eines harmonischen Ganzen integrieren können, müssen Sie es kennenlernen, es in Ihrer inneren Welt aufspüren. Stellen Sie sich also vor, Sie gingen eine Landstraße entlang und sähen in der Entfernung ein Kind an einen Baum gelehnt sitzen. Beim

Näherkommen stellen Sie fest, daß Sie selbst einmal dieses Kind waren. Sie setzen sich ihm gegenüber und fangen an, sich mit ihm zu unterhalten. Am besten sollte diese Unterhaltung laut und nicht nur gedanklich stattfinden, damit dieses Erlebnis realer wird. Worüber möchten und können Sie sich mit Ihrem kindlichen Selbst unterhalten? Wundern Sie sich nicht, wenn Ihnen bei diesem «Gespräch» die Tränen kommen, und freuen Sie sich, wenn es sich um eine fröhliche Begegnung handelt. Wie Sie auch reagieren, fast immer wird Ihnen schließlich bewußt werden, daß es dieses Kind irgendwo in Ihrer Psyche noch gibt, daß es Ihr Leben heute noch bereichern kann und Ihre Persönlichkeit durch diese Erfahrung vervollständigt wird. Hatten Sie nicht bisher geglaubt, daß Sie sich von diesem kindlichen Selbst befreien müßten, um endlich erwachsen zu werden?

Wenn meine Klienten etwas über ihr kindliches Selbst erfahren möchten, lasse ich sie häufig die folgende Übung machen. Es ist am besten, wenn ein Freund Ihnen die Anleitung vorliest; Sie können sie aber auch vorher auf Band sprechen und sich dann vorspielen oder sie auswendig lernen.

Wenn Sie ein paar Fotos von sich als Kind haben, setzen Sie sich bequem hin und schauen Sie die Bilder ein paar Minuten lang an; aber es geht auch ohne. Dann schließen Sie die Augen, und atmen Sie ein paarmal langsam und tief. Konzentrieren Sie sich auf Ihr inneres Empfinden und versuchen Sie, Antworten auf folgende Fragen zu finden:

> Wie fühlte es sich an, fünf Jahre alt zu sein?
> Wie empfand der Fünfjährige seinen Körper?
> Wie fühlte es sich an, traurig zu sein?
> Wie fühlte es sich an, fröhlich und aufgeregt zu sein?
> Wie empfand der Fünfjährige sein Zuhause?
> Wie saß er gern?

Setzen Sie sich so hin, wie Sie es vielleicht mit fünf getan haben. Achten Sie auf jedes Gefühl, versenken Sie sich in die Welt des Kindes, das Sie einmal waren.

Selbst wenn Sie nur diese eine Übung zwei oder drei Wochen lang täglich machen, wird Ihnen Ihr kindliches Selbst nicht nur bewußter, sondern es wird Ihnen auch leichterfallen, es als Teil des Selbst zu akzeptieren und zu integrieren. Durch diese Übung wird das Kind, das Sie einmal waren, Realität und wird ernst genommen.

Noch wirkungsvoller ist allerdings wieder die Methode der Satzvervollständigung. Die folgenden Satzanfänge sollten jeweils auf ein separates Blatt Papier geschrieben werden; darunter setzen Sie dann, so schnell es Ihnen möglich ist und ohne lange darüber nachzudenken, sechs bis zehn Endungen.

Als ich fünf Jahre alt war ...

Als ich zehn Jahre alt war ...

Als ich sehr jung war, erschien mir die Welt ...

Als ich sehr jung war, schien mir mein Körper ...

Als ich sehr jung war, schienen mir andere Menschen ...

Wenn ich mit meinen Freunden zusammen war, fühlte ich mich ...

Wenn ich einsam war, ...

Wenn ich vor Freude aufgeregt war ...

Als ich sehr jung war, schien mein Leben ...

Wenn das Kind in mir sprechen könnte, würde es sagen, ...

Um als Kind zu überleben, mußte ich ...

Ich behandele das Kind in mir wie meine Mutter, wenn ich ...

Ich behandele das Kind in mir wie mein Vater, wenn ich ...

Wenn ich das Kind in mir ignoriere, ...

Wenn ich das Kind in mir kritisiere, ...

Das Kind in mir macht mir Schwierigkeiten, wenn ...

Ich glaube, mein kindliches Selbst macht sich bemerkbar, wenn ...

Wenn ich das Kind in mir akzeptieren möchte, ...

Manchmal kann ich diese kindlichen Aspekte in mir nicht akzeptieren, weil ...

Wenn ich dem Kind in mir leichter vergeben könnte, ...

Es wäre angenehmer für mein kindliches Selbst, wenn ich ...

Wenn ich zuhören würde, was mir das Kind in mir
sagen möchte, . . .
Wenn ich mein kindliches Selbst als wichtigen Teil
meiner Persönlichkeit akzeptieren würde, . . .
Mir wird langsam bewußt, . . .
Wenn ich mich selbst von diesem neuen Standpunkt
aus betrachte, . . .

Manche meiner Klienten haben diese Übung mehrere Male gemacht, etwa im Abstand von einem Monat, und zwar ohne daß sie
sich ansahen, was sie das letztemal geschrieben hatten. Jedesmal
fielen ihnen andere Satzvervollständigungen ein, die ihnen neuen
Aufschluß darüber gaben, wie das Kind in ihnen noch heute ihr
Leben beeinflußte. Sie lernten es kennen und schätzen, konnten es
als Teil ihres gesamten Selbst integrieren und Ruhe finden. Ihre
Selbstachtung stieg.

Ich schlage vor, daß Sie ausprobieren, was Sie durch die Ver-
vollständigung der Sätze lernen können, ob und wie diese Übung
Ihr Selbstbewußtsein stärken kann und *Ihnen ein Gefühl der Ganzheit vermittelt*.

Sie können noch mehr über Ihr kindliches Selbst erfahren, wenn
Sie zusätzlich folgende Sätze vervollständigen. Beginnen Sie wieder mit

«Als ich fünf Jahre alt war . . .» und fügen Sie dann an:

«Mein fünfjähriges Selbst braucht von mir, . . .»

«Wenn mein fünfjähriges Selbst mir etwas sagen will, . . .»

«Wenn ich meinem fünfjährigen Selbst verständnisvoll zuhören
würde, . . .»

«Wenn ich mit meinem fünfjährigen Selbst nichts zu tun haben
will, . . .»

«Wenn ich daran denke, daß ich meinem fünfjährigen Selbst
helfen kann, . . .»

Auf die gleiche Art und Weise versuchen Sie das Kind kennen-
zulernen, das Sie mit acht, zehn und zwölf Jahren waren. Sie
werden erleben, daß Sie dadurch psychisch erstaunlich an Stärke
gewinnen. Wenn Sie schließlich durch diese Übung ein gutes Gefühl für dieses Kind und es als psychische Einheit akzeptiert haben, kann Ihnen folgende Übung dabei helfen, es voll und ganz in
Ihr Selbst zu integrieren.

Stellen Sie sich mit allen Ihren Sinnen vor, daß Ihr kindliches Selbst vor Ihnen steht. Ohne ein Wort zu sagen, nehmen Sie jetzt dieses Kind in Ihre Arme, halten es sanft fest, streichen ihm über den Rücken, trösten es und lassen es Ihre Zuneigung spüren. Vielleicht erwidert das Kind Ihre Umarmung, vielleicht sträubt es sich, vielleicht hält es auch ganz still; wichtig ist, daß Sie ihm auf diese Weise mitteilen, daß Sie es lieben, respektieren und verstehen.

Mir fällt dabei eine Klientin ein, die anfangs mit dieser Übung Schwierigkeiten hatte. Charlotte meinte, daß das Kind zu mißtrauisch, zornig und verletzt wäre, als daß es sich von ihr umarmen ließe. Ich wies darauf hin, daß die Reaktion der kleinen Charlotte völlig normal war, wenn man bedachte, was sie als Kind durchgemacht hatte, und schlug vor: «Stellen Sie sich vor, daß ich Ihnen ein kleines Mädchen bringe und sagte: ‹Hier ist jemand, der Ihre Zuwendung braucht. Dieses kleine Mädchen hat ziemlich schlechte Erfahrungen mit Erwachsenen gemacht und ist sehr mißtrauisch. Ihr Onkel hat versucht, sie sexuell zu mißbrauchen, und als sie ihrer Mutter davon erzählte, wurde diese böse auf sie. Sie kommt sich verraten und verlassen vor. (Charlotte hatte das mit sechs Jahren erlebt.) Bei Ihnen soll sie jetzt ein neues Zuhause finden. Sie müssen ihr dabei helfen, Vertrauen zu gewinnen und zu erkennen, daß Sie anders sind als andere Erwachsene.› Später können Sie dann mit ihr sprechen, können sie erzählen lassen und ihr zeigen, daß Sie ein erwachsener Mensch sind, der sie versteht. Aber anfangs sollen Sie sie nur im Arm halten und ihr dadurch, daß Sie für sie da sind, Sicherheit geben. Können Sie das tun?»

«Ja», meinte Charlotte eifrig, «das Problem ist, daß ich sie bisher behandelt habe wie jeder andere auch. Ich habe so getan, als ob es sie gar nicht gibt, weil ich Angst vor dem Leid hatte, das sie ertragen mußte. Ich glaube, ich habe ihr auch Schuld gegeben, beinahe wie meine Mutter damals.»

«Dann schließen Sie jetzt die Augen, stellen Sie sich das kleine Mädchen vor, nehmen Sie es in Ihre Arme und lassen Sie es Ihre Liebe spüren. Wie fühlen Sie sich dabei? Was würden Sie ihm gerne sagen? Nehmen Sie sich die Zeit, das herauszufinden.»

Später meinte Charlotte: «All die Jahre habe ich versucht, möglichst erwachsen zu sein, indem ich versuchte, das Kind zu vergessen, das ich einmal gewesen bin. Ich schämte mich so, war so verletzt und wütend. Aber ich fühlte mich erst richtig erwachsen, als ich das kleine Mädchen in die Arme nahm und es als Teil meines Selbst akzeptierte.»

So können wir Selbstachtung aufbauen.

18

Joseph Campbell

Den Drachen töten

Wenn man bedenkt, wie weit gefaßt die spekulativen Gedanken und Ideen des Mythenforschers Joseph Campbell über das universale Wesen mythologischer Motive waren, erstaunt es doch, wie selten er sich über das Kind oder das Innere Kind geäußert hat. Dies ist ein Auszug aus den Interviews, die Campbell dem amerikanischen Rundfunksender «New Dimensions» gegeben hat. Im Zentrum steht dabei die Frage: «Wie können wir als Individuen mit dem Kind, das in uns steckt, Kontakt aufnehmen?»

Wir haben uns über den Guru des Ostens unterhalten – aber es gibt ja auch bei uns im Westen Gurus, Menschen, die die Rolle des Gurus übernommen haben.

Sie folgen allerdings einem östlichen Vorbild, würde ich sagen. Aber es muß ja schon wirklich schmeichelhaft sein, wenn jemand sagt: «Bist du erleuchtet? Aber ich! Also hör zu! Und erzähl mir bloß keinen Quatsch!» Für den Osten ist es ja typisch, daß einen jede kritische Haltung für die Unterweisung durch Gurus disqualifiziert. Aber ist das denn für einen westlichen Verstand die richtige Einstellung? Damit übertragen Sie doch einfach nur Ihren Gehorsam gegenüber dem Vater der Kindheit auf einen Vater für Sie als Erwachsenem – und das heißt doch nichts weiter, als daß Sie eben noch nicht erwachsen sind. Auch bei der Psychoanalyse erleben wir so etwas wie eine Übertragung. Was übertragen Sie dabei auf den Analytiker? Sie übertragen auf ihn all die in Beziehungen gegenwärtigen elterlichen Einstellungen, und darum sind Sie noch immer gebunden – Sie sind einfach noch eine gehorsame und abhängige Person.

Wenn Sie so über den Reifeprozeß des Erwachsenen sprechen, muß ich an etwas denken, was Jesus gesagt hat: «Wenn ihr nicht... werdet wie die Kinder, so werdet ihr nicht ins Himmelreich kommen.» Wenn wir das einmal auf das Erwachsenwerden und die Reife übertragen – wie kann das eigentlich zusammengehen?

Ich glaube, Jesus hat damit die Spontaneität gemeint. Aber Ihre Frage wird von Nietzsche zu Beginn von *Also sprach Zarathustra* beantwortet. Eigentlich merkwürdig, von Nietzsche im selben Atemzug wie von Jesus zu sprechen, denn normalerweise hält man ihn doch für den Anti-Christen – ja er selbst hat sich ein wenig dafür gehalten. Aber die beiden sind zwei großartige Lehrer, und großartige Lehrer drücken oft das gleiche auf unterschiedliche Weise aus.

Nietzsche also spricht von den «drei Verwandlungen... des Geistes». Die erste ist die zum Kamel. Das Kamel kniet nieder «und will gut beladen sein». Das bezeichnet den Zustand der Jugend und des Lernens. Als das Kamel gut beladen ist, erhebt es sich und eilt in die Wüste. An diesem Ort wird es allein sein und sich selbst finden, und hier «geschieht die zweite Verwandlung: zum Löwen». Und die Funktion und die Tat des Löwen besteht darin, den großen Drachen zu töten, und dieser Drache heißt «Du sollst». Auf jede Schuppe des Drachens ist ein Gesetz geschrieben – «tausendjährige Werte», aber auch solche neueren Datums. Wenn das Kamel gut beladen ist, dann ist der Löwe mächtig, und der Drache wird wirklich getötet. Sie sehen, hier handelt es sich um zwei ganz verschiedene Dinge. Das eine ist das Gehorchen, das Folgen, das Lernen – das andere ist stark und bestimmt. Und wenn der Drache getötet ist, wird der Löwe in ein Kind verwandelt.

In Nietzsches mystischer Sprache ist dieses Kind «ein aus sich rollendes Rad». Das Menschenwesen hat die Spontaneität und Unschuld und das Nichtwissen der Regeln wiedergewonnen, was so wunderbar ist in der Kindheit. Der Kleine, der sich vor den Fremden, der Sie besucht, hinstellt und absolut peinliche Dinge zu ihm sagt – das ist das Kind: nicht das folgsame Kind, sondern das unschuldige Kind, das spontan ist und den Mut hat, seinen Impulsen zu folgen.

Wie können wir denn als Individuen mit dem Kind, das in uns lebt, in Kontakt kommen?

Indem wir den Drachen «Du sollst» töten.

Indem wir uns weigern, nach den Regeln anderer Leute zu leben?
Genau. Wir respektieren sie, leben aber nicht danach. Wir respektieren sie mehr oder weniger so, wie wir das Rot und Grün der Verkehrsampeln respektieren. Es gibt andere Regeln, die uns angeraten erscheinen – wenn man zum Beispiel erkannt hat, daß eine bestimmte Regel zum menschlichen Anstand gehört. Aber eine Regel, die man Ihnen einfach als Regel aufzwingt – «Du sollst nicht» –, ist etwas völlig anderes. Ich glaube, daß man Mut lernen kann; dazu gehört auch, daß man die Verantwortung übernimmt für das, was man getan hat – daß man die Schuld auf sich nimmt, wenn man einen bösen Fehler begangen und andere Menschen verletzt hat. Das können wir tun!

19

Robert M. Stein

Wie wir das Innere Kind in der Ehe und in der Psychotherapie erlösen können

Robert M. Stein, ein erfahrener jungianischer Psychoanalytiker, hat bereits eine ganze Reihe Arbeiten zum Thema des Inneren Kindes veröffentlicht und sich dabei stets von Redlichkeit und Mitgefühl leiten lassen. Seine originellen Gedanken über das Innere Kind beruhen auf einem konstruktiven und unsentimentalen Umgang mit richtigen Kindern.

Stein beschäftigt sich in erster Linie mit zwei Formen von Beziehungen: der Ehe und der Psychotherapie, weil sie seiner Ansicht nach zwei der brauchbarsten, aber auch stark gefährdeten Möglichkeiten in unserer Kultur für die – wie Stein es nennt – «Kultivierung der Seele» darstellen. Er verweist darauf, daß das vernachlässigte Kind in beiden Partnern viele Ehen dominiert, indem es Mann und Frau auf ein dynamisches Eltern-Kind-Verhältnis fixiert. Auch das unter verletzenden Liebesbeziehungen leidende Innere Kind ist laut Stein gewöhnlich ein Grund dafür, daß Menschen die Hilfe eines Psychotherapeuten suchen. Daher können wir bei der Betrachtung von Ehe und Therapie das Innere Kind wiederfinden und zurückgewinnen. Dieser Beitrag zeigt uns auf provokative Weise, wie wir das Kind erlösen können.

Die Ehe und das vernachlässigte Kind

Die Ehe ist erst dann eine wirkliche Ehe, wenn sie auf der essentiellen Männlichkeit und Weiblichkeit von Mann und Frau basiert. Sobald die Polarität zwischen Männlichkeit und Weiblichkeit in der Ehe an Kraft verliert, ist dies ein sicheres Anzeichen dafür, daß das vernachlässigte Kind in beiden Partnern die Oberhand gewonnen hat. Dieser Zustand ist vermutlich die Ursache, daß derzeit so viele Ehen unerfüllt sind. Reine Männlichkeit und reine Weiblichkeit ziehen einander ganz stark an. Sie sind keine Feinde, keine Gegner, wie dies in den meisten ehelichen Beziehungen heutzutage der Fall zu sein scheint.

Während die ungestaltete Männlichkeit und Weiblichkeit bei einem Kind zu erwachen beginnt, sobald es geboren ist – ja eigentlich schon bei seiner Empfängnis –, erlangt das Kind seine eigene sexuelle Identität erst, wenn es sich seiner Sexualität bewußt wird. In den meisten Kulturen drehen sich die entsprechenden Übergangsriten in der Pubertät vor allem um die Geheimnisse der Sexualität und der sexuellen Identität. Schon immer haben es die Menschen für unerläßlich erachtet, dem Kind diesen schwierigen Schritt vom Jungen zum Mann bzw. vom Mädchen zur Frau mit Hilfe komplexer Rituale zu erleichtern. Doch heutzutage erhalten nur wenige von uns psychischen Beistand in dieser so wichtigen Lebensphase – daher schreit das nichtinitiierte und ängstliche Kind in uns ständig um Hilfe und verlangt nach Unterweisung. Und dieses vernachlässigte Kind kann eine Ehe derart dominieren, daß diese rasch in der asexuellen Behaglichkeit und Sicherheit der archetypischen Eltern-Kind-Beziehung versinkt. Erst wenn das Kind in die Geheimnisse von Männlichkeit und Weiblichkeit eingeweiht ist, wird es zur Ehe bereit sein. Erst wenn das Kind Mann oder Frau geworden ist, kann es das Geheimnis seiner eigenen dunklen sexuellen Natur enthalten. Nur dann erwachen Mann und Frau zur vollen Pracht und Würde ihrer eigenen Männlichkeit und Weiblichkeit. Und nur dann können sie wieder einmal die mächtige Anziehungskraft der sexuellen Polarität erfahren, derer die Seele bedarf.

Was können wir für dieses vernachlässigte und unbefriedigte Kind tun, damit es wirklich Mann oder Frau wird? Offenbar ist dazu ein gewisses Initiations- oder Heilungsritual erforderlich. Die jungianische Analyse kann meines Erachtens ein derartiges Ritual sein. Aber es ist ein langwieriges, langsames und nicht immer angemessenes Ritual. Ob mit oder ohne Analyse – eigentlich müßte das bekümmerte Kind nicht dominieren, sofern jeder der beiden Partner zumindest versucht, die Verantwortung für sein bzw. ihr Inneres Kind zu übernehmen.

Das so viel Aufmerksamkeit beanspruchende Kind ist zuviel zerstörerischem Widerstand gegen seine eigene Entwicklung begegnet und dazu gebracht worden, sich wegen der Einzigartigkeit seiner Natur schuldig zu fühlen und sich ihrer zu schämen. Das Kind im Erwachsenen muß unbedingt erfahren, daß seine Natur völlig akzeptiert wird, und es muß von dem so beeinträchtigenden Schuldgefühl befreit werden, das seine Entwicklung aufgehalten hat. Leider veranlaßt dieses schwierige Kind andere gewöhnlich dazu, Kritik an ihm zu üben, besonders wenn es sich im Körper eines Erwachsenen zu Wort meldet. Dabei möchte dieses Kind doch wirklich nichts weiter als spontan und natürlich leben. Aber wenn wir selbst schon dem Kind in uns kritisch und ablehnend gegenüberstehen – wie können wir dann erwarten, daß andere es akzeptieren? Und selbst wenn andere Erbarmen mit ihm haben, wird es vom Archetypus der bösen Eltern in unserer Psyche sogar noch mehr als von anderen abgelehnt – kein Wunder, daß das Kind ein unstillbares Verlangen nach Zustimmung hat, das im Grunde niemals befriedigt wird.

Wenn das schwierige Innere Kind sich gegenüber einer anderen Person zu Wort meldet, provoziert es diese andere Person oft dazu, in die Rolle der bösen Eltern zu verfallen. Dann erleben wir Ablehnung und Verrat und ein sogar noch tieferes Gefühl der Unzulänglichkeit und der Erniedrigung. Wenn das in der Ehe geschieht, ist der Eros völlig zerstört. Darum ist es zur Wiederbelebung der Beziehung zweifellos wichtig, daß man die Fähigkeit entwickelt, die Leiden des Kindes in Grenzen zu halten. Wir verlängern nämlich den Prozeß seiner Verwandlung immer dann, wenn wir dieses Kind weiterer Ablehnung und Erniedrigung aussetzen.

Doch es ist gar nicht so einfach, die schmerzlichen Bedürfnisse des fordernden Kindes in Grenzen zu halten, weil sie uns stets so einfach, so richtig und so unprätentiös vorkommen: «Gewiß hat doch jedes menschliche Wesen ein Recht auf ein bißchen Liebe und Verständnis, nicht wahr? Warum sollte ich leiden und ein so grundlegendes Bedürfnis für mich behalten, das doch so leicht zu befriedigen ist? Also sag mir einen plausiblen Grund dafür, und ich zeige dir, was ich vertragen kann! Aber warum sollte ich nur deshalb leiden, weil du dich weigerst, mir ein richtiges Essen vorzusetzen oder das Haus in Ordnung zu halten? Warum sollte ich mich so abquälen, nur weil du mich sexuell frustrierst? Warum sollte ich unter deiner Kälte und deinem mangelnden Verständnis für meine so simplen grundlegenden Bedürfnisse leiden? Ein fremder Mensch würde mehr für mich empfinden als du. Ich will das einfach nicht ertragen! Du kannst mir alles mögliche über sinnvolles Leiden erzählen, es meinetwegen von allen Dächern schreien – ich weiß genau, was ich erwarten darf, worauf ich ein Recht habe, und ein wenig simple Menschenfreundichkeit ist ja nun wirklich nicht zuviel verlangt...»

Das ist der Punkt. Haben wir das Recht, einem Baby seine Milch vorzuenthalten? Unseren Lieben die Milch der Menschenfreundlichkeit, des schlichten Verständnisses vorzuenthalten? Nun, ein Säugling oder Kleinkind darf gewiß mit Recht erwarten, daß gewisse Grundbedürfnisse von seinen Eltern befriedigt werden. Mann und Frau hingegen sind füreinander keine Eltern – wer vom anderen mehr erwartet als Aufrichtigkeit und Offenheit, bringt den Strom der Liebe zum Versiegen. Und wenn das Innere Kind weiterhin auf seinen Rechten gegenüber dem anderen besteht, wird die Ehe in einem archetypischen Eltern-Kind-Schema erstarren. Dann gibt es keine Möglichkeit für eine lebendige männlich-weibliche Verbindung und keinen echten Sex. Darum kann ich dem Mann oder der Frau, der oder die keinen Grund sieht, die «rechtmäßigen» Forderungen seines oder ihres eigenen vernachlässigten und frustrierten Kindes hinzunehmen, nur eins sagen: Es gibt keine Hoffnung, daß sich in Ihrer Ehe wirklich etwas ändert, keine Hoffnung, daß Sie wieder an den großen natürlichen Rhythmen Ihres eigenen Wesens und des Kosmos teilhaben, wenn Sie dies nicht voll erkennen und leben – Ihre Ehe kann dann nur ein steriles Gefängnis oder ein Schlachtfeld sein.

Nun muß allerdings die Transformation des fordernden Kindes mit einer parallelen inneren Veränderung im Archetypus der bösen Eltern einhergehen. Sobald jemand vom andern etwas verlangt, was er als sein «Recht» ansieht, werden die kritischen, ablehnenden Bösen Eltern im andern aktiviert. Ich gehe sogar noch einen Schritt weiter: Die Bösen Eltern werden auch in uns selbst mobil, sobald wir auch nur damit *beginnen,* gegenüber dem anderen Gekränktheit oder Ärger zu empfinden, weil er uns im Stich gelassen und nicht das gegeben hat, was wir «von Rechts wegen» erwarten dürfen.

Ich möchte nun beschreiben, wie dieser Archetypus der Bösen Eltern sich meines Erachtens innerlich auswirkt. Er taucht auf, sobald das Innere Kind Anspruch erhebt auf seine Rechte, seine simplen Bedürfnisse nach Liebe, Mitgefühl und Verständnis. Die Bösen Eltern suggerieren uns ein Schuldgefühl, weil wir solche infantilen und unreifen Bedürfnisse haben: «Bist du nicht imstande, auf deinen eigenen Füßen zu stehen? Du bist ein wertloses, abhängiges Kind – ein Nichtsnutz.» Auf diese Weise werden wir niedergemacht, und darum setzen wir alles daran, es aus eigener Kraft zu etwas zu bringen. Aber das Kind ist hartnäckig und meldet seine Forderungen bald wieder an, sogar noch lauter als zuvor. Jetzt ist die Schlacht in vollem Gange, wobei wir zwischen diesen beiden gegnerischen Kräften aufgerieben werden: dem Kind unserer eigenen Natur und der lebensfeindlichen Macht der Bösen Eltern; und nicht wissen, wofür wir uns entscheiden sollen. Schlagen wir uns auf die Seite der Bösen Eltern, dann gerät die Lebenskraft in uns in ihren eisernen Griff, und wir fühlen uns gefangen. Wenn wir aber dem fordernden Kind folgen und versuchen, andere zu finden, die seine Bedürfnisse erfüllen, erleben wir nur die gleiche Reaktion der Bösen Eltern von außen.

Dieses Dilemma können wir nur dann lösen, wenn wir die Fähigkeit erlangen, diesen Kampf auszutragen. Das ermöglicht es den inneren Bösen Eltern, sich am Ende in Gute Eltern zu verwandeln, die das Kind hegen und pflegen. Dann beginnt dieses Innere Kind das Mitgefühl zu empfangen, dessen es bedarf, und wir finden heraus, wie wir seine vernachlässigten instinktiven Bedürfnisse am besten befriedigen können.

Die Psychotherapie und das vernachlässigte Kind

Die Menschen suchen größtenteils psychotherapeutische Hilfe, weil ihnen die Qual, Verzweiflung und Wut sowie die unbefriedigten Bedürfnisse des vernachlässigten Inneren Kindes zu schaffen machen. Die schematischen Abläufe, wie wir sie gerade im Hinblick auf die Ehe beschrieben haben, wiederholen sich dann bald auch in der therapeutischen Beziehung. Es kann ungeheuer heilsam sein, diese tiefen Kindheitsverletzungen durchzuarbeiten, sobald sie im Zuge der sogenannten Übertragung aktiviert werden. Der Begriff «Übertragung» bezeichnet einen Vorgang, bei dem der Analysand ein verdrängtes Erlebnis aus der Vergangenheit auf den Therapeuten verlagert (projiziert) – das heißt, der Patient kann den Therapeuten als eine lieblose, kritische, richtende elterliche Autoritätsperson erfahren.

In der Kindheit werden alle psychischen Funktionen, die ein Kind schließlich zum Menschen machen, zunächst als anderen zugehörig erfahren. Solange man wesentliche Bestandteile seiner eigenen Totalität nicht hinreichend verinnerlicht hat, lebt man in einem andauernden Zustand psychischer Abhängigkeit. Die Einführung ins Erwachsenenalter ist primär ein Prozeß, bei dem von Elterngestalten getragene archetypische Projektionen allmählich zurückgenommen und verinnerlicht werden. In unserer Kultur ist dieser wesentliche Prozeß der Menschwerdung ernsthaft gestört. Zu dem Phänomen, daß eine Person für eine andere zum Träger eines unbewußten oder vernachlässigten archetypischen Faktors wird, kommt es immer dann, wenn man sich zu jemandem aufgrund von dessen Anziehungskraft oder Zurückweisung mächtig hingezogen fühlt.

Diese archetypische Projektion schwindet nicht unbedingt, wenn man innerlich ausgeglichener wird. Sie ist vermutlich ein wesentlicher Faktor in jeder dynamisch-kreativen Beziehung und verkehrt sich nur dann ins Negative und Obstruktive, wenn die archetypische Konstellation erstarrt. Psychische Verinnerlichung ist nie etwas Endgültiges, sondern ein ununterbrochener, individueller Weg, der Schlüssel zum Geheimnis unserer psychischen Entwicklung. Die elterlichen Fixierungen, die so charakteristisch sind für unsere Kultur, sind weitgehend verantwortlich dafür, daß unsere Fähigkeit zu verinnerlichen, so blockiert ist. Infolgedessen neigen wir dazu, uns in unseren wichtigsten Beziehungen auf archetypische Schemata festzulegen und darin steckenzubleiben. Die blockierte Verinnerlichung hindert uns auch daran, unser eigenes «Kind» auszuleben – will sagen: Wir büßen auch die Freiheit unserer Einbildungskraft ein. Nur dann, wenn wir uns von den elterlichen Fixierungen befreien, können wir das Kind sein und unsere emotionale Einbildungskraft wiederfinden, denn die Einbildungskraft ist ganz wesentlich für die psychische Selbstverwirklichung.

Eine gestörte Beziehung zur Welt des Imaginären kann sich nicht nur in einem Versagen oder Verkrampfen der Einbildungskraft manifestieren, sondern auch in der mangelnden Fähigkeit, zwischen dem inneren Reich des Imaginären und der konkreten Außenwelt zu unterscheiden. Vermutlich gehören das Versagen der Einbildungskraft und fehlendes Unterscheidungsvermögen aufs engste zusammen. So ist zum Beispiel das offenkundig wilde, hemmungslose Phantasieleben, das bei vielen psychotischen Zuständen vorkommt, häufig eine Abwehrhaltung gegen schmerzliche oder unakzeptable Emotionen und Phantasien. Wahnvorstellungen bei einer Psychose sind oft Folge einer schweren Verdrängung, die zur Verkrampfung der Einbildungskraft führt. Auf der anderen Seite kommt es häufig vor, daß ein Individuum, dessen Einbildungskraft nur dürftig und blockiert zu sein scheint, sich davor fürchtet, sich seinen inneren Vorstellungen zu öffnen, weil es zwischen dem inneren imaginären Reich der Gedanken und Gefühle und dem äußeren Bereich des Ausdrucks und der Handlungen nicht klar zu unterscheiden vermag.

Die Individuation als kreative psychische Entwicklung hängt von geistiger Freiheit ab. Wenn wir beispielsweise von einem Menschen sagen, er sei ein freier Geist, meinen wir dann damit, daß er aus freien Stücken oder erzwungenermaßen die auferlegten Sitten und Gebräuche und Tabus seiner Kultur verletzt? Ich denke nicht. Vielmehr bedeutet das, die Freiheit zu besitzen, im Reich der Phantasie alles zu tun, was man möchte, oder sich überallhin zu begeben, wohin es einen treibt. Ein freier Geist ist ein Mensch, der die überirdische, zeitlose Welt von der irdischen, historischen Welt zu unterscheiden gelernt hat. Er weiß, daß er sich unverschämt würdevoll zwischen den Göttern und Dämonen der Welt des Imaginären bewegen kann, ohne Angst haben zu müssen, die Tabus der realen Welt zu verletzen. Eine derartige Freiheit kann es nicht für ein primitives Bewußtsein geben, für das die innere und die äußere Wirklichkeit unter den gleichen Gesetzen und Wertvorstellungen stehen. In diesem Sinne kann man unsere jüdisch-christliche Überlieferung primitiv nennen, weil für sie unsere Gedanken und Wünsche dem gleichen Dogma, den gleichen Vorschriften unterworfen sind wie unsere Taten. Geistige Freiheit erfordert somit einen Bruch mit der biblischen Überlieferung und die Entwicklung einer neuen Bewußtseinsform – eines Bewußtseins, das die Kultivierung der Freiheit unserer Einbildungskraft fördert.

Bei der Psychotherapie schlüpfen Therapeut und Patient sofort unfreiwillig in die archetypischen Rollen von Doktor und Patient, Lehrer und Schüler oder Eltern und Kind, sobald sie miteinander zu arbeiten beginnen. Das ist die übliche Übertragungskonstellation zu Beginn, aber sie ist kein einseitiges Phänomen, sondern findet wechselseitig statt: Der Therapeut oder die Therapeutin projiziert den Archetypus des hilflosen oder bedürftigen Kindes auf den Patienten – zur gleichen Zeit überträgt der Patient den Archetypus des starken Vaters oder der behütenden Mutter auf ihn oder sie. Solange dies der Fall ist, spielen beide Parteien in erster Linie nur Rollen füreinander, und die Beziehung bleibt im Grunde unpersönlich.

Es gibt allerdings auch einige Möglichkeiten, die Übertragung im Sinne der Therapie zu nutzen: 1. als Instrument für ein wachsendes Bewußtsein und Unterscheidungsvermögen; 2. als Möglichkeit, gewisse kritische archetypische Konstellationen mit dem Analytiker zu erfahren; 3. als Mittel, von einer archetypischen Fixierung zu einer individuelleren menschlichen Beziehung überzugehen. Vor allem diese letzte Möglichkeit ist überaus heilsam. Nach einer Reihe derartiger Heilungserfahrungen nimmt die Fähigkeit zur Verinnerlichung eine brauchbare und verläßliche Funktion ein, und das Individuum hat bald viel weniger Angst davor, seine Seele anderen zu offenbaren.

Diese Formulierungen zeigen, daß die richtig verstandene Übertragung ein echtes Heilungserlebnis vermittelt. Geschieht die Übertragung aber unbewußt oder wird sie mißbraucht, dann kommt es im besten Fall zu einem wachsenden Ich-Bewußtsein und im schlimmsten zu einer Vertiefung der Seele-Körper-Spaltung und einem stärkeren Mißtrauen gegenüber offenen menschlichen Beziehungen. Offenkundig wird dabei auch, daß die wichtigen Fragen hinsichtlich der Lösung der Übertragung neu überdacht werden müssen. Da es zur Menschlichkeit des Menschen gehört, ständig in archetypische Konstellationen zu geraten, ist die Vorstellung, die Übertragung könne nur dann gelöst werden, wenn alle archetypischen Projektionen zurückgezogen und verinnerlicht sind, eine falsche und unmöglich zu verwirklichende Zielvorstellung. Ich möchte daher ein realistischeres Ziel für die Übertragungslösung vorschlagen: die Entwicklung der Fähigkeit zur Verinnerlichung, die sich darin zeigt, daß der Betreffende imstande ist, irgendwelche archetypischen Konstellationen zu durchschauen und sie schließlich hinter sich zu lassen.

Solange die Analyse andauert, wird es nicht möglich sein, ständig die archetypische Situation zu verlassen, die dem Analytiker die Rolle des Trägers eines größeren Bewußtseins aufnötigt. Die archetypische Konstellation mag vielleicht überwunden worden sein, aber es gehört nun einmal zur Situation der Analyse, daß beide Teile unvermeidlicherweise wieder in sie zurückfallen. Die analytische Beziehung muß dann definitiv beendet werden, wenn es einem der beiden gelingt, dieses archetypische System zu verlassen. Eine solche Beendigung ist allerdings schwierig, weil sie im allgemeinen eine Beziehung betrifft, die neben ihren therapeutischen oder geistigen Zielen schon für sich genommen etwas Wichtiges geworden sein mag. Die Möglichkeit für ein Fortbestehen der Beziehung muß gegeben sein, sonst wird sie in einer archetypischen Situation steckenbleiben, in der der Analytiker über ein umfassenderes Bewußtsein verfügt, ganz gleich ob die Analyse fortgesetzt oder abgebrochen wird. Freuds studentische Seminare und Jungs psychologischer Club, an denen ihre Patienten teilnehmen konnten, waren vielleicht Versuche, diesem Bedürfnis nach Aufrechterhaltung der Verbindung in irgendeiner Form zu entsprechen. Gegen derartige Formen spricht, daß der Analytiker die archetypische Rolle des Bewußtseinsträgers nicht ablegt, und darum gibt es hier für den Analytiker wie für den Analysanden keine Möglichkeit, die individuelle Dimension der Beziehung zu erkennen, ihren Wert, ihre Bedeutung und ihren Platz in ihrer beider Leben.

Warum ist eigentlich eine derartige Erkenntnis wichtig für den analytischen Prozeß und die Auflösung der Übertragung? Genügt es denn nicht, daß der Patient die Fähigkeit zur Verinnerlichung entwickelt hat? Im Grunde schon, aber dennoch ist die *Möglichkeit,* eine persönliche Beziehung zu erfahren, für den Analytiker wie für den Analysanden ganz wichtig, denn sonst würde die Verinnerlichung eine sinnleere Funktion darstellen. Doch wem ist damit gedient, daß die Verinnerlichung als ein Weg zu einer tief bedeutungsvollen menschlichen Verbindung erfahren wird? Wenn ein Kind oder Jugendlicher mit einer elterlichen Fixierung nicht mehr zurechtkommt, liegt das nicht zwangsläufig daran, daß es oder er nicht mehr aus ihr heraus kann – im Gegenteil: Meist hat der Betreffende Angst davor, das Warme und Positiv-Menschliche, das für die Seele so wichtig ist, zu verlieren, wenn er aus der archetypischen Rolle herausfällt. Wenn die Analyse diese verletzende archetypische Erfahrung von Eltern und Kind wiederholt, wird der Patient am Ende das gleiche Gefühl der Desillusionierung und des Verrats haben, wie das Kind es einst gehabt hat.

Die positive Übertragung

Gewöhnlich kommt jemand zur Analyse, wenn er das Gefühl hat, daß das Innere Kind unter verletzten Liebesbeziehungen leidet. Jene Kindheitswunden, die der Seele einst zugefügt wurden, führen auch dazu, daß die Funktion des Eros im allgemeinen unterentwickelt oder beeinträchtigt ist. Das macht es für den Betroffenen überaus schwierig, wenn nicht gar unmöglich, eine intime und kreativ sich entwickelnde menschliche Beziehung einzugehen. In diesem Sinne stellt das verletzte Kind auch jenen Aspekt der Seele dar, der die Vereinigung mit einem anderen braucht und fordert. Das Mitgefühl des Analytikers und sein Wunsch, diesem Kind zu helfen, lassen das grundlegende menschliche Bedürfnis nach Vereinigung entstehen, und schon wird das Verlangen nach Vereinigung zwischen Analytiker und Analysand ausgelöst. Aber die erotische Entwicklung des Kindes reicht allein nicht aus, ihm die Vereinigung zu ermöglichen. Das Kind ist in erster Linie auf die Liebe des anderen angewiesen. Daher löst die erotische Verbindung des Analytikers mit dem verletzten Kind – ebenso wie sein Wunsch, ihm zu helfen – die positive Übertragung aus.

Freilich ist der Patient kein Kind. Wenn er nicht gerade zu stark beeinträchtigt ist, dann ist er im allgemeinen imstande, die Leidenschaft des Erwachsenen und die Sehnsucht nach Vereinigung zu empfinden. Auch wenn es normalerweise das verletzte Kind ist, das die Liebe des Analytikers hervorgerufen hat, erfordert doch der ständige Strom der Liebe die totale Einbeziehung von Analytiker und Analysand. Der Eros erfaßt nicht nur das Innere Kind, sondern auch die beiden Menschen, die sich um es kümmern. Daher entspricht die Übertragung zwar im wesentlichen der Eltern-Kind-Beziehung, doch sie enthält auch die Elemente einer Liebe und Freundschaft zwischen Erwachsenen. Allerdings gibt es keine Möglichkeit, das Verlangen der Seele nach Vereinigung zu befriedigen, solange das Kind nicht verwandelt und geheilt ist. Sein vernachlässigtes und mißbrauchtes Wesen muß erst behandelt werden, ehe es imstande ist, einen anderen zu lieben.

Diese Beeinträchtigung der instinktiven Bedürfnisse des kranken, vernachlässigten Kindes wie des Bedürfnisses der Seele, einen anderen zu lieben, ist eine primäre Ursache für die Schwierigkeiten, die bei einer analytischen Beziehung auftauchen können. Daß das Kind den Analytiker als Vater, Mutter, heilenden Gott usw. erlebt, ändert nichts an der Tatsache, daß der Strom der Liebe in Gang gesetzt worden ist. Für den Analytiker wie für den Analysanden ist es daher unerläßlich, die erotische Verbindung aufrechtzuerhalten, und immer wenn sie behindert oder unterbrochen wird (am häufigsten aufgrund der Forderungen des Kindes), leidet das heilungsbedürfige Kind am meisten darunter. Aber auch die Seelen der beiden Mitwirkenden leiden, nämlich unter dem Verlangen nach Vereinigung.

Hinter den verwickelten archetypischen Projektionen, die in der Übertragung ausgelöst werden, steht das gegenseitige Verlangen von Analytiker und Analysand nach Seelenverbindung. Alle Versuche, die psychische Entwicklung des Patienten zu fördern sowie die obstruktiven Widerstände und andere Manifestationen der negativen Übertragung zu verstehen und zu beseitigen, sind nur zum Teil auf das therapeutische Bemühen und Wollen des Analytikers zurückzuführen. Das tiefste Bedürfnis der Seele in jeder menschlichen Beziehung ist niemals therapeutisch – es ist das

Verlangen, sich mit dem anderen zu vereinigen. Daher ist der Wunsch des Analytikers, zu heilen, niemals rein und ungetrübt. Selbst wenn der Analytiker sich bemüht, einen objektiven wissenschaftlichen Standpunkt einzunehmen und sich auf die Verletzung oder Psychopathologie zu konzentrieren, ist doch unweigerlich der Strom des Eros in Gang gesetzt und damit sein Bedürfnis nach menschlicher Vereinigung aktiviert.

Inwieweit der Analytiker und der Analysand imstande sind, die erotische Verbindung zum verletzten Kind aufrechtzuerhalten, hängt weitgehend von diesem Strom zwischen ihnen ab. Bis zu einem gewissen Grad ist die Unterscheidung zwischen der Liebe füreinander und für das Kind künstlich, aber notwendig. Man könnte eine Parallele dazu in der Beziehung zwischen Mann und Frau sehen, die sich beide bemühen, die Gesundheit und Entwicklung ihres Kindes zu fördern. Allerdings ist die Liebe zwischen Eltern und Kind weitgehend einseitig, weil der Eros des Kindes unentwickelt und großenteils an seine grundlegenden instinktiven Bedürfnisse gebunden ist. Ohne ein wechselseitiges Verlangen und die Fähigkeit zur Vereinigung ist eine kreative Beziehung «von gleich zu gleich» nicht möglich. Wir kennen ja das psychologische Phänomen, daß das Kind mit dem unbefriedigten Bedürfnis der Eltern nach Vereinigung belastet wird, wenn zwischen den Eltern keine Verbindung besteht.

Wenn das Bedürfnis nach Vereinigung zwischen Analytiker und Analysand geringer bewertet wird als das therapeutische Bedürfnis der Beziehung, wird dieses Bedürfnis nach Vereinigung automatisch und unbewußt in Funktion treten – genauso wie bei der typischen negativen Eltern-Kind-Beziehung. Statt das vernachlässigte Kind in der Analyse zu heilen, wird seine Wunde weiter vertieft werden. Und dadurch, daß man das Bedürfnis nach Vereinigung «Übertragung» nennt und hinwegzuinterpretieren versucht, verkehrt man die Therapie in ihr Gegenteil – in Zerstörung. Auf diese Weise wird sowohl das Kind wie die Individuation der Seele beeinträchtigt.

Die negative Übertragung

Die emotionale Frustration und Desillusionierung, die das Kind in der Beziehung zu den Eltern erlebte, stellt sich erneut in der negativen Übertragung ein. Dieser Aspekt der analytischen Beziehung muß befriedigend gelöst werden, denn sonst kommt es nicht zur inneren Vereinigung zwischen den männlichen und weiblichen Gegensätzen. Diese Erfahrung ist ein entscheidender Schritt im Prozeß der Wiederherstellung einer Verbindung zur eigenen Seele.

Die die Seele spaltende Fixierung, die bei der negativen Übertragung stattfindet, ist weitgehend auf die Forderungen des verletzten Kindes zurückzuführen. Aber wie wir ja gesehen haben, ist das Kind in erster Linie deshalb verletzt, weil wichtige Teile seiner Seele nicht verinnerlicht waren und weiterhin von Elterngestalten übernommen wurden. Am Anfang macht der Patient denn auch die Erfahrung, daß dieser verlorene Teil seiner selbst zum Analytiker gehört. Ein Großteil seiner Frustration und seines Zorns beruht auf seiner Unfähigkeit, sich mit dem Bild zu vereinigen, das der Analytiker verkörpert. Da eine derartige Vereinigung nicht möglich ist, kann man von der negativen Übertragung nur durch das Akzeptieren dieser Tatsache geheilt werden. Hinter dieser idealtypischen Vorstellung steht das Bedürfnis des Patienten nach der Vereinigung mit seiner eigenen Seele. Mit diesem Phänomen wollen wir uns nun näher befassen.

Zu einer negativen Erfahrung der Eltern kommt es, wenn das Kind wichtige Aspekte der Seele eines Elternteils tragen muß – im allgemeinen eine Folge mangelnder Seelenverbindung zwischen Mann und Frau. Das Ergebnis ist das typische inzestuöse Dreieck, und das Kind wird der Möglichkeit beraubt, seine Totalität in Beziehung zu beiden Eltern zu erleben. Statt die grundlegende Anziehung und Harmonie zwischen den männlichen und weiblichen Gegensätzen zu erfahren, erlebt das Kind diese Archetypen – Yang und Yin, Sonne und Mond, Himmel und Erde und Geist und Fleisch – als Gegner. Dies vor allem scheint mir an der Spaltung von Seele und Körper schuld zu sein, die die Menschen heutzutage belastet. Im Zentrum der negativen Übertragung steht das verzweifelte Bedürfnis, diese Spaltung zu beheben, ganz zu werden. Völlig egal, ob sich in der Übertragung der Archetypus von Mutter oder Vater oder der des Helden-Erlöser-Liebhabers einstellt – dahinter steht stets noch das Bedürfnis nach der Vereinigung des archetypischen Königs mit der Königin, der *hieros gamos*. Erst wenn die Harmonie der *innerlichen* männlich/weiblichen Gegensätze wiederhergestellt ist, kann es zu einer Seelenvereinigung kommen. Die analytische Übertragung ist dann gelöst, sobald beide, der Analytiker wie der Analysand, voll und ganz akzeptieren, daß die Befriedigung dieses archetypischen Bedürfnisses in ihrer Beziehung weder möglich noch wünschenswert ist.

Dieser wechselseitig frustrierende Aspekt der analytischen Beziehung muß seinem Wesen nach verstanden und akzeptiert werden, bevor sie beendet wird. Wenn es dazu nicht kommt, schließen beide Partner die Analyse ab in der Illusion, daß alles zwischen ihnen in bester Ordnung ist. Eine derartige Illusion pflegt die innere Spaltung im Patienten fortbestehen zu lassen, weil er mit der Unmöglichkeit der archetypischen Situation nicht wirklich konfrontiert worden ist. Da die Frustration der Seele in der negativen Übertragung mit der inzestuösen Bindung des Kindes an den negativen Elternteil identisch ist, wird dieses verletzende Kindheitserlebnis nur wiederholt, wenn die Analyse unter der falschen Prämisse endet, daß Analytiker und Analysand mit ihrer Beziehung zufrieden sind. Natürlich ist es genauso verletzend, wenn der Patient die Analyse aus Zorn und Enttäuschung abbricht. Es muß zu einem wechselseitigen respektvollen Verständnis der frustrierenden archetypischen Situation kommen, die sich bei der Analyse einstellt. Diese Erkenntnis der im Prinzip *unpersönlichen* Natur der die Seelenvereinigung störenden Hindernisse macht die Analyse zu einem menschlichen Akt, den man dann auch mit Würde, gegenseitiger Achtung und positiven persönlichen Gefühlen, die frei sind von jeder die Seele spaltenden Illusion, beenden kann. Die Vorstellung, man könnte die negative Übertragung innerhalb der analytischen Situation verändern, ist gefährlich und irreführend. Sie führt nur dazu, daß die analytische Beziehung erheblich verlängert wird und daß die unschätzbare Möglichkeit überhaupt nicht wahrgenommen wird, die Analyse zu beenden, während die negative Übertragung noch besteht und offen zutage liegt. Noch einmal: Das völlige gegenseitige Akzeptieren der negativen Übertragung fördert die innerliche Versöhnung der männlichen und weiblichen Gegensätze. Diese Verinnerlichung der Archetypen der Vereinigung (des Inzestarchetypus) ist der Schlüssel zur Seelenvereinigung und Individuation.

Das Dilemma der Übertragung besitzt noch eine andere Dimension. Besonders bei der Jungschen Analyse gleicht die analytische Erfahrung oft der Initiation in einen geistlichen Orden oder einen Mysterienkult. Die dabei stattfindenden tiefreichenden Veränderungen lassen eine Verwandtschaftslibido entstehen, die dann verständlicherweise dazu neigt, sich anderen Eingeweihten zuzuwenden. Wenn man eine echte Wiedergeburt erlebt hat, ist man bereit, ein neues Leben zu beginnen, in dem die Geistesverwandtschaft ein stärkeres Band darstellt als die Blutsverwandtschaft. Meiner Erfahrung nach erreicht die Analyse nur ein mäßiges Niveau, wenn sich zwischen dem Analytiker und dem Analysanden keine geistige Verwandtschaft entwickelt. Diese Verwandtschaftsbeziehung stellt ein Band dar, das auch nach Beendigung der Analyse noch hält. Allerdings kann es zerreißen, wenn die negative Übertragung nicht akzeptiert oder wenn folglich die Gültigkeit der analytischen Erfahrung bestritten wird. Und vielleicht ist der Mangel an fest verankerten Verwandtschaftsbeziehungen heutzutage mehr schuld an unserem Gefühl der Vereinzelung und Entfremdung als irgend etwas anderes. Die häufige innere Erneuerung durch Verwandtschaftsbeziehungen sorgt grundlegend für unser geistiges und körperliches Wohlbefinden.

Übertragung und innere Ganzheit

Wenn man das Endstadium der Analyse erreicht, ist es unbedingt erforderlich, daß man voll und wechselseitig das besondere, weltabgewandte Wesen der analytischen Situation und Beziehung erkennt. Der Analytiker wie der Patient müssen in der Lage sein, ihr Bedürfnis zu erkennen – falls es vorhanden ist –, diese relativ unbehinderte Beziehung, die sie miteinander haben, fortzusetzen, und wie unmöglich dies zugleich ist. Das bewußte Opfer, das sie bringen müssen, gleicht dem Opfer, das Eltern und Kind bringen müssen, wenn das Kind bereit ist, die Geborgenheit des elterlichen Schoßes zu verlassen und in die Welt hinauszuziehen. Bei einer positiven Eltern-Kind-Beziehung, die es heutzutage nur noch selten gibt, hat das Kind keine Garantie, daß es sich jemals einem anderen Menschen so nah verbunden fühlt wie seinen Eltern. Und dennoch muß das Kind gehen, und die Eltern müssen ihm Mut dazu machen. Natürlich ist die Situation in der Analyse nicht identisch damit; aber es ist doch eine bittere Erfahrung, wenn man erkennt, wie schwer es sein wird, im Alltagsleben eine vergleichbare Situation zu finden oder zu schaffen, die die Seelenvereinigung und Seelenverwandlung kultiviert. Wenn der Patient nicht in der Lage ist, diese Tatsache voll zu akzeptieren, wenn er sich verraten und enttäuscht fühlt, wird sich die Wunde in seiner Seele nie schließen. Und wenn der Analytiker eine ähnliche Schwierigkeit damit hat, wird er die Analyse als gescheitert und äußerst desillusionierend empfinden.

Es kann gar nicht genug betont werden, wie wichtig nützliche, kreative Formen des Zusammenlebens für die Förderung der Seelenvereinigung sind. Diese Formen bilden die grundlegenden sozialen Strukturen der Gesellschaft. Sie beeinflussen und entscheiden über die Lebensmuster und den Lebensstil einer Kultur. Heutzutage gibt es ein großes Bedürfnis nach neuen Formen in Ehe, Freundschaft und Gemeinwesen, die die Entwicklung des Eros und der Gefühle einer inneren Verwandtschaft fördern. Aber es wird vermutlich noch sehr viel Zeit vergehen, bis sich in den grundlegenden strukturellen Einheiten unserer Gesellschaft wirklich etwas kreativ ändert. Was aber sollen wir bis dahin mit dem großen Mißverhältnis anfangen, das zwischen der Tatsache, daß wir in einer kranken und fragmentierten Welt leben, und unserer Vision von einer besseren Lebensweise besteht? Wie soll der Patient, der seine Analyse abgeschlossen hat, damit fertig werden, nachdem er wieder Anschluß an die kreative Vision seiner Seele gefunden und die konkrete Realität einer offenen und *dauerhaften* Verbindung mit einem anderen Menschen erfahren hat?

Der Austausch von seelischer Substanz, zu dem es kommt, wenn zwei Seelen einander begegnen und berühren, ist lebenswichtig für die Gesundheit von Körper und Geist. Innere Ganzheit erweist sich bald als kalt, starr und lebensfeindlich, wenn die Seele nicht ständig durch die Verbindung mit anderen Menschen rehumanisiert und erneuert wird. Doch weil es zu Seelenvereinigungen in unserer Kultur einfach noch zu selten und nur unter so großen

Schwierigkeiten kommt, sind die innerliche Heilung der Spaltung von Seele und Leib und die innere Ganzheit so überaus wichtig. Das ist ein weiteres Paradox, dem wir uns nicht entziehen können.

Das Bedürfnis, seine Seele sorgfältig zu verbergen und zu schützen, verschwindet, wenn man nicht erst durch die Verbindung mit einem anderen ein ganzer Mensch wird. Dann schwindet auch die Angst davor, die eigenen Gefühle und Reaktionen einem anderen gegenüber auszudrücken, einfach weil die Einheit und Ganzheit des eigenen Wissens nicht von einer bestimmten Beziehung abhängt. Damit wächst die Möglichkeit, enge Bindungen zu anderen Menschen herzustellen, während die Forderungen und Erwartungen zurückgehen, mit denen wir gern jene Menschen belasten, an denen uns etwas liegt. Darüber hinaus ruft die offenbare Seele im allgemeinen das Gefühl der Liebe hervor, besonders wenn sie nichts vom anderen verlangt. Daher öffnet die innere Ganzheit das Tor zu vielen weiteren Möglichkeiten der Seelenvereinigung – auch wenn unsere Kultur noch so wenige (Umgangs-)Formen zu bieten hat, die den Eros fördern.

Aber da gibt es noch eine andere Schwierigkeit, die ständig die Verbindung zum Inneren Kind und zur Ganzheit zu unterlaufen droht: die Vision einer neuen und besseren Welt. Ganz gleich welche Form diese Vision annehmen mag, entstammt sie doch immer dem Archetypus der Einheit, wie er sich in solchen Vorstellungsbildern wie der heiligen Ehe des königlichen Paares (des *hieros gamos*) oder dem Mandala ausdrückt. Eine Verbindung zu diesem Archetypus und der Glaube, daß er sich schließlich konkretisieren wird, geben dem Leben Richtung, Sinn und Ausgewogenheit.

Die Verwirklichung und Erfüllung kann auf vielen Ebenen erfolgen: innerlich – als innere Harmonie und Einheit; äußerlich – als Verbindung mit und als Offenheit gegenüber anderen Menschen, der Welt, dem Kosmos. Alle Vorstellungen von einer idealen Welt, durch die der Archetypus zum Ausdruck kommt, haben bestimmte Inhalte gemeinsam: eine Welt, in der Frieden, Harmonie und Liebe herrschen; ein Land, in dem sich jeder mit stolzer und ruhiger Würde bewegen kann und vor dem Einfall fremder Mächte geschützt ist; ein Gemeinwesen, des vom Prinzip des Eros beherrscht wird, in dem die Aggressionstriebe und das Machtprinzip der kreativen Arbeit für das Gute, Wahre und Schöne verpflichtet sind. Auf diese Elemente stützen sich alle himmlischen Visionen vom Paradies oder von einem neuen Jerusalem. *Die Analyse muß in der Lage sein, den Glauben des einzelnen an diese Visionen als eine psychische Wirklichkeit wiederherzustellen, als den imaginären Grund, auf dem allein sich die Entwicklung des Inneren Kindes und der Seele vollziehen kann* – oder sie wird ihr Versprechen nicht einlösen können, dem einzelnen auf seinem Weg zur Selbstverwirklichung und Ganzheit voranzugehen.

Sechster Teil

Inneres Kind – Äußeres Kind: Die Zukunft der Erziehung

Einführung

Der Art und Weise, wie ich mit meinem Inneren Kind umgehe, entspricht die Art und Weise, wie ich mit meinem Äußeren Kind umgehen werde.

ROBERT M. STEIN

Das Gefühl, wertvoll zu sein – «Ich bin ein wertvoller Mensch» –, ist überaus wichtig für die geistige Gesundheit und ein Eckstein der Selbstdisziplin. Es ist ein direktes Ergebnis der elterlichen Liebe. Eine derartige Überzeugung muß man in der Kindheit gewinnen – für einen Erwachsenen ist dies außerordentlich schwer.

M. SCOTT PECK

Die Kindheit ist nicht nur darum von Bedeutung, weil dort einige Instinktverkrüppelungen ihren Anfang genommen haben, sondern auch darum, weil dort jene weitausschauenden Träume und Bilder, welche ein ganzes Schicksal vorbereiten, erschreckend oder ermutigend vor die kindliche Seele treten...

C. G. JUNG[1]

Am Anfang dieses Buches habe ich bereits darauf hingewiesen, daß die Aufgabe der Kindererziehung heutzutage so problematisch geworden ist wie noch nie zuvor. Das Innere Kind zu kennen, zu schätzen und zu verkörpern ist nicht, wie manche meinen, eine weitere Form der Selbstbezogenheit bei der Ego-Generation. Den bewußten Umgang mit dem Inneren Kind muß man im Kontext eines Entwicklungsprozesses sehen, in dem die luziden Gesetze der Individualität an unsere Kinder und Kindeskinder weitergegeben werden.

Das Kind in den Eltern und das Innenleben unserer realen Kinder haben ein gemeinsames Bedürfnis nach spirituellen Werten, die den Sinn für das Wunderbare und die Fähigkeit, die Geheimnisse des Lebens zu erleben, nähren. Wie Robert M. Stein zuvor erläuterte, braucht das Innere Kind die Vision einer neuen und besseren Welt. Wir müssen mit dem Archetypus der Ganzheit sowie mit dem Glauben, daß er letztlich erfüllt wird, verbunden sein, damit unser Leben eine Richtung, einen Sinn und eine Balance bekommt.

Eltern, die um ihr eigenes vernachlässigtes Inneres Kind wissen, legen auch mehr Wert auf Einfühlung und Mitgefühl, um ihre Beziehungen zu ihren Kindern zu verbessern. Diese Eltern halten sich an das alte rabbinische Diktum: «Schränkt eure Kinder nicht auf euer eigenes Wissen ein, denn sie sind in einer anderen Zeit geboren.» Die Kinder solcher Eltern sind eher imstande, mit den schwierigen Herausforderungen ihrer Zeit fertig zu werden, weil sie ihren eigenen wahren Wert kennen und über die unbehinderte Fähigkeit zur Erneuerung verfügen.

Dieser Teil des Buches befaßt sich mit den positiven Auswirkungen, die der bewußte Umgang mit dem Inneren Kind auf die Erziehung hat. Die Autoren der einzelnen Beiträge sind Therapeuten oder Analytiker, die sich mit dem Wesen der erzieherischen Aufgaben unter Einbeziehung des Inneren Kindes beschäftigen.

Bruno Bettelheim untersucht die Rolle, die das Erzählen von Märchen und Geschichten für die Entwicklung der kindlichen Einbildungskraft spielt. Das Erzählen gibt seiner Meinung nach den Eltern die Chance, sich an wichtige Dinge aus ihrer eigenen Kindheit zu erinnern, um dadurch ihr Inneres Kind zu entdecken und gleichzeitig das Innenleben ihrer «Äußeren» Kinder anzuregen.

In seiner kurzen Hommage an Sigmund Freud verweist Erik H. Erikson darauf, wieviel wir doch dem Begründer der Psychoanalyse im Hinblick auf die Aufklärung kindlicher Einstellungen und Verhaltensweisen verdanken. Freud hat uns erlaubt, uns unserer vergangenen Kindheit bewußt zu werden, und er hat uns aufgefordert, diese Einsichten der Erziehung zugute kommen zu lassen.

Theodore Reik spricht freundlich und weise von der Wirklichkeit des Inneren Kindes, das in jedem von uns weiterlebt – ewig verspielt und ewig jung.

Der letzte Beitrag dieses Buches stammt von Samuel O. Osherson, der uns an die verletzten Eltern im Erwachsenen und an die Notwendigkeit erinnert, die ungelösten Probleme zwischen den verinnerlichten Eltern und dem Inneren Kind endgültig zu klären, so daß die erwachsene Persönlichkeit beide achten kann.

20

Bruno Bettelheim

Als Erwachsener die Kindheit erforschen

Bruno Bettelheim, einer der bedeutendsten Kinderpsychologen unserer Zeit, fordert die Eltern auf, sich nicht nur in ihren Nachwuchs einzufühlen, sondern immer wieder aufs neue danach zu forschen, wie wir es geschafft haben, das zu werden, was wir sind. Bettelheim zeigt auf, wie wir Kindern näherkommen können, indem wir unsere eigenen Kindheitserfahrungen wiederbeleben.

> *Wir sollen nicht aufhören zu forschen,*
> *Und das Ende all unseres Forschens*
> *Wird sein, daß wir wieder dort ankommen,*
> *Von wo wir ausgegangen sind,*
> *Und uns zum erstenmal zurechtfinden.*
>
> T. S. ELIOT

Eine der wertvollsten, aber am wenigsten gewürdigten Erfahrungen, die wir als Eltern machen können, besteht darin, daß wir Gelegenheit haben, die eigenen Kindheitsprobleme in unserer Beziehung zu unserem Kind neu zu beleben und zu lösen. Wie T. S. Eliot uns erinnert, können wir nur dadurch *erkennen*, welche Erfahrungen wir in unserer Kindheit wirklich gemacht haben und welche Bedeutung sie für unser Leben hatten, wenn wir immer wieder aufs neue danach forschen: Wenn wir Dinge dieser Art erkennen, werden sie auf unsere Persönlichkeit in neuer Art einwirken. Unsere Einstellung zu unseren Erfahrungen wird sich ebenso ändern wie unsere Einstellung zu ähnlichen Erfahrungen unserer Kinder. Diese wachsende Selbsterkenntnis muß unvermeidlich zu einem besseren Verständnis für unsere Kinder führen, und dies um so mehr, wenn unsere neuen Einsichten sich aus unseren Erfahrungen mit diesen Kindern ergeben.

Leider entziehen sich fast alle unsere Erlebnisse aus der frühen Kindheit unserer bewußten Erinnerung, denn sie haben sich so früh ereignet, daß sie nur sehr undeutliche Spuren in unserem Bewußtsein hinterlassen haben. Wir können sie nicht noch einmal erleben, aber wir können wenigstens einige ihrer Aspekte erforschen, wenn wir beobachten, wie unser Kind auf seine inneren Prozesse, auf uns und damit auf die Welt reagiert.

Wenn wir uns klarmachen, daß die erwachende Welt des Kleinkindes lediglich aus zwei gegensätzlichen Erlebnissen besteht – aus Glück und körperlichem Wohlbefinden und aus Unglücklichsein und Schmerz –, dann kann uns das den Ursprung und den ambivalenten Charakter aller starken Emotionen verstehen helfen. Da es normalerweise seine Eltern sind, die den unglücklichen Zustand ihres Kindes – wie zum Beispiel seinen Hunger oder das durch verschmutzte Windeln verursachte Unbehagen – in Wohlbehagen verwandeln, indem sie es füttern oder trockenlegen, erlebt es seine Eltern als allmächtig und als Quelle allen Glücks und allen Unglücks, als alles Spendende und als alles Versagende. So ist besonders in bezug auf unsere Eltern die Ambivalenz in unser Unbewußtes eingebaut. Auch später spenden sie oder ihre Stellvertreter als unsere ersten Erzieher weiterhin Lust und Schmerz, indem sie uns etwa loben oder kritisieren und frustrieren. So erhalten die ursprünglichen, so tief in unserem Unbewußten verwurzelten ambivalenten Gefühle neue Nahrung durch die zahllosen Erlebnisse das täglichen Lebens.

Wenn wir begreifen, daß diese besondere Ambivalenz unseren Eltern gegenüber ihren Ursprung in unserer frühesten Kindheit hat, kann uns das helfen, unsere Kinder besser zu verstehen, wenn sie uns gegenüber widersprüchliche Gefühle bekunden. Je mehr wir diese ambivalenten Gefühle zu akzeptieren vermögen, um so größere Chancen werden unsere Kinder im Verlauf ihrer Entwicklung haben, sie zu neutralisieren und zu kontrollieren – und um so weniger werden sie in dem einen Augenblick aufbegehren und im nächsten klein beigeben. Wenn wir akzeptieren, daß sich die Aspekte dieser Ambivalenz gelegentlich Luft machen müssen, reduzieren wir das Bedürfnis unserer Kinder, sie zu verdrängen. Und je weniger sie sie verdrängen, um so zugänglicher werden sie für eine vernünftige Untersuchung und Änderung.

Auch wir waren als Kinder von unseren ambivalenten Gefühlen hin- und hergerissen. Wenn wir jedoch ihre negativen Aspekte ausagierten, waren unsere Eltern gewöhnlich so böse darüber, daß wir diese Gefühle verdrängen mußten, wodurch sie in unserem Unbewußten in voller Stärke weiterlebten. Wenn wir uns als Eltern bei unseren Kindern mit ähnlichen Gefühlen konfrontiert sehen, kann dieses Erlebnis das verdrängte Material teilweise reaktivieren. Wir können es akzeptieren, daß unsere Kinder sich weit weniger beherrschen können als wir, solange ihr Verhalten in uns nicht Gefühle neu erweckt, die wir verdrängt halten möchten. Werden jedoch unsere eigenen Verdrängungen neu mobilisiert, dann können wir auf das negative Verhalten unserer Kinder nicht mehr vernünftig reagieren.

Daß wir die negativen Gefühle für unsere Eltern verdrängen, ist verständlich. Schließlich brauchen wir sie und möchten sie nicht verletzen oder uns entfremden, indem wir unsere feindseligen Gefühle offen zeigen. Schwerer zu verstehen ist, weshalb wir auch unsere Identifikation mit Seiten unserer Eltern verdrängen, die wir als Kinder als negativ empfunden haben. Die meisten unter uns sind sich wohl bewußt, daß sie sich vieles angeeignet haben, was ihnen an ihren Eltern gefiel, aber wir sind uns *nicht* bewußt, daß wir uns auch mit den negativen Aspekten ihrer Einstellung zu uns identifiziert und sie verinnerlicht haben. Das fällt uns – gewöhnlich zu unserer größten Verwunderung – erst auf, wenn wir hören, wie wir unsere Kinder genau im gleichen Tonfall und sogar mit denselben Worten tadeln, die unsere Eltern uns gegenüber benutzten. Und dies, obwohl wir dagegen aufbegehrt und uns vorgenommen hatten, unsere Kinder später niemals so zu behandeln.

Wenn wir dagegen liebevoll mit unseren Kindern reden, sehen wir uns keineswegs gezwungen, die gleichen Worte wie unsere Eltern zu benutzen. In unseren positiven Äußerungen und Verhaltensweisen sind wir ganz wir selbst und sprechen weitgehend mit unserer eigenen Stimme. Der Grund dafür ist auch hier, daß wir keine Ursache hatten, unsere positive Identifikation mit unseren Eltern zu verdrängen, so daß sie nicht in unserem Unbewußten

eingekapselt wurde, sondern in dem Maß, wie wir uns weiterent-
wickelten, modifiziert werden konnte. Dagegen wurde die negative Identifikation verdrängt und blieb daher unverändert erhalten.

Sehr oft sind die Beziehungen des Kindes zum gleichgeschlechtlichen Elternteil mit größerer Ambivalenz besetzt als die zum
Elternteil des anderen Geschlechts. Der Grund hierfür ist, daß wir
in unserer Beziehung zu dem Kind unseres eigenen Geschlechts
dazu neigen, gewisse problematische Aspekte unseres Verhältnis-
ses zu unserem eigenen gleichgeschlechtlichen Elternteil zu reaktivieren. Daher ist es wahrscheinlicher, daß eine Mutter sich dabei
ertappt, daß sie wie ihre eigene Mutter spricht, wenn sie ihre
Tochter kritisiert, während der Vater merkt, daß er bei seinem
Sohn die gleichen negativen Methoden anwendet, die sein Vater
bei ihm anwandte.

Das ist nur ein Beispiel für unsere Neigung, unsere eigenen
ungelösten Konflikte auf unsere Kinder zu projizieren. Wenn wir
in solchen Situationen die Gelegenheit ergreifen, zu überprüfen,
was uns veranlaßt, uns so zu verhalten, sind wir vielleicht endlich
in der Lage, Kindheitskonflikte zu lösen, die wir bisher nicht lösen
konnten. Eine solche Aufgeschlossenheit für unsere eigenen Gefühle wird es uns auch erleichtern zu verstehen, daß gerade unsere
enorme Bedeutung für unsere Kinder und deren Liebe zu uns an
ihrer gelegentlichen Feindseligkeit schuld sind. Wir werden dann
erkennen, daß ihre offen zum Ausbruch kommende Feindseligkeit
nur die Kehrseite ihrer großen Zuneigung zu uns ist. Diese Erkenntnis wird unsere Einstellung ändern, und aus unserem Ärger
oder unserer Wut wird ein liebevolles Verständnis für die zugrun-
deliegenden emotionalen Kräfte werden, auch wenn wir dem aggressiven Verhalten unseres Kindes Einhalt gebieten müssen.
Wenn wir das tun, kann es vorkommen, daß wir merken, daß wir
das Verhalten unserer Eltern in ähnlichen Situationen reproduzie-
ren. Wenn wir uns dabei daran erinnern, für wie unfair wir damals
unsere Eltern hielten, wird uns das hindern, auf das Verhalten
unseres Kindes übertrieben zu reagieren. Mit Hilfe solcher Überlegungen werden die Dinge ins rechte Licht gerückt, und was uns
an unserem Kind ärgert, wird nicht noch dadurch genährt und
verschlimmert, daß es mit all den feindseligen Empfindungen, die
wir in uns verdrängt hatten, zusammenstößt. Da ja wohl die mei-

sten von uns von sich sagen können, daß aus ihnen trotz ihrer aggressiven Anwandlungen im Kindesalter später friedliche, gesetzestreue Erwachsene geworden sind, werden wir das aggressive Verhalten unserer Kinder nicht aus Angst, sie könnten zu gewalttätigen Erwachsenen heranwachsen, allzu schwer nehmen.

Wenn ein Kind die negative Seite seiner ambivalenten Gefühle für seine Eltern zu stark verdrängt, kann das dazu führen, daß es die positiven Empfindungen, die nur die Kehrseite dieser Ambivalenz sind, nicht zum Ausdruck bringen kann. Ich habe viele Kinder kennengelernt, denen es erst möglich war, ein liebevolles Verhältnis zu ihren Eltern zu gewinnen, nachdem sie sich nicht mehr gezwungen sahen, alle ihre negativen Gefühle für sie zu verdrängen.

Wenn wir durch Einsicht in uns selbst erst einmal erkannt haben, daß auch unsere Gefühle für unsere Kinder nicht ganz ohne Ambivalenz sind, brauchen natürlich auch wir nicht mehr alle negativen Gefühle, die gelegentlich in uns hochkommen, zu verdrängen. Wenn wir uns vormachen, nur unser Kind sei durch seine Unreife und seine mangelnde Selbstbeherrschung ab und zu negativ zu uns eingestellt und wir selbst seien völlig frei von derartigen Gefühlen, dann kann das zu ernsten Problemen in unseren Beziehungen führen.

Verständnis für Alpträume

Was über den Ursprung unserer ambivalenten Gefühle für unsere Eltern gesagt wurde, gilt *mutatis mutandis* für die ganze Kindheit. Unsere frühesten Erfahrungen sind genau wie die unseres Kindes meist unbewußt und daher unserer Erinnerung nicht mehr unmittelbar zugänglich. Aber in seinen späteren Entwicklungsstadien stoßen wir auf gewisse eigene Erfahrungen, die nicht notwendigerweise unbewußt waren und auch nicht verdrängt wurden. Solche Erinnerungen kann man sich leichter ins Gedächtnis zurückrufen, wenn es auch immer noch beträchtliche Mühe kostet.

Nur wenige von uns können sich im einzelnen an die Alpträume erinnern, unter denen sie wie alle Kinder gelitten haben. Selbst wer sich noch bis zu einem gewissen Grad an den angsterregenden

Inhalt seiner Alpträume erinnern kann, weiß kaum noch, was sie verursacht hat – abgesehen davon, daß sich ein kleines Kind vor vielen Dingen, die ihm unbegreiflich sind, fürchtet und dieser Angst hilflos ausgeliefert ist. Nur wenige von uns sind sich darüber klar, daß eine Hauptquelle der Alpträume kleiner Kinder ihr sich entwickelndes Überich ist, das sie für ihre «unannehmbaren» oder gar «sündhaften» Neigungen zu bestrafen versucht. Es kann sich dabei um sexuelle Triebe handeln oder auch um das Bedürfnis, gegen eine Autorität aufzubegehren oder sich Vater und Mutter oder eins der Geschwister vom Hals zu schaffen. Als Vorläufer und Vorstadium eines voll integrierten Gewissens spielt der Alptraum in der Persönlichkeitsentwicklung stets eine wichtige Rolle. Er spielte in unserer eigenen Entwicklung die gleiche Rolle wie jetzt bei unserem Kind.

Wenn wir uns das klarmachen, werden wir die Alpträume unserer Kinder sorgfältiger und respektvoller behandeln, nämlich so, wie es seinem in Entwicklung begriffenen Gewissen zukommt. Je besser wir unsere eigenen Alpträume verstehen (von denen wir ja auch als Erwachsene nicht ganz verschont bleiben), um so besser werden wir imstande sein, unseren Kindern bei den ihren zu helfen. Daß wir unsere eigenen Alpträume so weitgehend vergessen haben, weist darauf hin, daß wir unsere kindlichen Wünsche und Ängste, die in diesen quälenden Träumen zum Ausdruck kamen, verdrängt haben. Daß uns die Erlebnisse aus unserer Kindheit so fremd geworden sind, ist darauf zurückzuführen, daß wir nicht mehr wissen möchten, worum es dabei ging – daß wir vielleicht irgendwie spüren, daß noch ein Überrest jenes damaligen Entsetzens in uns weiterlebt, von dem wir uns nicht ganz befreien konnten. Man denke nur an die unrealistische Angst, unter der viele Erwachsene leiden, wenn sie zum Beispiel einer harmlosen Schlange begegnen. Oft wurzelt diese Angst in vergessenen Alpträumen ihrer Kindheit, in denen Schlangen sie zu verschlingen drohten.

So bieten uns die Alpträume unserer Kinder Gelegenheit, wie T. S. Eliot vorschlägt, das zu erforschen und neu zu überprüfen, was hinter unseren eigenen Alpträumen gesteckt haben könnte und welche Überreste davon wir vielleicht noch immer mit uns herumschleppen. Dann werden wir unsere Alpträume und ihre Bedeutung in unserem Leben zum erstenmal richtig verstehen.

Wenn es uns gelingt, wird es ein Segen sowohl für uns als auch für unsere Kinder sein. Indem wir uns selbst verstehen lernen, können wir durch unser persönliches Einfühlungsvermögen auch ihnen bei ihren Alpträumen helfen. Wir können ihnen bei ihren unmittelbaren Ängsten beistehen, und aus der Erkenntnis der Bedeutung solcher Erlebnisse für die Formung der Persönlichkeit entwickeln wir eine Empathie von einer Tiefe, die uns sonst nicht erreichbar wäre.

Während wir uns nur vage an unsere Alpträume erinnern können, haben viele von uns ihre Angst vor dem Schuleintritt nicht vergessen, und mancher glaubt, sich selbst – noch mehr als anderen – sein Leben lang beweisen zu müssen, daß seine kindlichen Ängste, in der Schule und in der Gesellschaft zu versagen, unrealistisch waren. Da wir uns an diese Ängste – wenn auch oft nur bruchstückweise – meist noch erinnern, haben wir Verständnis dafür, daß sich auch unser Kind vor dem Schuleintritt fürchtet. Leider geht dieses Mitgefühl manchen Eltern verloren, wenn ein älteres Kind aus ähnlichen Gründen eine Schulphobie entwickelt. Aber gerade in einem solchen Fall wäre ein auf unsere eigenen Erlebnisse gegründetes Verständnis besonders hilfreich.

Diese Situationen sind beispielhaft für viele andere, zu denen es im Zusammenleben mit unseren Kindern kommen kann. Dabei können wir stets günstige Veränderungen herbeiführen, wenn wir uns zu verstehen bemühen, welche Rolle ähnliche Ereignisse in unserer eigenen Kindheit gespielt haben.

Kinder haben ein sehr feines Gespür dafür, aus welchen Gründen ihre Eltern etwas mit ihnen gemeinsam unternehmen oder etwas für sie tun. Geschieht es, weil sie sich dazu *verpflichtet fühlen,* oder tun sie es, weil es ihnen ehrlich Freude macht? Liest die Mutter eine Geschichte vor, weil sie ihr Kind beruhigen will, oder weil sie meint, es sei ihre Pflicht? Vielleicht glaubt sie auch, das Kind hätte gerade an dieser Geschichte Spaß oder es würde ihm Freude machen, daß sie ihm vorliest – oder auch beides? Zweifellos hat ein Kind mehr davon, wenn es spürt, daß seine Mutter ihm eine Freude machen möchte.

Wenn das Kind etwas vorgelesen bekommt, erlebt es etwas völlig anderes als seine Mutter oder sein Vater, obwohl beide Seiten an dem gleichen Vorgang teilhaben. Wenn die Eltern jedoch selbst an der Geschichte innerlich Anteil nehmen, kommt es zu einem gemeinsamen Erlebnis. Vielleicht rührt die Geschichte die Eltern deshalb, weil sie sie an eigene Kindheitserlebnisse erinnert. Leser meines Buches «Kinder brauchen Märchen» haben mir berichtet, daß sie plötzlich verstanden haben, weshalb eine bestimmte Geschichte in ihrer Kindheit für sie besonders bedeutsam war. Sie hatte sie damals besonders gefesselt, sie hatte Angst oder Freude oder auch beides bei ihnen hervorgerufen. Aber erst jetzt verstanden sie, weshalb das der Fall gewesen war, mit welchen persönlichen Erlebnissen oder Problemen diese Geschichte in Zusammenhang stand, so daß sie eine ganz besondere Bedeutung für sie gewann.

Als Kinder hatten sie ihre Eltern gebeten, ihnen eine bestimmte Geschichte immer und immer wieder vorzulesen, ohne daß sie damals – so wie jetzt – verstanden, daß sie gehofft hatten, sie würde ihren Eltern eine wichtige Botschaft übermitteln. In einem Fall, den ich jetzt schildern möchte, handelte es sich um die *Swiss Family Robinson*. Ein kleines Mädchen ließ sich durch diese Geschichte zu eigenen Phantasien anregen und tröstete sich damit über ihre unglücklichen Familienverhältnisse hinweg. Das gleiche Buch war auch für ein anderes kleines Mädchen, das unter der häufigen langen Abwesenheit seiner Eltern litt, von großer Bedeutung. Es war Verwandten anvertraut worden, die es gut versorgten, die es aber haßte, weil sie die Stelle seiner Eltern einnahmen. Erst als es erwachsen war, begriff es, daß es seine Eltern und Verwandten gequält hatte, ihm immer wieder dieses Buch laut vorzulesen, weil es gehofft hatte, ihnen damit die Botschaft zu übermitteln, daß Kinder ihre Eltern brauchen. Es hatte unbewußt gehofft, die Geschichte würde ihnen zu verstehen geben, wie sehr es sich wünschte, daß seine Eltern entweder nicht immer verreisen oder es auf die Reise mitnehmen würden.

Als dieses Mädchen, nun erwachsen, erkannte, daß Kinder eine bestimmte Geschichte immer wieder hören wollen, weil sie hoffen, daß ihre Eltern die Botschaft verstehen werden, die sie ihrer Ansicht nach enthält, erschien es ihr weit lohnender, ihrem Kind vorzulesen. Außerdem achtete sie jetzt viel aufmerksamer darauf, welche Geschichten ihr Kind verlangte, da sie sich deutlich daran erinnerte, wie enttäuscht sie darüber gewesen war, daß weder ihre Eltern noch ihre Verwandten die Botschaft verstanden hatten, die sie ihnen durch die *Swiss Family Robinson* hatte übermitteln wollen.

Ihrem Sohn Geschichten vorzulesen, gewann jetzt eine ganz neue Bedeutung für sie. Zuvor hatte sie ihm vorgelesen, weil sie sich erinnerte, wie wichtig ihr selbst das gewesen war, und weil sie ihm Freude machen wollte. Jetzt begriff sie, daß ihr kleiner Sohn vielleicht deshalb nach einer bestimmten Geschichte verlangte, weil er ihr damit etwas mitzuteilen versuchte, was ihm besonders wichtig war. Sie betrachtete es als eine Vertrauenskundgebung, daß er ihr, wenn auch auf Umwegen, etwas mitteilen wollte, das für ihn persönlich von Bedeutung war, und sie freute sich darüber.

Diese Mutter sah ihre eigene Kindheit in einem neuen Licht, als sie nun verstand, weshalb ihr die *Swiss Family Robinson* damals so wichtig gewesen war. Wenn sie sich früher daran erinnert hatte, hatte sie geglaubt, es habe sich nur um eine Flucht in die Welt der Phantasie gehandelt, um sich auf diese Weise ihre Wünsche zu erfüllen. Jetzt erkannte sie darin eine sinnvolle, zielgerichtete Aktion, mit der sie sich in einer schmerzlichen, durch die lange und häufige Abwesenheit ihrer Eltern verursachten Situation Erleichterung zu verschaffen versuchte. Zuvor hatte sie sich nur daran erinnert, daß es ihr nicht gelungen war, ihre bedrückende Situation zu ändern. Jetzt erkannte sie, daß sie tatsächlich ihr Bestes getan hatte, um ihre Familie dazu zu überreden, ihr Verhalten zu ändern. Und wenn sie jetzt ihrem Sohn vorlas, erinnerte sie sich stets daran, daß sie durch dieses Vorlesen ein positiveres Bild von sich selbst als Kind und damit auch als Persönlichkeit gewonnen hatte.

Was hier über das Vorlesen gesagt wurde, gilt mit entsprechenden Abwandlungen auch für viele andere Aspekte der Kindererziehung. Wenn man als Erwachsener seine Kindheitserfahrungen verstehen lernt, kann dies wichtige neue Einsichten mit sich bringen. Kommt es dazu, so machen Eltern und Kinder durch die gemeinsame Beschäftigung wichtige Erfahrungen. Sie machen sie zwar auf zwei verschiedenen Ebenen, aber dieser Unterschied ist weniger wichtig als die Tatsache, daß sie es sich gegenseitig verdanken, neue Einsichten gewonnen und die Möglichkeit dafür geschaffen zu haben.

Viele Kindheitserfahrungen mußten notgedrungen während des Entwicklungsprozesses tief im Unbewußten begraben werden.

Diese Trennung oder Distanzierung von der eigenen Kindheit muß nicht länger aufrechterhalten werden, wenn die Persönlichkeit des Erwachsenen voll und sicher entwickelt ist. Aber dann ist diese Distanzierung für die meisten bereits zu einem festen Bestandteil ihrer Persönlichkeit geworden. Eine Loslösung von unserer Kindheit ist zeitweise notwendig, wird sie jedoch auf die Dauer beibehalten, beraubt sie uns innerer Erfahrungen, die uns geistig verjüngen, wenn sie uns zurückgegeben werden. Außerdem bringen sie uns unseren Kindern näher.

21

Erik H. Erikson

Die historische Bedeutung der Kindheit des Menschen

Der freudianische Psychoanalytiker Erik H. Erikson beleuchtet den historischen Kontext, der zur psychologischen Wiedergewinnung des Kindes geführt hat: das Werk von Sigmund Freud. Dank seines unerschütterlichen Intellekts und Mutes ist es Freud gelungen, die verschüttete Kindheit wieder ans Tageslicht zu holen. «Er hat eine bestimmte Methode entwickelt», sagte Erikson, «um das herauszufinden, was generell den Genius des Kindes in jedem menschlichen Wesen zerstört.»

Dieser Beitrag, eine Hommage an Freuds Pionierleistung: seine Erkenntnis der kreativen Möglichkeiten im Inneren wie im Äußeren Kind, war ursprünglich Teil einer Rede, die Erikson zur Feier des 100. Geburtstages von Freud am 6. Mai 1956 an der Universität Frankfurt gehalten hat.

> *Der wahre Wert der Psychoanalyse liegt in der Verbesserung der Erziehung.*
>
> Sigmund Freud

Diese Veränderung im Selbstbewußtsein [die Freuds Entdeckungen mit sich gebracht haben] kann aber nicht auf berufliche Partnerschaften wie die zwischen dem Beobachter und dem Beobachteten, dem Arzt und dem Patienten beschränkt bleiben. Sie impliziert eine grundlegend neue *ethische Orientierung in der Beziehung des erwachsenen Menschen zur Kindheit:* zu seiner eigenen Kindheit, die nun hinter und in ihm liegt – zu seinem eigenen Kind, das vor ihm steht – und zu den Kindern aller Menschen rings um ihn.

Die Wissenschaften, die sich mit der Geschichte des Menschen befassen, sind weit entfernt von einer angemessenen Einschätzung der Kindheit. Akademische Geister, die dank ihrer langfristigen Perspektiven die Alltagsnöte der Heil- und Erziehungswissenschaften ignorieren können, schreiben weiterhin ungeniert ganze Weltgeschichten, in denen Frauen und Kinder überhaupt nicht vorkommen, ganze anthropologische Enzyklopädien, in denen nicht der geringste Hinweis auf die verschiedenen Formen der Kindheit zu finden ist. Wenn sie sich über die Ursachen politischer und ökonomischer Phänomene auslassen, tun sie deutlich als Nachhall kindischer Emotionen erkennbare Ängste und Wutanfälle von Führern und Massen als historische Unfälle ab, wie sie der «menschlichen Natur» nun einmal unterlaufen. Gewiß mögen sich Gelehrte mit Recht gegen die ersten begeisterten Übergriffe von Seelendoktoren auf ihre angestammten Disziplinen zur Wehr gesetzt haben. Aber ihre Weigerung, die *historische Bedeutung der Kindheit des Menschen* auch nur in Betracht zu ziehen, kann allein auf jene tiefere und umfassendere emotionale Abwehr und Verdrängung zurückgeführt werden, die Freud selbst voraussah. Andererseits muß man zugeben, daß in der klinischen Literatur (und in der Literatur, die insgesamt etwas Klinisches angenommen hat) die Abwehr einer modischen Vorliebe für die dunklen Aspekte der Kindheit gewichen ist, als ob diese letztlich das Schicksal des Menschen bestimmten.

Doch keiner dieser Trends kann verhindern, daß sich eine neue Wahrheit zu Wort meldet, nämlich daß das kollektive Leben der Menschheit bei all seiner historischen Gesetzmäßigkeit sich von den Energien und Vorstellungen aufeinanderfolgender Generationen nährt und daß jede Generation das menschliche Schicksal mit dem unausweichlichen Konflikt zwischen ihren ethischen und rationalen Zielen und ihren infantilen Fixierungen konfrontiert. Dieser Konflikt kann den Menschen dazu treiben, erstaunliche Dinge zu tun – und er kann sein Verderben sein. Er ist eine Grundbedingung der Menschlichkeit des Menschen – und die Hauptursache für seine bodenlose Unmenschlichkeit. Denn wann immer und wo immer der Mensch seinen ethischen Standpunkt aufgibt, geschieht dies nur um den Preis massiver Regressionen, die die Sicherheit seiner Existenz gefährden.

Freud hat diese regressive Tendenz enthüllt, indem er ihre parthologischen Manifestationen im einzelnen nachgewiesen hat. Aber er hat auch auf etwas aufmerksam gemacht, was beim ambivalenten Fortschritt der Zivilisation weithin und regelmäßig verlorengeht: Er hat von der «strahlenden Intelligenz des Kindes» gesprochen – vom naiven Schwung, vom natürlichen Mut, vom bedingungslosen Glauben der Kindheit, der von übertriebenen Ambitionen, schrecklichen Erziehungsmaßnahmen und beschränkten und beschränkenden Lehrmethoden unterdrückt wird.

Zuweilen fühlen wir uns veranlaßt zu sagen, daß ein Genie sich den klaren Blick des Kindes bewahrt habe. Aber rechtfertigen wir nicht allzuleicht Regressionen der Masse, indem wir auf das gelegentliche Auftauchen genialer Führer verweisen? Und doch wissen wir (und verlangen geradezu krankhaft danach, dies zu wissen), unter welchen Qualen ein Genie dazu getrieben wird, mit einer Hand zu zerstören, was es mit der anderen geschaffen hat.

Im Falle Freuds hat ein Genie eine neues Beobachtungsinstrument auf seine Kindheit gerichtet – auf alle Kindheiten. Er hat eine bestimmte Methode entwickelt, um das zu entdecken, was generell den Genius des Kindes in jedem menschlichen Wesen zerstört. Indem er uns gelehrt hat, den bösen Dämon in Kindern zu erkennen, hat er uns dringend nahegelegt, das kreative Gute nicht zu unterdrücken. Seitdem ist das Wesen der Entwicklung von einfallsreichen Beobachtern in aller Welt untersucht worden: Nie zuvor hat die Menschheit so viel über ihre eigene Vergangenheit gewußt – die phylogenetische wie die ontogenetische. Daher können wir in Freud einen Pionier sehen, der Vorarbeit für die selbstheilenden und ausgleichenden Tendenzen im menschlichen Bewußtsein geleistet hat. Während sich technischer Erfindergeist gerade anschickt, den Mond zu erobern, könnten künftige Generationen das dringende Bedürfnis haben, mehr darüber zu erfahren, was sie innerlich antreibt, und sich der Gesetze der Individualität bewußter zu sein – sie könnten das dringende Bedürfnis haben, wahre Kindlichkeit höher einzuschätzen und zu bewahren, um nicht das Opfer total kindischen Denkens und Handelns zu werden.

22

Theodor Reik

Kindermund

Dieser anekdotische Beitrag ist eine volkstümliche Anerkennung
des Inneren Kindes durch einen herausragenden Psychoanalytiker,
der einer von Freuds genialsten Schülern war. Laut Theodor Reik
muß der Psychoanalytiker nach dem Kind im Menschen suchen, in
sich selbst wie in anderen. «Der Analytiker würde einen großen
Fehler begehen», sagt Reik, «wenn er die Macht der Ideen und
Ideale des Kindes, das im Erwachsenen weiterexistiert, unterschät-
zen würde.» Allen, die Eltern sind oder sein könnten, wird die
Weisheit und Güte dieses Mannes Freude bereiten.

Nicht alles, was der Analytiker aufzudecken sich bemüht, erweist
sich als Verdrängung. Das Gebiet des Unbewußten reicht weit
über jene Sphäre hinaus, die ihm viele Dozenten der Psychoanalyse zuordnen. Dazu gehören auch Dinge, die verschoben, verzerrt und verleugnet sind. Außerdem handelt es sich dabei um
Erlebnisse und Emotionen, die dem Betreffenden niemals bewußt
waren, weil sie sich zu einer Zeit ereigneten, als er zu jung war, um
ihren Sinn zu begreifen. Sie gehören zur prähistorischen Epoche
der individuellen Persönlichkeit.

Wir Erwachsenen haben uns so weit von den besonderen Möglichkeiten und Formen unserer Kindheit entfernt, daß sie uns
fremd geworden sind. Jeder hat das schon erlebt: Da erzählen uns
unsere Eltern oder alte Freunde der Familie, daß wir als Kind
irgendwelche komischen Sachen gesagt oder getan haben. In den
meisten Fällen können wir uns nicht an die betreffende Bemerkung oder Handlung erinnern – und selbst dann kommen wir nicht
mehr dahinter, warum wir dies getan oder gesagt haben. An der

Wahrheit dieser Geschichte können wir nicht zweifeln, aber wir erkennen uns nicht mehr wieder in dem Bild, das sie uns vor Augen hält. Wir müssen einfach akzeptieren, daß wir dieser kleine Junge oder jenes kleine Mädchen waren, aber psychisch können wir uns mit unserem vergangenen Selbst nicht identifizieren. Es ist verschwunden wie der Schnee vom letzten Winter.

Erinnerungen dieser Art tauchen sehr oft in der Psychoanalyse auf. Sie sind insofern bewußt, weil ihr Inhalt festgestellt werden kann, aber ihr Sinn ist verlorengegangen. Doch dieser Sinn war nicht verdrängt worden. Er ist fremd geworden, weil sich ein Mensch nicht die besonderen Denkweisen der Kindheit zu eigen machen kann. Den Verlust einer alten Empfindungs- oder Denkweise kann man bereits bei Kindern selbst beobachten. Ein kleines Mädchen von acht Jahren kann einfach nicht glauben, daß es als Dreijährige eine Schnecke fangen wollte und sich geärgert hat, daß die Schnecke davonlief. Wenn schon Kinder sich nach ein paar Jahren nicht mehr wiedererkennen können, wie können wir dann von Männern und Frauen erwarten, daß sie ihre psychische Identität mit einem Kleinkind akzeptieren? Die Aktivitäten, die Freuden und Leiden wie die kleinen Spiele, an die sich Kinder zuweilen erinnern, stellen ihr wahres Selbst dar, aber dieses Selbst aus der Vergangenheit kommt ihnen fremd vor. Sie staunen über sich selbst und können sich nicht vorstellen, warum sie so seltsam waren oder so komische Sachen gesagt haben. Der Psychoanalytiker hat häufig seine Schwierigkeiten mit Erinnerungen dieser Art, und selbst wenn er sich noch so sehr bewußt bemüht, kann er die infantile Sehweise doch nicht zurückgewinnen. Er müßte da schon sehr lange und mit einem besonderen psychologischen Geschick mit Kindern umgehen, um verstehen zu können, was ihm seine Patienten über einige Episoden aus ihrer Kindheit erzählen. Nicht seine Sehnsucht nach dem verlorenen Paradies, sondern sein Wunsch nach psychologischem Verständnis läßt ihn an das Brahmslied «Heimweh» denken: «O wüßt ich doch den Weg zurück, den lieben Weg zum Kinderland!»

Zuweilen werden wir gewahr, wie weit wir uns von den Empfindungs- und Denkweisen des Kindes entfernt haben, wenn wir die komischen Dinge hören, die Kinder von sich geben. Ich meine damit nicht die «schlauen Sprüche», sondern Bemerkungen und Kommentare, die wir naiv nennen und über die wir lachen müssen, weil wir davon ganz bezaubert sind. So hörte ich einmal, wie sich ein kleines Mädchen am Strand über seinen Spielkameraden beschwerte: «Mami, Bobby soll nicht so viel Wasser aus dem Meer nehmen. Das Meer wird ganz leer werden.» Ein andermal sah ich eine Karikatur, auf der ein Maler vor seiner Leinwand in einem Feld saß. Er ist ganz vertieft in seine Arbeit und kümmert sich nicht um das kleine Bauernmädchen, das ihn aufmerksam betrachtet. Plötzlich platzt die Kleine heraus: «Ich hab schon die Masern gehabt . . .» Diese beiden Beispiele – das kleine Mädchen, das sich Sorgen macht, sein Spielkamerad könnte das Meer ausschöpfen, und das andere Kind, das sich wichtig machen möchte und eine Unterhaltung mit der interessanten Mitteilung beginnt, es habe schon die Masern gehabt – stehen für eine ganze Gruppe von Aussprüchen, die zeigen, wie anders sich doch die Welt in kleinen Köpfen widerspiegelt.

Zuweilen tauchen mitten in der Psychoanalyse Erinnerungen auf, die uns verwirren, weil wir nicht sofort verstehen, was sie bedeuten oder dem Kind einst bedeutet haben, das uns nun zwanzig oder dreißig Jahre später als Patient in unserem Sprechzimmer gegenübersitzt. Manchmal können wir unschwer ihren Sinn begreifen – wir können uns mühelos in die Gefühlswelt des Kindes versetzen, da wir in uns ein Echo der gleichen Gefühle vernehmen, wenn wir nur tief genug in unsere eigenen Erinnerungen eintauchen. Ich glaube, ein solches Echo wird jeder in sich vernehmen, wenn ich die folgenden Erinnerungen wiedergebe, die eine Patientin aus ihrer Kindheit erzählte.

Als sie noch sehr klein war, sei sie im Dunkeln aus ihrem Zimmer ins Eßzimmer geschlichen, weil sie wissen wollte, wie sich die Möbel, der Tisch, die Stühle und die Lampen benahmen, wenn sie allein und keine Menschen in ihrer Nähe waren. Sie war überzeugt, das Zimmer und die Möbel würden sich anders verhalten, wenn sie sich unbeobachtet glaubten. Ein weiteres anschauliches Beispiel für die bei Kindern vorherrschenden animistischen Vorstellungen von der Welt bot ein anderer Patient, der sich daran erinnerte, wie er einmal seinen älteren Bruder gefragt hatte, ob sich die Telegrafenmasten mit den Laternenpfählen unterhielten. Wir verstehen sofort, daß das Summen der Drähte die Frage nahelegte.

Jeder Psychoanalytiker hat immer wieder Mühe, mit den Kindheitserinnerungen von Patienten umzugehen, die selbst den Sinn ihrer Erinnerungen nicht begreifen können. So erinnert sich beispielsweise eine Frau daran, wie sie als kleines Mädchen zu weinen begann, als ihr Vater sie in den Fahrstuhl eines Hotels führte, in dem die Familie während einer Reise übernachten wollte. Ihrer Erinnerung nach war der Fahrstuhl geräumiger als jeder andere Fahrstuhl, den sie seitdem gesehen hatte, und auf drei Seiten hätten sich Plüschbänke befunden. Sie ist sich auch ganz sicher, daß sie damals zum erstenmal in einem Fahrstuhl gewesen sein muß. Deutlich erinnert sie sich daran, daß sie ganz verzweifelt war, als sie ihn betrat, und daß ihr Vater sich vergebens bemühte, sie zu trösten und ihre Tränen zu trocknen. Diese Erinnerung stellte sich zwar mehrmals während der Analyse ein, aber wir kamen einfach nicht dahinter, warum sie sich in jenem Augenblick so sonderbar benommen hatte. Sie bestritt, Angst gehabt zu haben, als der Fahrstuhl sich zu bewegen begann, weil sie ja zuvor schon geschluchzt hatte. Wir – die Patientin und ich – standen beide vor einem Rätsel, bis ihr auf einmal einfiel, daß sie gedacht haben müsse, der geräumige Fahrstuhl sei ein Zimmer und sie sollte bei ihrem ersten Aufenthalt in einem Hotel in diesem Zimmer mit ihrem Vater schlafen. Sie hatte die gepolsterten Bänke für Sofas gehalten. Diese Erinnerung war natürlich bedeutsam für das analytische Verständnis der Beziehung der Patientin zu ihrem Vater.

In anderen Fällen läßt sich die besondere Bedeutung, die das Verhalten oder Reden eines Kindes hat, nicht so leicht begreifen. Zuweilen hilft alle Gelehrsamkeit, aller noch so großer bewußter intellektueller Energieaufwand, alles noch so angestrengte Denken nichts – man dringt einfach nicht zu diesen verlorenen Wegen vor, die die Gefühlsabläufe eines Kindes nehmen. Es führt daher kein anderer Pfad in dieses verborgene Gebiet als die unbewußte Identifikation mit dem Patienten als einem Kind.

So erinnerte sich ein Mann daran, daß er sich als Junge einmal in einem Bus sehr sonderbar gegenüber seiner Mutter verhalten hatte. Eine Frau, die aus dem Bus gestiegen war, als er noch ausrollte, fiel aufs Pflaster, ohne sich ernsthaft dabei zu verletzen. Der kleine Junge hatte verzweifelt erklärt, er habe die Frau nicht hinuntergestoßen. Tatsächlich hatte er in einiger Entfernung von ihr gestanden, so daß ein solcher Versuch unmöglich gewesen wäre. Zweifellos war seine Erinnerung an den Vorfall korrekt. Die analytische Interpretation dieser Kindheitserinnerung ging zunächst von der Annahme aus, daß er irgendwie die angemessenen Gefühle empfunden haben müsse. Später bekamen wir heraus, daß er damals gegenüber seiner Mutter, die neben ihm im Bus stand, sehr feindselig und aggressiv eingestellt gewesen war. Während eines ernsthaften Ehestreits zwischen seinen Eltern hatte er sich auf die Seite seines Vaters gestellt. Wahrscheinlich hatte seine feindselige Einstellung gegenüber seiner Mutter zu aggressiven Wünschen geführt, die wiederauftauchten, als das Unglück geschah. Seine Gefühle gegenüber seiner Mutter wurden auf eine Fremde übertragen. Die Frau, die sich verletzte, wurde unbewußt als Mutterersatz betrachtet. Als sie sich verletzte, mußte er sich schuldig gefühlt haben, als sei er wirklich für das Unglück verantwortlich, weil er seiner Mutter etwas Böses gewünscht hatte. Ihm war, als seien seine Wünsche durch den Unfall der anderen Frau wahr geworden. Es gibt viele Beispiele dafür, daß sich erwachsene Menschen ähnlich verhalten, wenn ein Verbrechen, das sie am liebsten begangen hätten, tatsächlich von anderen ausgeführt wird.

Ich wähle nun ein relativ einfaches Beispiel aus meiner psychoanalytischen Praxis, um zu demonstrieren, daß nur eine Rückkehr zur Gedankenwelt des Kindes das Rätsel einer Erinnerung lösen kann, die für die betreffende Person unbegreiflich geworden ist.

Ein englischer Patient erinnerte sich, daß er als kleiner Junge etwas zu seiner (zwei Jahre älteren) Schwester gesagt hatte, was für ihn nun keinen Sinn mehr ergab. Er konnte sich genau an die Situation erinnern. Sie standen am Fenster ihres Landhauses, und es war früher Abend. Sie sahen den Kühen zu, die auf der Dorfstraße nach Hause liefen. Der kleine Junge wandte sich an seine Schwester und fragte: «Kannst du dir vorstellen, daß Onkel Harry eine Kuh ist?» Das klingt allerdings ziemlich verrückt, und der Patient wollte diesen Satz als einen jener komischen Gedanken abtun, die Kinder häufig haben. Er erinnerte sich noch daran, wie seine Schwester schallend gelacht und ihn später mit diesem Ausspruch aufgezogen hatte.

Ich versuchte ihn davon zu überzeugen, daß dieser Satz damals einen Sinn gehabt haben müsse. Seine Assoziationen schienen ihn weit abschweifen zu lassen, zu späteren Erinnerungen an Onkel

Harry und an Tante Mabel, seine Frau, zu anderen Verwandten und zum Kontrast zwischen dem Leben auf dem Lande und in London. Unter all diesen Assoziationen befand sich nur eine Tatsache, die bedenkenswert schien: daß nämlich kurz darauf Tante Mabel ein Baby bekam. Ich vermutete, daß etwas in der Bemerkung des Kindes auf dieses Ereignis anspielte, vielleicht auf die Schwangerschaft, die der kleine Junge bemerkt hatte. Aber ich kam noch immer nicht dahinter, was der Satz «Kannst du dir vorstellen, daß Onkel Harry eine Kuh ist?» bedeutete. Nichts deutete darauf hin, daß der Junge Onkel Harry einen Mangel an Männlichkeit unterstellte. Im Gegenteil – dieser bestimmte Onkel erwies sich sogar als ausgesprochener Schwerenöter. An diesem Tag fanden wir einfach keine befriedigende Erklärung für diese rätselhafte Erinnerung. Es gab nichts weiter als die vage Idee, der betreffende Satz könnte etwas mit Tante Mabels Schwangerschaft zu tun haben.

Hinter seine Bedeutung kam ich erst viel später, als der Patient bei anderer Gelegenheit und in einem anderen Zusammenhang erwähnte, daß sich Kühe im Frühling manchmal seltsam benähmen. Sie springen einander auf den Rücken, als ob sie den Bullen imitieren wollten. Und plötzlich wurde mir alles klar. Die Kinder, der Junge und seine Schwester, mußten zuvor über das gesprochen haben, was die Erwachsenen beim Beischlaf tun, und es mit dem spielerischen Sexualverhalten der Kühe verglichen haben. Die Frage «Kannst du dir vorstellen, daß Onkel Harry eine Kuh ist?» bedeutete einfach: «Kannst du dir vorstellen, daß sich Onkel Harry wie eine Kuh benimmt und auf den Rücken einer anderen Kuh springt?» Der Sinn dieser Frage war daher: «Kannst du dir Onkel Harry beim Beischlaf vorstellen?» Die Kinder konnten damals Tante Mabels Schwangerschaft bemerkt und sich in Gedanken mit den sexuellen Erlebnissen ihrer Verwandten beschäftigt haben. Die Frage des Jungen ist sexueller Natur. Sie ergibt nun einen Sinn, nachdem wir sie aus der Kindersprache in Ausdrücke übersetzt haben, die uns jetzt vertraut sind. Wir verstehen jetzt auch, daß das Lachen seiner Schwester nicht nur eine Reaktion auf die Art und Weise war, wie die Frage gestellt wurde. Das Mädchen hatte gelacht, wie ein Erwachsener über eine komische sexuelle Anspielung lachen würde.

Es stellte sich heraus, daß diese Interpretation einer unverständlichen Kindheitserinnerung der Dreh- und Angelpunkt in der Analyse dieses Patienten war. Er hatte bestritten, irgend etwas über sexuelle Vorgänge vor einem gewissen Alter gewußt zu haben. Auch wenn der Erwachsene das nicht mehr verstand – hier war der perfekte Beweis, daß er vor diesem Alter gewußt haben mußte, worin das Geheimnis der Sexualität bestand. Seine Eltern hatten die sexuelle Aufklärung hinausgezögert – sie schienen damit so lange hinter dem Berg zu halten, «bis die Kühe heimkehrten». Aber die Kinder kannten das Geheimnis längst, und die Heimkehr der Kühe verschaffte ihnen eine Gelegenheit, über das zu sprechen, was sie erfahren hatten. Oft genug liefern derartige unverstandene Kindheitserinnerungen, wenn man sie psychoanalytisch interpretiert, wichtige Hinweise auf die Lebensgeschichte und die Charakterbildung unserer Patienten.

Das Kind ist der Vater des Menschen. In Wirklichkeit befinden sich drei Personen im Sprechzimmer des Psychoanalytikers: der Analytiker, der Patient, wie er jetzt ist, und das Kind, das im Patienten weiterlebt. Wir haben erkannt, wie alte Kindheitsüberzeugungen unterschwellig neben den Meinungen und Ansichten des Erwachsenen weiterleben. Alte Werte, die man vor langer Zeit bewußt abgelegt hat, sind im dunkeln wirksam und beeinflussen das Leben unserer Patienten. Der Analytiker würde einen großen Fehler begehen, wenn er die Macht der Ideen und Ideale des Kindes, das im Erwachsenen weiterexistiert, unterschätzen würde. Zuweilen tauchen sie ganz unerwartet aus dem Verborgenen im hellen Licht des Bewußtseins auf. Ein Erwachsener fürchtet sich plötzlich im Dunkeln und stellt sich vor, daß ein Bild zum Leben erwacht ist. Er erlebt noch einmal die animistische Anschauung der Kindheit, in der jedes Ding ein Eigenleben und eine Seele hatte. Zu unserem Erstaunen erleben wir oft, daß Anschauungen der Kindheit in uns intakt bleiben, nicht tot und begraben, sondern nur untergetaucht sind.

Es wäre falsch, dieses Phänomen zu ignorieren. Der Psychoanalytiker muß nach dem Kind im Menschen suchen, in sich selbst und in anderen. Er wird die Tiefe der Gefühle nicht ausloten können, wenn er sich dieser Rudimente der Kindheit im reiferen Leben nicht bewußt ist. Diese Kindheitsideen müssen nicht notgedrungen kindisch sein, nur weil sie kindlich sind. Einige von ihnen haben sich um einen Kern früh verstandener Wahrheiten gebildet und enthüllen einen erstaunlich klaren Blick für das soziale Umfeld in dem engen Umkreis, in dem sich die Welt des Kindes bewegt.

Vor über hundert Jahren lebte in Wien der glänzende Satiriker und Schauspieler Johann Nestroy, dessen geistreiche Schauspiele bei den Wienern sehr beliebt waren. In einem dieser Stücke spricht eine Figur über Schusterbuben, die bekannt waren für ihre naseweise, unverschämte Art. «Ich möchte gar zu gern wissen», sagt diese Figur, «was aus all diesen schlauen, witzigen Schusterbuben wird.» Freud, der diese Zeile häufig zitiert hat, wußte eine Antwort: «Sie werden dumme Schuhmacher.»

Freud hat darauf hingewiesen, daß an einem bestimmten Punkt in der Kindheit die sexuelle Verdrängung wirksam zu werden beginnt und damit der natürlichen und brillanten Intelligenz des Kindes ein Ende bereitet. Ich glaube, diese Ansicht ist einseitig. Das Kind lernt nämlich auch, Autorität zu akzeptieren, seine natürliche Aggression, sein Rebellentum zu unterdrücken und Unabhängigkeit im Denken zu entwickeln. Gleichwohl stimmt es natürlich, daß häufig sehr kluge Kinder plötzlich in einem bestimmten Alter eine Schwächung ihres natürlichen Beobachtungs- und Urteilsvermögens aufweisen, als ob die Anpassung an die Gesellschaft sie dazu zwingt, diese frühen persönlichen Eigenschaften zu opfern.

Diese Vorstellungen von Kindern, haben wir gesagt, enthalten oft ein Körnchen Wahrheit, das allerdings auf eine kindliche Weise dargeboten wird und zuweilen komisch wirkt. Ein Patient war schon früh von seinen Eltern über die sexuellen Vorgänge aufgeklärt worden. Dennoch blieb dem Jungen die Sexualität der Menschen ein Rätsel, denn er versuchte sie sich wie bei den Tieren und Blumen vorzustellen, über die seine Eltern gesprochen hatten. Er stellte sich vor, wie der Mann in gewissen Nächten an der Schlafzimmertür seiner Frau klopft und sagt: «Mary, der Same ist da.» Es läßt sich nicht übersehen, daß die Vorstellung des Jungen eine gewisse biologische Wahrheit enthält. Wenn man das Drumherum beiseite läßt und auf den Kern stößt, erkennt man, daß die Welt genauso ist, wie sie Hänschen sieht.

Bei unserer analytischen Arbeit müssen wir oft daran denken, daß das Kind im Mann und in der Frau weiterlebt. Das Leben selbst zeugt von diesem Weiterleben. Als meine Tochter Miriam noch klein war und wir mit ihr zum zweitenmal zum Zahnarzt gingen, kroch sie unter einen Schreibtisch und ließ sich ihre Angst durch nichts ausreden. Vergeblich appellierte ihre Mutter an sie: «Glaubst du vielleicht, daß eine Dame auf allen vieren unter den Schreibtisch eines Zahnarztes kriechen würde?» Meine kleine Tochter erwiderte: «Sie würde schon, aber sie ist zu groß dazu.»

Samuel Osherson

Der verletzte Vater in uns

Auch wenn es in diesem Beitrag des Psychotherapeuten Samuel Osherson vor allem um die inneren Konflikte des Mannes im Verhältnis zu seinem Vater geht, spielen die angesprochenen Gefühle bei beiden Geschlechtern eine wesentliche Rolle: die Gefühle der Verlassenheit, des Verlangens und der Bedürftigkeit, die sowohl Männer wie auch Frauen nur schwer in sich akzeptieren können.

Aufgrund seiner Arbeit mit Männern ist Osherson überzeugt, daß es eine bestimmte Art der männlichen Verletzbarkeit gibt, die auf frühe Kindheitserfahrungen von Trennung und Verlust zurückzuführen sind. Männer haben eine ganz bestimmte Aufgabe, die ohne Zweifel der Aufgabe der Frauen gleicht, meint Osherson, die Aufgabe nämlich, «verzerrte und qualvolle Fehlidentifikationen» mit den Eltern aufzugeben. Das bedeutet, daß wir den verletzten Elternteil in uns heilen müssen, um unserem Inneren und unserem Äußeren Kind bessere Eltern sein und uns selbst voll entfalten zu können.

Die gegenwärtige Situation der Familie ist davon geprägt, daß in ihr Probleme der Trennung und des Verlustes wieder aufkommen, weil die Männer keine Chance hatten, sie zu verarbeiten, als sie heranwuchsen. Dabei geht es um unsere Verletzlichkeit und Abhängigkeit als Männer; um die Ungewißheit hinsichtlich unserer Identität und der Frage, was es heißt, ein Mann zu sein; und um das Bedürfnis nach Unterstützung und Bestätigung, das viele Väter unter der Oberfläche traditioneller Familienarrangements versteckt und – unerfüllt – an ihre Söhne weitergegeben haben. Die normalen Anforderungen des Familienlebens werden heutzutage nachhaltig beeinflußt durch die frühen Erlebnisse, die die Männer mit Vater und Mutter gehabt haben, sowie durch das, was sie aus diesen Erlebnissen über die Tatsache erfahren haben, was es heißt, ein Mann zu sein.

In den Reaktionen von Männern auf die Berufstätigkeit ihrer Frauen oder auf deren Beschäftigung mit den Kindern spiegeln sich oft kindliche Gefühle der Verlassenheit und des Verlangens nach elterlicher Aufmerksamkeit und Zuwendung wider. Wenn unsere Frau arbeiten geht, können wir noch unbewußt etwas von der Verletzlichkeit und dem Zorn empfinden, die wir als Kinder verspürten, als wir uns an unsere Mutter klammern wollten und sie zugleich loszulassen versuchten. Die Tatsache, daß viele Väter jeden Tag arbeiten gingen und uns allein mit unseren Müttern ließen, erhöhte deren Bedeutung für uns und schwächte zugleich die Rolle unserer Väter als Übergangsfiguren, die notwendig waren, um den normalen Prozeß der Loslösung von der Mutter und der Selbstverwirklichung zu vollziehen. Und da ein Mann auch nur selten erlebt hat, daß sein Vater neben seiner Mutter nur die zweite Geige spielte, weiß er vielleicht nicht, wie er seine berufstätige Frau vertrauensvoll unterstützen soll.

Eines Tages schilderte mir ein erfolgreicher 38jähriger Anwalt mit einer luxuriösen Kanzlei in Manhattan seine Ehe. Dieser selbstbewußte, engagierte Mann sagte plötzlich wehleidig: «Ich meine das gar nicht herablassend, aber ich bin immer davon ausgegangen, daß eine Frau, die ich heirate, einen eigenen Beruf haben sollte. Ich habe einfach nie gedacht, daß es *so* sein würde.» Dieses «so» bezog sich auf die Mischung aus Verlustangst, Gefühlen der Verlassenheit und unerfüllten Abhängigkeitsbedürfnissen, die er an den Abenden und Wochenenden empfand, an denen seine Frau ihre Zeit und Energie lieber ihrem Beruf als ihm widmete.

Mit seinen Gefühlen der Verlassenheit stand dieser klagende Anwalt nicht allein da. Ein bedeutender Universitätsprofessor sprach ebenfalls über die Schattenseiten einer Ehe zwischen zwei Berufstätigen. Dieser rücksichtsvolle und liebenswürdige Mann war ausgesprochen stolz auf seine Frau, die es geschafft hatte, eine wichtige Position in einem Beratungszentrum zu bekommen, seit die Kinder älter waren. Doch an einem bestimmten Punkt in unserem Gespräch hielt er inne und begann zu räsonieren: «Ach, wissen Sie, Selbstsicherheit ist eine Illusion – ich brauche einfach meine Frau, damit sie mich in dem Glauben bestärkt, daß ich erfolgreich sein *kann,* daß ich jede Woche mein Schreibpensum schaffe und all diese Artikel veröffentliche, damit ich meine Anstellung nicht verliere. Seit meine Frau berufstätig ist, hat sie viel weniger Zeit für mich, und ich weiß, daß es ein ständiger Kampf für mich ist, mein Selbstvertrauen aufrechtzuerhalten.»

Nicht anders tauchen auch, wenn Kinder kommen, einige unserer Wünsche wieder auf, man möge sich auf so wohltuende Art um uns kümmern – aber nicht minder verzweifelt bemühen wir uns dann zu beweisen, daß wir derartige Wünsche nicht nötig haben und unabhängig sind. Die neue Vaterrolle kann auch eine Identitätskrise in dem Mann auslösen, dem in der Vergangenheit entsprechende Rollenvorbilder gefehlt haben und der nun völlig verunsichert ist, wie er ein Vater sein soll, der für seine Kinder da ist.

Ein leitender Angestellter erzählte mir voller Stolz, wie engagiert er bei der Geburt seiner Tochter gewesen sei. Aber dann gestand er ganz verlegen ein, wie verraten er sich fühle, weil seine Frau sich auch jetzt, da ihr erstes Kind geboren war, ihrem anstrengenden Beruf als Anwältin widmete. Zehn Jahre lang hätten sie ihre Freizeit meist gemeinsam verbracht. Doch nun, da seine Frau ihre Arbeit in der Kanzlei und die Sorge um das einjährige Kind in Einklang zu bringen suchte, hatte dieser Mann das Gefühl, als ob «sie für alles Zeit hat – nur nicht für mich». Er streckte seine Hände mit einer schüchternen Geste aus, als ob ihm seine Bedürftigkeit zugleich peinlich sei, und rief: «Dem neuen Baby geht's bestens – aber was ist mit dem alten Baby? Mit mir??»

Es gibt zahlreiche Umstände im Leben eines Erwachsenen, unter denen er sich wie ein Kind vorkommt: bedürftig, hilflos, ohnmächtig, die Dinge zu ändern. Wenn Männer heranwachsen, haben sie große Probleme, mit ihrer Abhängigkeit und Verletzlichkeit fertig zu werden, und zwar oft deshalb, weil unsere Väter uns zu verstehen gaben, daß derartige Gefühle inakzeptabel wären und daß nur die Leistung zählen würde, wenn wir erfolgreiche Männer werden und den Beifall unserer Väter finden wollten. Unsere Verletzlichkeit und Abhängigkeit wurde von unserer konkurrenzorientierten Erwachsenenattitüde oder durch die Konzentration auf unsere Leistungsfähigkeit in der Arbeitswelt überspielt. Doch trotz aller Selbstsicherheit, die wir bei der Arbeit an den Tag legen, gibt es auch dort eine Menge Unsicherheit. Sie kommt großenteils in der Sorge zum Ausdruck, ob wir uns auch

genügend für den beruflichen Erfolg engangieren – unser Selbstwertgefühl leidet erheblich unter der Konkurrenz am Arbeitsplatz. Ein verwirrter Washingtoner Beamter, stellvertretender Direktor einer einflußreichen Behörde, sagte zu mir plötzlich ganz
bestürzt, nachdem er sich zuvor in heroischen Erfolgsgeschichten
ergangen hatte: «Aber etwas macht mir doch zu schaffen... Ich
komme mir immer mehr wie ein gut geöltes Werkzeug meines
Chefs vor.» Und dann der Schlüssel zum Ganzen: «Er ist wie ein
Vater zu mir.» Heutzutage fragen sich viele Männer: Wie weit soll
ich mein Leben wie mein Boß oder mein Mentor leben?

Mit Sicherheit ist die Fähigkeit, Autonomie, Unabhängigkeit
und eine eigene Identität zu erlangen, ganz wichtig für ein gesundes Erwachsenenleben. Aber indem wir besonderen Wert auf
diese Eigenschaften bei Jungen legen, verlieren wir aus dem Blick,
welche Anstrengung es für sie bedeutet, sich von Mutter und Vater
zu lösen. Da wir es nicht besser verstanden haben, das Bedürftige,
Verletzliche in uns zu stillen, lebt in uns der Überrest einer zornigen, traurigen Kindlichkeit, die oft unsere erwachsenen Beziehungen zu Frau, Kindern, Chef und unseren eigenen Eltern prägt.

Früher mußten sich Männer um ihre unerledigten Probleme mit
Müttern und Vätern aufgrund der Arbeitsteilung nicht kümmern.
Aber jene Männer, die in den Jahrzehnten der Frauenbewegung
aufgewachsen sind, erleben soziale Veränderungen von gewaltigen Ausmaßen: nämlich daß Frauen selbstverständlich und ohne
Umwege Positionen einnehmen, die ihnen mehr Macht und Einfluß am Arbeitsplatz verschaffen, und daß Männer sich ins Familienleben zurückziehen. Ganz gleich, ob Männer sich tatsächlich
stärker am Familienleben beteiligen oder nicht (und einiges deutet
darauf hin, daß sich in dieser Hinsicht etwas tut), finden sie keinen
Schutz vor Teilen des Lebens, die sie verdrängen oder abwerten
mußten, um heranzuwachsen.[1] Wenn heutzutage eine Frau
berufstätig ist, wenn ein Kind kommt oder wenn die Familie sich
umstellen muß, weil die Kinder auswärts studieren, dann ist der
Mann weniger imstande, traditionellen Rollenerwartungen zu entsprechen. Oft wird er dann auf Gefühle der Hilflosigkeit und
Ohnmacht zurückgeworfen, die er als Kind nicht völlig gemeistert
hat, er wird gleichsam kalt erwischt und empfindet einen Schmerz,
den er nicht begreifen kann.

Diese brisante Situation wird noch verschärft durch das gegenseitige Mißtrauen zwischen den Geschlechtern, deren Rollen sich zudem verändern. Viele Frauen sind ungeduldig angesichts des Widerstands der Männer gegenüber Veränderungen und haben das Gefühl, Männer versuchten bloß ihre Machtposition in Beziehungen zu behaupten oder seien hoffnungslos unfähig zur Nähe. Männer wiederum geraten im Umgang mit Frauen in die Defensive, weil sie sich von der Frauenbewegung angeklagt und kritisiert fühlen. Einige Männer versuchen dann, ihre Ohnmacht oder Inkompetenz hinter einem Gefühlspanzer zu verbergen. In vielen Ehen empfinden die Frauen heutzutage weder Mitgefühl noch Geduld für die kindlichen Ängste des Mannes, wenn beide neue Arbeits- und Familienarrangements in ihrem Zusammenleben zu entwickeln versuchen.

Beide Geschlechter scheinen heute ein Klischee zu akzeptieren: Männer seien distanziert und bindungsscheu, während Beziehungen eine weibliche Domäne seien. Viele Menschen glauben, daß Frauen mehr Wert auf Liebe legen als Männer. Doch die Trennung der Geschlechter in rationale Männer und gefühlsbetonte Frauen ist schlicht falsch, ein schädlicher und gefährlicher Mythos. Trotz aller Verdienste, die sich der Feminismus um unsere Kultur erworben hat, ging er doch auch mit einer subtilen Idealisierung der Frauen und einer weniger subtilen Verunglimpfung und einem Mißverstehen der Männer einher. Aufgrund meiner Arbeit mit Männern bin ich überzeugt, daß es in unseren Beziehungen eine männliche Verletzbarkeit gibt, die auf unsere frühen Kindheitserfahrungen von Trennung und Verlust zurückzuführen ist. Der Schlüssel zur Bewältigung der Probleme der Männlichkeit ist darin zu sehen, daß wir unsere verzerrten und schmerzlichen falschen Identifikationen mit unseren Vätern lösen und fallenlassen.

Um die Konflikte verstehen zu können, die Männer bei der Arbeit und im Intimleben in unserer heutigen Welt haben, müssen wir zunächst verstehen lernen, wie der Junge dazu gelangt, sich selbst, die Frauen und die Männer zu erleben, und dann die Beziehungen, die er als erwachsener Mann zur Mutter und zum Vater seiner Kindheit weiterhin hat, betrachten.

Wir können den verletzten Vater in uns heilen. Männer sind keine passiven Opfer – wenn wir uns unseren Kindern mehr widmen oder bei der Arbeit mehr für unseren Rat respektiert werden wollen, wenn viele Männer ein Bedürfnis nach Nähe haben, dann stellt das großenteils den Versuch dar, die Wunde in uns selbst zu heilen, so daß wir als Männer selbstbewußter und zugleich fürsorglicher werden. Je mehr wir über den Lebenszyklus des Erwachsenen lernen, desto mehr entdecken wir, daß Menschen Probleme der Trennung von den Eltern und Probleme der Individuation während des ganzen Erwachsenenlebens immer wieder erfahren. Dr. George Vaillant, Forschungsleiter der Grant Study, einer Langzeituntersuchung von Harvard-Absolventen, hat erklärt: «Bei unseren Befragungen haben wir immer wieder die Lehre ziehen müssen: Die Kindheit ist mit 21 noch nicht zu Ende. Sogar diese Männer, die wir aufgrund ihrer psychischen Gesundheit ausgewählt haben, waren auch in den folgenden beiden Jahrzehnten damit beschäftigt, sich von ihren Eltern zu lösen.»[2]

Ich habe mit genügend Männern gesprochen und weiß, daß sowohl die Arbeit wie die Familie eine heilsame Erfahrung für sie darstellen kann; besonders als fürsorgliche Ehemänner und Väter können wir die Beziehung zu unseren eigenen Vätern und Müttern heilen, indem wir die bedrückenden Phantasievorstellungen über das, was uns während des Heranwachsens widerfahren ist, ablegen. Doch leider gibt es auch noch sehr viele Männer, die weiterhin die ungelösten Probleme, die sie mit ihren Vätern und Müttern hatten, an ihren Vorgesetzten und ihren Frauen auslassen.

Die Heilung des verletzten Vaters in uns ist ein psychischer und sozialer Prozeß, der seine Zeit braucht und es erforderlich macht, daß wir unsere eigene Geschichte erforschen, ein neues Selbstgefühl erproben und erkunden und die komplizierten Gegenströmungen in unseren Familien verstehen, die sich auf unsere Entwicklung ausgewirkt haben. Mit Sicherheit bedeutet das auch, daß wir den Ärger und die Bedürftigkeit, die unser Arbeits- und Familienleben heutzutage hervorrufen, aushalten und nicht versuchen, diese unangenehmen, kindlichen Ohnmachtsgefühle zu rasch mit der Pose männlicher Kompetenz und Identität zu unterdrücken.

Ich habe diesen kleinen Jungen in mir selbst an einem Sommertag vor einigen Jahren in unserem Ferienhaus in New Hampshire gesehen. Damals hatte ich gerade das Gefühl, mit meiner Arbeit völlig festgefahren zu sein. Bei herrlichem Sonnenschein saß ich drinnen an einem Buch, in dem ich überhaupt keinen Sinn mehr sah. Ich hatte das Gefühl, immer tiefer zu versinken. Ich watete durch knietiefe Schneewehen von Worten, was ich schrieb, langweilte mich, und ich war zutiefst ärgerlich und frustriert.

Meine Frau mußte sich jeden Tag mein Frustrationsdrama mit ansehen. Um mich aufzuheitern, schlug sie eines Morgens vor, wir sollten doch eine unserer Lieblingswandertouren machen.

«Nein, ich kann nicht. Ich möchte dieses Kapitel abschließen, Julie. Ich kann mich nicht freimachen», erwiderte ich mit zusammengebissenen Zähnen.

«Na gut. Wie läuft's denn?»

«Überhaupt nicht. Ich hasse diese Schreiberei. Warum tue ich mir das bloß an? Muß das denn so schwer sein?»

Ich sah diesen aus Bedauern, Ärger und Langeweile gemischten Ausdruck über Julies Gesicht huschen, diesen Blick, den Menschen bekommen, wenn sie sehen, wie sich die, die sie lieben, immer wieder selbst weh tun. Und immer auf die gleiche Art und Weise. Zum x-tenmal. Diesmal konnte sie sich nicht länger beherrschen: «Das hast du doch schon tausendmal gesagt, Sam. Wann wirst du endlich auf dich selbst hören? Warum machst du nicht mal eine Pause und denkst über alles nach? Du weißt ja offenbar nicht, was du in diesem Buch sagen willst oder ob du das Ganze überhaupt richtig anpackst. Du bist wie ein kleines Kind, das auf der Straße einen Karren voller Felsbrocken hinter sich herzieht und weint und um Hilfe ruft.»

Wie kleine Jungen zu ihrer Mutter aufschauen, so schauen auch wir Männer zu unseren Frauen auf, damit sie uns hegen und pflegen, ohne daß wir uns allzusehr abquälen müssen. Als kleiner Junge war ich mit meiner Qual (mit meiner Verlegenheit und meiner Unzulänglichkeit) zu meiner Mutter gelaufen, aber es ist mir niemals so recht gelungen, damit zu meinem Vater zu gehen.

Ich war Julie dankbar und folgte schließlich ihrem Rat, die Arbeit beiseite zu legen. Doch indem sie meine Erwartungen und das Spiel, das ich spielte, durchschaute, verdarb sie es mir zugleich. Ich schämte mich und ärgerte mich. Eine zornige innere Stimme schrie zurück: «Du kannst mich mal!»

Das war das typische Spiel, das Männer mit Frauen spielen: Ich arbeite schwer und leide, und sie wird voller Mitgefühl sein und mich trösten und bestätigen. Oft scheint die Unfähigkeit der Männer, ihre Mütter loszulassen, sie für das fehlende Gefühl entschädigen zu wollen, daß der Vater hinter ihnen steht. Da befand ich mich also in dieser herrlichen Landschaft von New Hampshire und litt – und von ihr erwartete ich, daß sie mich tröstete, statt mich aufzufordern, erwachsen zu werden! Sie wurde ihrer Rolle in meinem Passionsspiel nicht gerecht. Wenn sich mein Zorn hätte besser artikulieren können, hätte ich vielleicht gesagt: «Du bist eine Frau, du kannst das nicht verstehen – du kannst einfach nicht wissen, wie es ist, ein Mann zu sein.»

Ich sehe plötzlich meinen Vater vor mir, wie er nach einem harten Arbeitstag mißmutig vor dem Fernseher hockt. Meine Mutter ist offenbar fröhlicher und voller Energie, mein Vater dagegen sieht so niedergeschlagen drein, daß man ihn nicht darauf ansprechen kann. Immerhin war er ein As bei seiner Arbeit, aber das Gefühl der Ausweglosigkeit, das er dabei empfand, war nicht dazu angetan, daß man sich offen darüber unterhielt – so schien es mir jedenfalls damals.

Als ich nun vor einigen Jahren in diesem Sommerhaus saß, erkannte ich schockiert, daß ich mich nicht nur damals zu Hause über das traurige, kraftlose Gesicht meines Vaters geärgert hatte, sondern daß dieser Zug auch in mir steckte. Und meine Frau hatte den Finger auf diese Wunde des Zorns und des Gefühls der Ausweglosigkeit gelegt, an die ich nur ungern rühren wollte.

In irgendeinem tief verborgenen Winkel, wo wir uns selbst ganz klar erkennen, war ich auf eine erschreckende Wahrheit gestoßen: Ich hatte nicht die Kraft, mein Leben selbst in die Hand zu nehmen. Ich machte Julie zu meiner Mutter, während ich in diesem Passionsspiel mein eigener Vater geworden war – oder zumindest das Bild, das ich von meinem Vater hatte. Ich mußte daran denken, was John Updike mit seinem «Rabbit» Angstrom hatte ausdrücken wollen: Das Schicksal amerikanischer Männer besteht darin, daß sie kleine Jungen bleiben und sich nie von Mutter oder Vater befreien können.

Wenn wir Männer uns im Vollbesitz unserer Kräfte befinden, mit unserer Identität klarkommen und ehrlich mit unseren Frauen, Kindern und den Anforderungen unseres Berufs umgehen wollen, dann müssen wir den verletzten Vater in uns heilen, diese zornig-traurige Version von uns selbst, die sich für ungeliebt und nicht liebenswert hält. Das bedeutet schließlich, daß wir mit dieser verzerrten Person zurechtkommen müssen, die wir niemals gut genug gekannt haben: mit unserem Vater.

Epilog
«Mögest du immer jung bleiben!»

*Das «Kind» [in uns] ist daher . . . nicht nur ein
Anfangs-, sondern auch ein Endwesen. Das
Anfangswesen war vor dem Menschen, und das
Endwesen ist nach dem Menschen. Psychologisch
bedeutet diese Aussage, daß das «Kind» das
vorbewußte und das nachbewußte Wesen des
Menschen symbolisiert. Sein vorbewußtes Wesen ist
der unbewußte Zustand der frühesten Kindheit, das
nachbewußte Wesen ist eine Antizipation per
analogiam über den Tod hinaus. In dieser Vorstellung
drückt sich das umfassende Wesen der seelischen
Ganzheit aus.*

C. G. JUNG[1]

Das Kind lebt in uns weiter und ist mit uns ein Leben lang verbunden: auf ewig Kind und ganz lebendig, eine innere Möglichkeit, die nur darauf wartet, daß wir sie voll und bewußt akzeptieren. Doch wenn wir auf dieses Innere Kind fixiert sind oder uns mit dem Archetypus allzusehr identifizieren, handeln wir unangemessen und schwächen unser Seelenleben – genauso wie jede andere unbewußte Identifikation mit einer Idee gefährlich ist.

Aber wenn wir dieses Kind umfassen, es bewußt als gesunden Ausdruck unserer seelischen Ganzheit verkörpern, empfangen wir die Gabe des Inneren Kindes.

Dieser Prozeß beginnt irgendwo und irgendwann, vermutlich ganz banal im Alltag. Ein simples Wiedererkennen, ein spielerisches Aufblitzen oder ein Lächeln – schon ist es geschehen!

Im Herzen sind wir alle Kinder. «Wir sind nichts weiter als ältere Kinder, meine Liebe», heißt es in Lewis Carolls *Alice hinter den Spiegeln*, «die sich vor dem Zubettgehen drücken wollen.»

Ich habe das Innere Kind zu einer Zeit zu umfassen gelernt, als ich am verletzlichsten war: Mein Vater war ganz plötzlich gestorben, und ich war erst einundzwanzig. Aufgrund der Worte zweier liebevoller Freunde, die mir ein Beileidstelegramm schickten, habe ich dieses entscheidende Erlebnis gehabt. Es war ein unvermitteltes Wiedererkennen, sobald ich die Worte las

> Das Leben ist der Geist eines Kindes in Dir, das die Frage nach dem Warum nicht beantwortet, aber es ist ein liebendes Wesen, und Du mußt es umfassen, ganz gleich, wie schlecht es sich benimmt. Es ist fröhlich und traurig, schön und bereichernd. Doch denke immer daran, daß es stets für Dich ist (niemals gegen Dich).

Wenn man das Kind in sich erlebt, bringt es einen in die Welt hinein. Wir sind alle dazu da, das Schicksal des Kindes auszuleben.

Dank

Ein Projekt wie dieses ist das Werk vieler Hände. Ohne die großzügig gewährten kreativen und kooperativen Energien dieser vielen würde es das eine Werk nicht geben.

Zu ganz besonderem Dank bin ich meiner lieben Frau Barbara Shindell verpflichtet, die sich während meiner Arbeit an diesem Buch aufopferungsvoll um alles gekümmert hat und die stets mein Halt, meine erste und wichtigste Leserin und meine begeisterte Helferin gewesen ist.

Überaus dankbar bin ich meiner Lektorin Connie Zweig, dieser klugen Frau, die es vermocht hat, mir eine gute Freundin zu sein und diesem Buch zugleich Mutter und Hebamme.

Viele andere verdienen gleichfalls besonderen Dank für das, was sie zu diesem Buch speziell beigetragen haben: Bob Stein und Joel Covitz haben dieses ganze Unternehmen unbeirrbar intellektuell und emotional unterstützt – als Leser, Sympathisanten, Kritiker und Beiträger. Mark Dowie und Mark Libarle haben mir dabei geholfen, daß ich in dieses Buch so gut einsteigen konnte. Bill und Vivienne Howe haben mir großzügig gestattet, ihre Bibliothek als Forschungsstätte zu benutzen. Sharon Heath hat mir mit ihrem parallel laufenden Projekt viele hilfreiche Tips und Hinweise gegeben. Lotte Stein, Joanna Karp, Bruce und Carla Burman sowie Alys Graveson waren mir als kritische Leser eine unschätzbare Hilfe. Kathleen Dickey war so lieb, sich um die Fertigstellung des Manuskripts zu kümmern. Jeremy Tarcher und seine Mitarbeiter waren stets aufmerksame und professionelle Helfer und Förderer. Und natürlich bin ich allen einzelnen Autoren und Verlegern zu Dank verpflichtet, die mir großzügig gestattet haben, ihre Werke in die Textur dieses Buches zu verweben.

Und ganz besonders möchte ich schließlich all meinen Patienten und Freunden danken, die mir im Laufe der Jahre ihr innerstes Wesen offenbart und damit erst das reale Umfeld geschaffen haben für meine eigenen Erfahrungen mit dem Kind in uns und für die Heilungskräfte, die in uns allen schlummern.

Anmerkungen und Literaturhinweise

Für die häufig zitierten Werke von C. G. Jung werden folgende Kürzel verwendet:

GW Gesammelte Werke hrsg. von Marianne Niehus-Jung, Lena Hurwitz-Eisner, Franz Riklin, Lilly Jung-Merker und Elisabeth Rüf, Zürich 1958–1970/Olten 1971–1983. Im folgenden zitiert mit Bandnummer und Seiten- oder Absatzzahl.

ETG Erinnerungen, Träume, Gedanken, aufgezeichnet und hrsg. von Aniela Jaffé, Zürich 1968.

PK «Zur Psychologie des Kinderarchetypus», in: *GW,* Bd. 9, I, *Die Archetypen und das kollektive Unbewußte.*

Einleitung

Die Zitate der einzelnen Beiträge stammen aus ihren jeweiligen Essays, sofern keine anderen Quellen genannt sind. Einige Zwischenüberschriften sind Zitate von T. S. Eliot («Wo ist das Leben, das wir im Leben verloren haben?»), Pablo Picasso («Es dauert lange, bis man jung wird») und Homer («Singe mir, Muse, das Kind!»).

1 *GW,* Bd. 17, Abs. 286.
2 *GW,* Bd. 16, S. 34.
3 Culver Barker, «Healing the Child Within», in: *The Wake of Jung,* London 1984, S. 48f.
4 Ronald W. Clark, *Einstein. The Life and Times,* New York 1984, S. 13 (dt. *Einstein,* München 1976).
5 Albert Einstein, *Aus meinen späten Jahren.* Frankfurt a. M./Berlin 1990, S. 25 f.
6 Alice Miller, *Das Drama des begabten Kindes und die Suche nach dem wahren Selbst,* Frankfurt a. M. 1991, S. 94.
7 Johann Wolfgang von Goethe, «Selige Sehnsucht», in: *Der West-Östliche-Diwan,* München (dtv) 1961, S. 15.
8 *GW,* Bd. 18/II, S. 871.
9 William Butler Yeats, «Die Wiederkunft», in: *Gedichte.* Auswahl, Übertragung und Nachwort von Herbert E. Herlitschka, Zürich 1958.

Einführung zum 1. Teil

1 *GW,* Bd. 17, S. 193.
2 *GW,* Bd. 9/I, S. 193.

1 Es ist vielleicht nicht überflüssig, zu bemerken, daß ein laienhaftes Vorurteil stets geneigt ist, das Kindmotiv mit der konkreten Erfahrung «Kind» in eins zu setzen, als ob das reale Kind die kausale Voraussetzung für die Existenz des Kindmotivs wäre. In der psychologischen Wirklichkeit ist die empirische Vorstellung «Kind» aber nur Ausdrucksmittel (und nicht einmal das einzige!), um einen nicht näher zu fassenden seelischen Tatbestand auszudrücken. Darum ist auch die mythologische Kindvorstellung ausdrücklich keine Kopie des empirischen «Kindes», sondern ein als solches klar erkennbares Symbol: es handelt sich um ein göttliches, wunderbares, eben gerade nicht menschliches Kind, gezeugt, geboren und aufgezogen unter ganz außergewöhnlichen Umständen. Seine Taten sind ebenso wunderbar oder monströs wie seine Natur oder seine körperliche Beschaffenheit. Einzig und allein vermöge dieser nicht empirischen Eigenschaften besteht überhaupt die Notwendigkeit, von einem «Kindmotiv» zu sprechen. Überdies ist das mythologische «Kind» auch variiert als Gott, Riese, Däumling, Tier usw., was auf eine nichts weniger als rationale oder konkret menschliche Kausalität hinweist. Das gleiche gilt von den Archetypen des «Vaters» und der «Mutter», welche mythologisch ebenfalls irrationale Symbole sind.

2 *Psychologische Typen (GW, Bd. 6, Abs. 879f.)* und *Die Beziehungen zwischen dem Ich und dem Unbewußten,* Erster Teil, 3. Kap. (*GW, Bd. 7*).

3 *Psychologische Typen (GW, Bd. 6, Abs. 315ff.).*

4 «Traumsymbole des Individuationsprozesses» (*Psychologie und Alchimie,* Zweiter Teil, *GW, Bd. 12*) und *Psychologie und Religion (GW, Bd. 11/I, Abs. 108ff.).*

5 *Die Beziehungen zwischen dem Ich und dem Unbewußten (GW, Bd. 7, Abs. 398ff.;* vgl. auch *Aion, GW, Bd. 9/II, 4. Kp.).*

6 *Psychologie und Alchimie (GW, Bd. 12, Abs. 328ff.).*

2. Kapitel

1 Alain Bosquet, *Premier testament,* Paris o. J., S. 17.

2 Villiers de L'Isle-Adam, *Isis,* Brüssel und Paris 1862, S. 85.

3 Gérard de Nerval schreibt: «Die Kindheitserinnerungen werden wieder lebendig, wenn man die Mitte des Lebens erreicht hat.» (*Les filles du fue, Angelique,* 6. Brief, hrsg. von du Divan, S. 80). Unsere Kindheit läßt sich viel Zeit, ehe sie sich wieder in unser Leben integriert. Diese Reintegration ist zweifellos erst in der zweiten Hälfte des Lebens möglich, wenn man über den Berg ist. Jung schreibt (in *Die Psychologie der Übertragung, GW, Bd. 16,* S. 283): «Die Integration des Selbst ist im Grunde genommen eine Frage der zweiten Lebenshälfte.» Solange man sich in der Blüte des Lebens befindet, errichtet die Jugend, die in uns weiterlebt, offenbar eine Barriere gegenüber der Kindheit, die darauf wartet, wiedergelebt zu werden. Diese Kindheit ist die Herrschaft des *Selbst,* wie es Jung dargelegt hat. Die Psychoanalyse sollte von alten Männern praktiziert werden.

4 Henry David Thoreau, *Walden oder Leben in den Wäldern,* Zürich 1971.

3. Kapitel

1 PK.
2 Man denke auch an Bacchus, Dionysos.
3 Marie-Louise von Franz, *Der ewige Jüngling*, München 1987.
4 Ebda.
5 Mehr über diesen und den vorhergehenden Archetypus in James Hillmans Aufsatz «Senex and Puer: An Aspect of the Historical and Psychological Present» in: *Eranos-Jahrbuch* XXXVI, 1967, Zürich 1968.

4. Kapitel

1 Ramana Maharshi, *The Spiritual Teachings of Ramana Maharshi*, mit einem Vorwort von C. G. Jung, Boulder, Colo., 1972.
2 *PK*, S. 178. Jung fährt fort: «Das entspricht genau den Erfahrungen der Psychologie des einzelnen, welche zeigen, daß das ‹Kind› eine zukünftige Wandlung der Persönlichkeit vorbereitet. Es antizipiert im Individuationsprozeß jene Gestalt, die aus der Synthese der bewußten und der unbewußten Persönlichkeitselemente hervorgeht. Es ist daher ein die Gegensätze vereinigendes Symbol, ein Mediator, ein *Heilbringer,* das heißt Ganzmacher.»
3 Michael Harner, The Way of the Shaman, San Francisco 1980 (dt. *Der Weg des Schamanen,* Reinbeck 1986).
4 Fritz Meier, «The Transformation of Man in Mystical Islam», in: *Man and Transformation,* hrsg. von Joseph Campbell, Eranos Yearbooks, Bd. 5; Bollingen Series, Nr. 30, Princeton, N. J., 1964.
5 *GW,* Bd. 9/I, S. 135.
6 Evelyn Underhill, «Treatise of the Resurrection», in: *Mysticism,* New York 1955.
7 *PK*.

Einführung zum 2. Teil

1 *PK,* Abs. 287.

5. Kapitel

1 *PK,* Abs. 287.
2 Marion Woodman, «Psyche/Soma Awareness», Beitrag zur Conference of Jungian Analysts, New York, 3.–6. Mai 1984.
3 Nathan Schwartz-Salant, *Narcissism and Character Transformation,* Toronto 1982.
4 C. G. Jung, *Über die Entwicklung der Persönlichkeit,* in: *GW,* Bd. 17, S. 197.
5 Marie-Louise von Franz, *Schöpfungsmythen. Bilder der schöpferischen Kräfte im Menschen,* München 1990, S. 155 f.
6 C. G. Jung, *Zwei Schriften über analytische Psychologie,* in: *GW,* Bd. 7, Abs. 342.

7 J. Blofeld, *Bodhisattva of Compassion: The Mystical Tradition of Kuan Yin,* Bolder, Colo., 1978.

8 Marie-Louise von Franz, *Schöpfungsmythen,* a. a. O., S. 255.

9 Hilde Kirsch, «Reveries on Jung», in: *Professional Reports* der Annual Conference of the Society of Jungian Analysts of Northern and Southern California 1975.

10 Marie-Louse von Franz, *Schöpfungsmythen,* a. a. O., S. 154.

11 G. A. Foy, «On Feeling: The Feeling Function Revisited». Beitrag zum 13. Biennial Bruno Klopfer Workshop, Asilomar, Calif., 1983.

12 Dalai Lama, *The Opening of the Wisdom-Eye,* Wheaton, Ill., 1966, S. 146 (dt. *Das Auge der Weisheit,* Bern und München [4]1986).

13 Ebda., S. 142f.

14 Anne de Vries, *Dictionary of Symbols and Imagery,* Amsterdam und London 1974.

15 J. Dallett, «Active Imagination in Practice», in: *Jungian Analysis,* hrsg. von M. Stein, La Salle, Ill., 1982, S. 173–191.

16 John Harrison, *Prolegomena to the Study of Greek Religion,* New York 1955, S. 574.

17 Ebda., S. 575.

18 C. G. Jung, *Symbole der Wandlung,* in: *GW,* Bd. 5, S. 143.

19 L. Taylor, *Mourning Dress: A Costume and Social History,* London 1983, S. 48.

20 Ebda,. S. 49.

21 Ebda., S. 51.

22 Ebda., S. 48–60.

23 Ebda., S. 56.

24 Heribert Feifel, *The Meaning of Death,* New York und London 1965, S. 124.

25 Gilda Frantz, «On the Meaning of Loneliness», in: *Chaos to Eros,* hrsg. von R. Lockhart, Los Angeles 1976.

26 John Harrison, a. a. O.

27 Gilda Frantz, «Images and Imagination: Wounding and Healing». Beitrag für das C.-G.-Jung-Institut von San Francisco, 1980.

28 *ETG,* S. 117f.

6. Kapitel

1 Philippe Aries, *L'Enfant et la vie familiale sous l'ancien régime,* Paris 1960 (dt. *Geschichte der Kindheit,* München 1975).

2 Michel Foucault, *Histoire de la Folie,* Paris 1961 (dt. *Wahnsinn und Gesellschaft,* Frankfurt a. M. 1969).

3 Sigmund Freud, *Gesammelte Werke.* Chronologisch geordnet in 18 Bänden, hrsg. von Anna Freud u. a., Frankfurt a. M. 1960ff., Bd. 12, S. 202.

4 S. Freud, *Gesammelte Werke,* Bd. 15, S. 159.

5 Jean J. Rouseau, *Emile oder über die Erziehung,* Paderborn 1972, Teil II.

6 S. Freud, *Gesammelte Werke,* Bd. 12, S. 131.

7 Vgl. S. Freud, *Gesammelte Werke,* Bd. 8, S. 253f. – letzter Absatz von Freuds Erörterung des Schreber-Falles.

8 Vgl. S. Freud, *Gesammelte Werke,* Bd. 15, S. 159.

9 Vgl. S. Freud, *Gesammelte Werke,* Bd. 12, S. 212f.

10 *GW,* Bd. 9/I, S. 175, Fußnote 20.

11 Ebda., Abs. 300.

12 *GW,* Bd. 5, passim.
13 *GW,* Bd. 6, Abs. 422 f., 442.
14 S. Freud, *Gesammelte Werke,* Bd. 12, S. 116.
15 *GW,* Bd. 9/I, Abs. 276.
16 *GW,* Bd. 14 und 16, passim.
17 *GW,* Bd. 17, Abs. 331 f.
18 Ernst Kris, *Die ästhetische Illusion. Phänomen der Kunst in der Sicht der Psychoanalyse,* Frankfurt/M. 1977.
19 S. Freud, *Gesammelte Werke,* Bd. 15.

7. Kapitel

1 *ETG,* S. 230 f.
2 *GW,* Bd. 5, S. 46 f.
3 *GW,* Bd. 13, S. 128.

8. Kapitel

1 Psalm 118,22.
2 C. G. Jung, «Die Tavistock Lectures», in: *GW,* Bd. 18/I, Abs. 389.

10. Kapitel

1 Alice Miller, *Das Drama des begabten Kindes,* a. a. O., S. 115.
2 C. G. Jung, *Die Entwicklung der Persönlichkeit,* in: *GW,* Bd. 17, S. 51 ff.
3 Ebda., S. 56.
4 Ebda.
5 John Bowlby, *Child Care and the Growth of Love,* Middlesex 1965, S. 77 f. (*dt. Mutterliebe und kindliche Entwicklung,* München 1985).
6 C. G. Jung, «Über die Energetik der Seele», in: *GW,* Bd. 8, S. 63.

11. Kapitel

1 C. G. Jung, *Symbole der Wandlung,* in: *GW,* Bd. 5.
2 J. G. Magee, «High Flight», in: *The Family Album of Favorite Poems,* hrsg. von P. E. Ernest, New York 1959.
3 C. G. Jung, *Briefe,* Bd. 1, 1906–1945, hrsg. von Gerhard Adler und Amiela Jaffé, Olten 1972, S. 113 (Brief vom 23. 2. 1970).

Einführung zum 4. Teil

1 Alice Miller, *Du sollst nicht merken. Variationen über das Paradiesthema,* Frankfurt a. M. 1991, S. 410.

13. Kapitel

1 Anna Freud, *Das Ich und die Abwehrmechanismen,* Frankfurt a. M. [13]1990.
2 George Valliant, *The Natural History of Alcoholism,* Cambridge, Mass., 1983.
3 H. L. Gravitz und J. D. Bowden, *Guide to Recovery: A Book for Adult Children of Alcoholics,* Holmes Beach, Fla., 1985.
4 Marilyn Ferguson *The Aquarian Conspiracy: Personal and Social Transformation in the 1980's,* Los Angeles 1980 (dt. *Die sanfte Verschwörung,* München 1984).
5 Joseph Campbell, *The Hero with a Thousand Faces,* Princeton, N. J., 1949 (dt. *Der Heros in tausend Gestalten,* Frankfurt a. M. 1978).
6 Marilyn Ferguson, *Aquarian Conspiracy;* C. L. Whitfield, *Alcoholism, Other Drug Problems, and Other Attachments and Spirituality: Stress Management and Serenity During Recovery, A Transpersonal Approach,* Baltimore, Md., 1985.
7 Gravitz und Bowden, a. a. O.
8 T. L. Cermak und S. Brown, «International group therapy with the adult children of alcoholics», in: *International Journal of Group Psychotherapy* 32, 1982, S. 375–389.
9 B. Fischer, *Workshop on Shame,* Baltimore, Md., 1985.

15. Kapitel

1 Karl Kerény und C. G. Jung, *Einführung in das Wesen der Mythologie,* Amsterdam/Zürich 1941.
2 Alice Miller, *Das Drama des begabten Kindes,* a. a. O.
3 Alice Miller, *Du sollst nicht merken,* a. a. O.
4 Robert M. Stein, *Incest and Human Love: The Betrayal of the Soul in Psychotherapy,* Dallas 1984 (dt. *Inzest und Liebe. Der Verrat an der Seele in der Psychotherapie,* Fellbach-Oeffingen 1980).
5 Harold Searles, «Oedipal Love in the Countertransference», in: *Collected Papers on Schizophrenia and Related Subjects,* New York 1965, S. 284.
6 Ebda.
7 Ebda., S. 295.
8 Ebda., S. 296.

16. Kapitel

1 Virginia Axline, *Play Therapy,* New York 1969. Siehe auch A. Freud, *Einführung in die Technik der Kinderanalyse,* Frankfurt a. M. o. J.; R. Gardner, *Therapeutic Communication with Children: The Mutual Story-telling Technique,* New York 1971; G. Gardner und K. Olness, *Hypnosis and Hypnotherapy with Children,* New York 1981; V. Oaklander, *Windows to Our Children,* Moab, Utah, 1978; S. Russo, «Adaptations in behavioral therapy with children», in: *Behavior Research & Therapy* 2, S. 43–47.
2 *ETG,* S. 176f.
3 Ebda. S. 178.
4 *PK.*
5 Ebda., S. 176ff.

6 Ebda., S. 184.
7 Ernest L. Rossi und M. Ryan (Hrsg.), *Life Reframing in Hypnosis. II. The Seminars, Workshops, and Lectures of Milton H. Erickson,* New York 1985, S. 51.
8 Ebda., S. 65.

Einführung zum 6. Teil

1 C. G. Jung, «Über die Energetik der Seele», in: *GW,* Bd. 8, S. 63.

23. Kapitel

1 J. M. Ross, «In Search of Fathering: A Review», in: *Father and Child,* hrsg. von Cath, Gurwitz und Ross.
2 D. Hall, «My Son, My Executioner», in: *The Alligator Bride,* New York 1969.

Epilog

«Mögest du immer jung bleiben!»: Bob Dylan, «Forever Young», 1973, Ram's Horn Music.
1 *PK,* Abs. 299.

Die Autoren

Gaston Bachelard war einer der bedeutendsten zeitgenössischen Denker Frankreichs. Dieser wahrhaft freie Geist stellte in seinen philosophischen und psychologischen Werken die Einbildungskraft als die eigentliche Triebfeder der Welt dar. Von 1940 bis zu seinem Tod im Jahre 1962 hatte er den Lehrstuhl für Wissenschaftsgeschichte und -philosophie an der Sorbonne inne. Auf deutsch sind von seinen Werken u. a. erschienen: *Psychoanalyse des Feuers, Das Wasser und die Träume, Die Philosophie des Nein.*

Bruno Bettelheim war Professor für Erziehungswissenschaften sowie für Psychologie und Psychiatrie an der Universität Chicago. Er starb 1991. Von seinen in zahlreiche Sprachen übersetzten Büchern sind auf deutsch u. a. erschienen: *Gespräche mit Müttern, Kinder brauchen Märchen, Ein Leben für Kinder, Liebe allein genügt nicht.* Er ist Träger des amerikanischen National Book Award und des National Book Critics Circle Award.

Nathaniel Branden ist praktizierender Psychologe am Biocentric Institute in Los Angeles. Er hat mehrere Bücher über Persönlichkeitsentwicklung und Mann/Frau-Beziehungen geschrieben, von denen bislang zwei ins Deutsche übersetzt wurden: *Liebe für ein ganzes Leben. Psychologie der Zärtlichkeit* und *Ich liebe mich auch. Selbstvertrauen lernen.*

Joseph Campbell, der große Barde und Mythenforscher, der 1987 starb, gilt als einer der besten Kenner der Mythen der Welt. Fast vierzig Jahr lang lehrte er am Sarah Lawrence College in New York, wo ihm zu Ehren der Joseph-Campbell-Lehrstuhl für Vergleichende Mythenforschung eingerichtet wurde. Er schrieb zahlreiche Bücher, von denen auf deutsch u. a. erschienen: *Der Heros in tausend Gestalten, Die Kraft der Mythen, Lebendiger Mythos, Mythologie der Urvölker.*

Joel Covitz ist klinischer Psychologe und jungianischer Analytiker in Brookline, Massachusetts, wo er auch mit seiner Frau und seinen beiden Kindern lebt. Von seinen Büchern ist auf deutsch erschienen: *Der Familienfluch. Seelische Kindesmißhandlung.*

Erik H. Erikson ist einer der bedeutendsten Psychoanalytiker und Entwicklungspsychologen. Von seinen zahlreichen Büchern sind auf deutsch u. a. erschienen: *Gandhis Wahrheit, Identität und Lebenszyklus, Jugend und Krise, Kindheit und Gesellschaft, Der junge Mann Luther.* Er ist Träger des Pulitzerpreises und des National Book Award.

Gilda Frantz hat als jungianische Analytikerin eine Privatpraxis in Santa Monica, Kalifornien, und ist Gründungsherausgeberin der Zeitschrift *Psychological Perspectives,* die vom C.-G.-Jung-Institut von Los Angeles veröffentlicht wird.

Marie-Louise von Franz, eine Schweizer Psychoanalytikerin, ist vermutlich C. G. Jungs bedeutendste lebende Schülerin und war 28 Jahre lang seine Mitarbeiterin. Ihr Werk, das die Grundzüge seines Denkens widerspiegelt, ist gleichwohl originell und eigenständig. In deutscher Sprache sind von ihren Büchern und Vorlesungen, die zum Teil ursprünglich in Amerika veröffentlicht wurden, bislang u. a. erschienen: *Traum und Tod, Der Schatten und das Böse im Märchen, Die Suche nach dem Selbst, Erlösungsmotive im Märchen, Psychologische Märcheninterpretation, Wissen aus der Tiefe, Der ewige Jüngling* und *Schöpfungsmythen.*

James Hillman, Vertreter der «dritten Generation» jungianischer Analytiker, ist einer der originellsten Psychologen Amerikas. Nach seiner Ausbildung zum analytischen Psychotherapeuten am C.-G.-Jung-Institut, Zürich, war er viele Jahre dessen Studienleiter. Nach seiner Rückkehr Mitte der siebziger Jahre in die USA hat er zahlreiche Bücher geschrieben und als Therapeut gearbeitet. In Weiterführung der Arbeit C. G. Jungs begründete er die «Archetypische Psychologie». Auf deutsch sind von seinen Werken u. a. erschienen: *Am Anfang war das Bild. Unsere Träume – Brücke der Seele zu den Mythen, Die Heilung erfinden. Eine psychotherapeutische Poetik, Pan und die natürliche Angst. Über die Notwendigkeit der Alpträume für die Seele.*

Carl Gustav Jung, eine der bedeutendsten Persönlichkeiten des 20. Jahrhunderts, gehört zu den Begründern der Psychoanalyse. Sein Denken kreiste um die großen Fragen und Probleme des modernen Menschen. In erster Linie galt sein Interesse dem Geheimnis des Bewußtseins und der Persönlichkeit sowie deren Beziehung zum Unbewußten. Sein umfangreiches Werk liegt in einer 20bändigen Ausgabe (Gesammelte Werke) vor; posthum – er starb 1961 – erschien das auf Gesprächen mit einer Mitarbeiterin basierende autobiographische Buch *Erinnerungen, Träume, Gedanken.*

Alexander Lowen, Direktor des Institute for Bioenergetic Analysis in New York, ist der Begründer der Bioenergetik, die die praktische Arbeit mit dem Körper in den Prozeß der Psychoanalyse einbezieht. Er hat zahlreiche Bücher veröffentlicht, von denen auf deutsch u. a. erschienen: *Bioenergetik, Depression, Narzißmus, Körperausdruck und Persönlichkeit.*

Ralph Metzner arbeitet seit über 25 Jahren als Forscher und Lehrer auf dem Gebiet der Bewußtseinsvorgänge. Er ist Psychotherapeut und Professor für die Psychologie des Ostens und des Westens am California Institute of Integral Studies in San Francisco. Von seinen Büchern ist auf deutsch erschienen: *Hineingehen. Wegmarken für die Transformation.*

Joyce C. Mils und *Richard J. Crowley* sind Kindertherapeuten, die in Südkalifornien praktizieren. Gemeinsam veröffentlichten sie die Abhandlung *Therapeutic Metaphors for Children and the Child Within* sowie ein therapeutisches Comicbuch für mißbrauchte Kinder: *Gardenstone: Fred Protects the Vegetables.*

Samuel Osherson ist wissenschaftlicher Psychologe und praktizierender Psychotherapeut in Cambridge, Massachusetts. Von seinen Büchern ist auf deutsch erschienen: *Die ersehnte Begegnung. Männer entdecken ihre Väter.*

M. Scott Peck praktiziert als Psychiater in New Milford, Connecticut. Von seinen sehr erfolgreichen Büchern ist auf deutsch u. a. erschienen: *Der wunderbare Weg. Eine neue Psychologie der Liebe und des spirituellen Wachstums.*

Theodor Reik, 1888 in Wien geboren, war einer von Freuds frühesten Schülern und schrieb die erste Dissertation im Fach Psychoanalyse an der Wiener Universität. 1938 emigrierte er in die USA und praktizierte viele Jahre lang als Analytiker in New York. Von seinen zahlreichen Büchern sind auf deutsch u. a. erschienen: *Hören mit dem dritten Ohr, Der eigene und der fremde Gott, Mann und Frau, Von Liebe und Lust.*

Rose-Emily Rothenberg ist jungianische Analytikerin und praktiziert in Los Angeles. Sie hat die Festschrift *A Well of Living Waters* für die Psychoanalytikerin Hilde Kirsch herausgegeben.

Jeffrey Satinover ist Dozent am Child Study Center der Yale University School of Medicine, Direktor am Sterling Institute in Weston, Connecticut, und hat als jungianischer Analytiker eine private Praxis.

June Singer ist jungianische Analytikerin, Autorin und Mitarbeiterin am Institute of Transpersonal Psychology in Palo Alto, Kalifornien. Auf deutsch ist von ihr erschienen: *Nur Frau – nur Mann? Wir sind auf beides angelegt.*

Robert M. Stein ist ein leitender Lehranalytiker am Jung-Institut von Los Angeles und hat eine Privatpraxis in Beverly Hills. Er schrieb zahlreiche wissenschaftliche Artikel. Auf deutsch ist von ihm erschienen: *Inzest und Liebe. Der Verrat an der Seele in der Psychotherapie.*

Charles L. Whitfield ist Psychotherapeut und Autor des Buches *Healing the Child Within* sowie des Workshopbuches *A Gift to Myself.* Er ist Mitarbeiter an der Rutgers University Summer School of Alcohol Studies und an der University of Maryland School of Medicine.

Marion Woodman hat eine Privatpraxis als jungianische Analytikerin in Toronto und unternimmt zahlreiche Vortragsreisen. Von ihren Büchern sind auf deutsch u. a. erschienen: *Heilung und Erfüllung durch die Große Mutter, Leben aus der Kraft der Göttin, Der wahre Bräutigam. Die Befreiung des Mannes in der Frau.*

Quellennachweis

Erster Teil

---

1 Die Auszüge aus C. G. Jungs Abhandlung «Zur Psychologie des Kindarchetypus» wurden mit freundlicher Genehmigung des Walter-Verlages, Olten und Freiburg im Breisgau, der Ausgabe C. G. Jung, *Gesammelte Werke,* Neunter Band, Erster Halbband, hrsg. v. Lilly Jung-Merker und Elisabeth Rüf, 7. Aufl. 1989, entnommen.

2 Auszüge aus Gaston Bachelard, *Le poétique de la rêverie,* Presse Universitaires de France, Paris 1960.

3 Auszug aus June K. Singer, *Boundaries of the Soul: The Practice of Jung's Psychology,* Doubleday, New York 1972.

4 Auszug aus Ralph Metzner, *Opening to the Light,* Jeremy Tarcher, Inc., Los Angeles 1986.

Zweiter Teil

---

5 Essay von Gilda Frantz, 1985. Mit freundlicher Genehmigung der Autorin. Die Arbeit erschien zum erstenmal 1985 in der Zeitschrift *Chiron.*

6 Auszüge aus James Hillman, *Loose Ends,* Spring Publications, Inc., Dallas 1975.

7 Essay von Rose-Emily Rothenberg, 1983. Mit freundlicher Genehmigung der Autorin. Die Arbeit erschien zum erstenmal 1983 in der Zeitschrift *Psychological Perspectives.*

8 Auszüge aus Marion Woodman, *The Pregnant Virgin: A Process of Psychological Transformation* (Studies in Jungian Psychology by Jungian Analysts, Nr. 21), Inner City Books, Toronto 1985.

9 Auszug aus M. Scott Peck, *The Road Less Traveled,* Simon & Schuster, Inc., New York 1978.

Dritter Teil

---

10 Auszug aus Joel Covitz, *Emotional Child Abuse: The Family Curse,* Sigo Press, Boston 1986.

11 Auszüge aus Marie-Luise von Franz, *Der ewige Jüngling. Der Puer Aeternus und der kreative Genius im Erwachsenen,* München 1987 (dt. übers. v. Waltraud Körner). Mit freundlicher Genehmigung des Kösel Verlags.

12 Auszüge aus Jeffrey Satinover, «Puer Aeternus: *The Narcissistic Relation to the Self*», in *Quadrant,* 1980. Mit freundlicher Genehmigung des Autors.

Vierter Teil

13 Auszüge aus Charles L. Whitfield, *Healing the Child Within*, 1987. Mit freundlicher Genehmigung des Autors.

14 Auszüge aus Alexander Lowen, *Bioenergetik. Der Körper als Retter der Seele*, Bern und München 1986 (dt. übers. v. Jürgen Bavendam). Mit freundlicher Genehmigung des·Scherz Verlags.

15 Essay von Robert M. Stein, aus: *Spring 1987. An Annual of Archetypal Psychology and Jungian Thought*, Spring Publications, Inc., 1987.

Fünfter Teil

16 Auszug aus Joyce C. Mills und Richard J. Crowley, *Therapeutic Metaphors for Children and the Child Within*, Brunner/Mazel, Inc. 1986. – Auszüge aus C. G. Jung, *Erinnerungen, Träume, Gedanken*. Aufgezeichnet und hrsg. von Aniela Jaffé. Olten 1971. Mit freundlicher Genehmigung des Walter-Verlags. – Passagen aus *The Seminars, Workshops, and Lectures of Milton H. Erickson*, Band 2, Irvington Press, New York 1985. Mit freundlicher Genehmigung des Herausgebers Ernest L. Rossi.

17 Auszug aus Nathaniel Branden, *Ich liebe mich auch. Selbstvertrauen lernen*, Reinbek 1989 (dt. übers. v. Roswitha Enright). Mit freundlicher Genehmigung der Rowohlt Taschenbuch GmbH.

18 Auszug aus *An Open Life: Joseph Campbell in Conversation with Michael Toms*, Larsen Publications, Brudett, N. Y., 1988.

19 Auszüge aus Robert M. Stein, *Incest and Human Love: The Betrayal of the Soul in Psychotherapy* sowie neues Material. Mit Genehmigung des Autors und Spring Publications, Inc., Dallas 1973, 1984, 1989.

Sechster Teil

20 Auszug aus Bruno Bettelheim, *Ein Leben für Kinder. Erziehung in unserer Zeit*. Stuttgart ^{9}1990 (dt. übers. v. Liselotte Mickel). Mit freundlicher Genehmigung der Deutschen Verlags-Anstalt.

21 Auszüge aus Erik H. Erikson, *Insight and Responsibility*, W. W. Norton & Company, Inc., New York 1964.

22 Auszug aus Theodor Reik, *Listening with the Third Ear*, Farrar, Straus & Giroux, Inc., Nex York 1948.

23 Auszüge aus Samuel Osherson, *Finding Our Father: The Unfinished Business of Manhood*, The Free Press, New York 1986.